Diogenes Taschenbuch 24216

detebe

Bergglühen

Literarische Gipfelstürmer

Herausgegeben von Daniel Kampa

Diogenes

Nachweis am Schluss des Bandes
Umschlagzeichnung: Plakat Carl Moos, 1905.
Kunstanstalt J. C. Müller, Zürich V.

Originalausgabe

www.diogenes.ch
150/12/52/1
ISBN 978 3 257 24216 4

Inhalt

Robert Walser

Das Gebirge

Ich musste mich an die Stille erst gewöhnen, auch an die rauhe Bergluft. Alles atmete Einsamkeit und Reinheit, alles war Ruhe, Stille und Größe. Im Anfang meines Aufenthaltes schneite es noch. Es schneite noch manchmal auf die ausgedehnten Weiden und auf die vielen schönen Tannen herab, aber nach und nach wurde es wärmer. Auch in die Berge kam der süße Knabe Frühling und beglückte das Land mit seinem schönen, glücklichen Lächeln. Die blauen und gelben Blumen sprossen aus der Erde hervor, und der Felsen bekam ein milderes, weißeres, weicheres Aussehen. Des Nachts hörte ich in all der wundersamen, tiefen Stille nur das ruhige, leise Plätschern eines Brunnens. Einsam stand im Schwarz der Nacht als noch schwärzerer Fleck das Wirtshaus da. Ein einzelnes Fenster etwa war erleuchtet. Ich las viel. Bei schlechtem Wetter saß ich in der kleinen, heimeligen, reinlichen Stube und beschäftigte mich mit dem Ordnen und Zerlegen von allerlei Gedanken. Ich war ein rechter Müßiggänger. Eine alte, ruinenhafte Klosterkirche war in der Nähe. Doch ich schenkte dem Gebäude längst schon keine Aufmerksamkeit mehr. Ich war in der Gegend kein Fremder mehr. Mich lockte es, immer wieder zu den Tannen, diesen Königinnen, zu gehen und bewundernd an ihnen emporzuschauen. Ich staunte immer wieder von neuem über ihre Zierlichkeit, Pracht und Schönheit, über die Hoheit, deren Abbild sie sind, und über den Edelsinn, den sie verkörpern. Wohin ich schaute, überall waren Tannen: in der Ferne und in der Nähe, unten in der Schlucht und oben auf dem Rücken der Berge. Die Berge wurden immer grüner und schöner, und es war süß für mich, im hellen, warmen Sonnenschein über ihre weichen, milden und üppigen Weiden zu gehen, auf denen jetzt die lieben treuen Tiere friedlich und wonnig weideten. Pferde und Kühe standen oder lagen, zu schönen Gruppen vereinigt, unter den prächtigen langästigen Tannen. Die Blumen dufteten, alles war ein Summen, ein Singen und ein Ruhen. Die ganze Bergnatur schien ein glückliches, liebes, fröhliches Kind zu sein, und ich ging jeden Tag, am Vor- oder am Nachmittage zu diesem Kinde hin und schaute ihm in die glänzend-unschuldigen Augen. Mir war, als werde ich selber dadurch mit jedem Tag schöner. Muss mich nicht die Betrachtung und der sorgfältige Genuss von etwas Edlem und Schönem schön und edel machen? Ich bildete mir solcherlei jedenfalls ein und ging in der Gegend herum wie ein Träumer und Dichter. Die holde Dichterin Natur dichtete immer größere und schönere Gedichte; indem ich so stand und still davonging, war es mir, als spaziere und lustwandele ich in einem Gedicht, in einem tiefen, sonnenhellen, grünen und goldenen Traum herum, und ich war glücklich. Es war kein Geräusch, das nicht anmutig klang; alles war ein Klingen, ein Tönen, bald ein nahes, bald wieder ein entferntes; ich konnte nur horchen, es genießen und mit meinem Ohr es trinken. Ein paarmal machte ich weitere Ausflüge, meistens aber blieb ich in inniger, sanfter Nähe warm daliegen, bezaubert vom blauen Himmel und gebannt von der himmlisch-schönen, weißen Götterlandschaft, die mich wie mit großen, weichen Götterarmen zu sich zog. Alle Begierden, weiter in die lichte Ferne zu wandern, starben an dem Entzücken und am Genuss, die die Nähe mich empfinden ließ mit ihrem beseligenden Ton. Von allen Weiden tönten die Glocken, die die Tiere am Halse leise schüttelten beim sanften Grasen. Tag und Nacht tönte und duftete es. Ich habe einen solchen Frieden nie gesehen, und ich werde ihn nie wieder so sehen. Eines Tages reiste ich ab. O wie oft, wie oft drehte ich mich beim Weggehen um, damit ich all das Schöne, das ich nun verließ, noch einmal sähe, die heiteren Berge, die lieben roten Dächer zwischen den edlen Tannen, den stolzen Felsen, das ganze reizende Gebirge!

Erich Kästner

In Halbschuhen auf die Jungfrau

Es gibt Menschen, die der Ansicht sind, im Urlaub müsse man Schuhe anziehen, die mehr wiegen als der ganze übrige Kerl. Und weil Nagelschuhe verpflichten, kaufen sich diese Leute dann noch eine Wäscheleine, einen Rucksack, den man mindestens mit Sie anreden möchte, und einen Spazierstock, der an sämtlichen Enden sehr spitz ist und der, so unfein es klingt, Eispickel heißt.

Derartig verziert, stürmen sie dann jeden Gipfel, der ihnen in die Quere kommt. Manchmal verschwinden sie in einer Gletscherspalte und müssen an der Wäscheleine wieder herausgezerrt werden. Oft geht es nicht so glimpflich ab.

Kürzlich sind zwei dieser Eisheiligen von St. Gallen aus bis nach Chamonix, schräg durch die ganze Schweiz, geklettert. Kein Berg über zweitausend Meter wurde unterschlagen. Sie brauchten, glaub ich, ein Vierteljahr zu der Sache. Nun sind sie freilich Inhaber eines neuen Rekords und können lachen.

Ehe aber ein bedauerliches Missverständnis um sich greift, möchte ich betonen, dass ich den Aufenthalt auf Gletschern keineswegs geringschätze. Ich wüsste weniges aufzuzählen, was schöner sein kann. Ich wende mich nur gegen das Besteigen, nicht gegen das Obensein.

Darf ich mit einem Vergleich kommen? Also, es ist sicher großartig, zehn Sprachen zu beherrschen. Es verleiht Sicherheit. Es kann einem nützen. Das sehe ich alles ein. Aber keine tausend Pferde werden mich dazu zwingen, diese zehn Sprachen, aus Rücksicht auf Hochgefühle und Vorteile, zu erlernen! Ich warte, bis Esperanto Weltsprache wird.

Das Esperanto für Gipfelgefühle ist erfunden worden. Es heißt: Jungfraujoch-Bahn. Man seilt sich nicht an. Man trägt keine Rucksäcke. Man haut mit dem Eispickel keine Löcher ins Eis. Und man kommt doch 3500 Meter hoch.

Es gibt – ich weiß schon – Kenner, welche sagen: Wer so einen Berg nicht persönlich »macht« (Kenner nennen das so), der hat nicht den zehnten Teil des Genusses davon.

Da muss ich widersprechen. Ich war sehr zufrieden und weiß, weniges bisher erlebt zu haben, was mich so erfasst hat wie die paar Stunden dort oben in Schnee und Eis. – Und die Aussicht war für alle Anwesenden die gleiche. Ich habe einen der Herren scharf beobachtet, der sich, tagelang, heraufgewürgt hatte. Ich habe mich sogar nach seiner Gefühlsstärke, hintenrum, erkundigt, als wir gemeinsam im Speisesaal dinierten. Also, das nächste Mal will er fahren.

Dazu kommt natürlich noch, dass viele Menschen körperlich gar nicht in der Lage sind, eine Hochtour zu machen. Sie sind zu schwächlich. Oder zu stark. Oder zu alt. Oder zu jung.

Ein Wiener Schriftsteller, der auch oben war – per Bahn selbstredend –, schrieb dieser Tage in einer Wiener Zeitung über diesen Ausflug. Er mokierte sich vor allem darüber, dass man Kinder mit hinaufgenommen hatte. Was er dagegen hätte? Wenn ich einmal Kinder habe, fahre ich mit ihnen bestimmt aufs Jungfraujoch. Wer weiß, wie wichtig es ist, in der Kinderseele große Eindrücke zu wecken, weil sie fürs Leben bleiben, der wird ihr das Erhabenste, was die Natur außer dem Anblick des Ozeans zu bieten hat, nicht vorenthalten wollen. Die Tour ist leider etwas teuer.

Wir saßen in Interlaken im Hotel. Da trat der Portier an unseren Tisch, legte ein paar Fahrkarten hin und erklärte, das Auto führe gleich zum Bahnhof. Es waren Karten für die Jungfraubahn. Ich fragte nach dem Preis und blieb, als er geantwortet hatte, noch einen Moment sitzen. Rund fünfzig Mark pro Person, hin und zurück. Bei zwei Personen macht das –

Dann setzten wir uns ins Auto, fuhren nach Interlaken-Ost, stiegen in den Zug und erschraken, dass wir ohne Mäntel, Schirme, Pelze, Wärme-Öfchen und Schaftstiefel in die Region des ewigen Eises fahren wollten. Meine Mutter trug ein leichtes Sommerkleidchen; ich ging ohne Weste. Ein Plaid war die einzige Ausrüstung.

Es stellte sich später heraus, dass sie ausreichte.

Zunächst fuhren wir durch schöne grüne Täler, mit dunkel bewaldeten Hügeln am Saum und reizenden Häuschen. Wie schon so die Gegend ausschaut, wo die Schokolade wächst. Manchmal lugten aus einer Ecke des Horizonts schimmernd weiße Bergkuppen hervor. Sie waren noch fern, wie auch Ansichtskarten, und die eifrig mit Geographie versehenen Mitreisenden meinten, das seien Eiger, Mönch und Jungfrau, und waren bemüht, die Jungfrau vom Mönch zu unterscheiden.

Auf diese kurzweilige Art kamen wir in Grindelwald an. Hier stiegen wir in einen noch kleineren elektrischen Zug, gerieten mit einer Schar bemalter Amerikanerinnen ins Abteil und blickten zum Fenster hinaus.

Der Zug kletterte, besser als wir es gekonnt hätten, ließ die letzten Wälder hinter sich, die letzten Häuschen, die letzten Krüppelkiefern, die letzten Matten. Immer mächtiger und unnahbarer rückten die Eisberge auf uns zu. Die nahe Umgebung wurde steinig, felsig, unfruchtbar.

Und dann stiegen wir wieder aus. Die Station hieß Klein-Scheidegg. Unmittelbar dort, wo die Gletscherzungen enden, am Fuße des Eis- und Schneewassers, liegen ein Bahnhof und ein Hotel. Ein großes, wundervolles Hotel. 2500 Meter hoch. Mit Fünfuhrtee und Liegestühlen. Man bettet sich hinein, atmet die klare Luft, spürt die Strahlung der Sonne, ohne zu schwitzen, und blinzelt die Gletscher an.

Von Scheidegg aus zog uns ein noch kleinerer Zug als der vorige die letzten tausend Meter hoch. Man braucht auf dieser letzten, teuersten Strecke nicht sehr viele Wagen und könnte sie auch nicht brauchen. Eine kleine Fahrt am Eiger-Gletscher entlang – und dann nahm uns ein endloser Tunnel auf. Er hörte nicht früher auf als die Bahn selbst.

Doch einige Male hielt der Zug. Wir stiegen aus, froren in der Kühle des Tunnels und eilten zu den Querstollen, an deren Schluss große Fenster waren. Wir traten hin und blickten hinaus auf steile, unendlich scheinende Wände, aufs glitzernde Eismeer … Wer irgendein Wort der Bewunderung rief, tat es nur, um sich's nicht merken zu lassen: wie groß und wortlos seine Bewunderung im Grunde war.

Dann waren der Tunnel und die Fahrt zu Ende. Station Jungfraujoch! 3500 Meter oder 11400 Fuß über dem Meeresspiegel.

Das Erste, was an den Tunnel stieß, war ein Restaurant. Ein Lift brachte uns in die letzte Etage und zum Ausgang ins Freie. Eine Minute später standen wir, mit Halbschuhen und Sommerkleidern, im dicksten Schnee. Die Luft glitzerte. Die Eishöhen ringsum schimmerten. Wir waren, wirklich, geblendet.

Wozu gibt es grüne Brillen? Wir setzten sie auf und konnten sehen! Wenn es verzauberte Welten gäbe, müssten sie so aussehen. Tief unter diesen nahen Märchengipfeln aus blitzend weißem Kristall zogen Wolken. Blauer Himmel war über uns. So tröstlich blau wie nirgends sonst. Drüben fuhren Menschen – klein wie Punkte – auf Skiern durch den Sommer. Andere, nur mit Glas erkennbar, mühten sich, angeseilt, um das letzte Stück zu den Gipfeln hinauf. Jubelnde Sportfräuleins rodelten verschneite Abhänge herunter. Die Sonne wärmte.

Wir waren im gefrorenen Paradies.

Knorrige Bergführer traten an uns heran und taten gefährlich. Wir fassten uns aber bei der Hand und stapften, leicht und froh, zur Mathildenspitze hinauf. Dort knatterte eine rote Fahne, mit weißem Kreuz, im Winde. Und wer sich hergewagt hatte, fotografierte. Dann rutschten wir alle ins Hotel hinunter; zum Ansichtskartenkiosk, selbstverständlich. Das Eiswasser schwappte in die Halbschuhe; und die Sonne brannte, als sei man irgendwo am Meeresstrand.

Im Touristenhaus war großer Betrieb. Bergführer erzählten Witze. Skifahrer kamen von der Tour und säuberten die Hölzer. Am nächsten Tag war ein großes Wintersportfest geplant. Die meisten der Sportsleute hatten im Gesicht den Gletscherbrand. Die Haut zeigte Risse, war abgebrannt, entzündet. Manche sahen aus wie die Clowns.

Wir hatten noch Zeit bis zur Rückfahrt, bestellten Kaffee, setzten uns ans Fenster, nickten uns zu und blickten eine Stunde hinaus. Hinüber zu den Viertausendmetergipfeln, die so herrlich glänzten wie nichts anderes auf der Welt …

Am Abend langten wir wieder in Interlaken an. Der Portier bekam ein Trinkgeld.

James Salter

In der Wand

Die Scheiben des geparkten Wagens waren beschlagen. Zeitungen lagen auf den Rasen der Vorgärten. Die Straßen waren leer. Die Busse fuhren noch mit Licht. Die Autobahn war bereits belebt – eine gespenstische Prozession in Richtung Innenstadt. Eine Wolkendecke hing über der Stadt. Im Osten war der Himmel heller, fast gelb. Unten, am Horizont, war es licht. Dann plötzlich, als löste sie sich aus der Erde, hob sich die geschmolzene Sonne. Die Gebäude der Innenstadt tauchten auf, groß und gleichförmig. Sie schienen sich langsam zu verändern und ein unbekanntes Gesicht in seinen Details zu offenbaren, ein planetenhaftes Gesicht, das von der Sonne angestrahlt wurde.

Ein Strom von Autos trieb ihnen aus einer Helligkeit entgegen, die die Straßenschilder verdunkelte. Ungefähr dreißig Kilometer weiter tauchten zwischen den letzten Apartmenthäusern und Motels die ersten Hügel auf. Der Verkehr war nicht mehr so dicht, Krankenschwestern, die nach Hause fuhren, Japaner, bärtige Schwarze, die Gesichter wie in Andacht ins Licht der Dämmerung getaucht. Es war sieben Uhr. Bei Pomona öffnete sich das Land. Obstgärten, Farmen, brachliegende Felder, die Felder, die einst das Land ausgemacht hatten. Eine ruhigere und reinere Landschaft umgab sie jetzt, darüber lagen die besänftigenden Wolken wie eine Decke. Der blaue Atem des Regens fiel in der Ferne aus ihnen heraus. Eine Menge weißer, wie Grabsteine geneigte Objekte zog rechts an ihnen vorbei.

»Was ist das denn?«

Rand sah hinaus.

»Bienenstöcke«, sagte er.

Der Himmel brach in einzeln strahlende Fragmente auf.

Bei Banning verließen sie die Autobahn. Sie waren jetzt weit von der Stadt entfernt, mindestens eine Generation weit. Die Häuser waren schlicht. Man sah Wohnwagen, hinkende Hunde. Die Straße stieg langsam in karge Hügel hinauf. In jeder Kurve hatte man einen Ausblick auf weites, von Hecken und Zäunen durchzogenes Farmland, das bis ins Tal abfiel. Vor ihnen lag Leere, Land, das niemandem gehörte.

»Ab hier wird es schön«, sagte Rand.

Die Berge waren schieferfarben, die Sonne stand hinter ihnen. Das Tal, das der Highway wie eine silberne Ader durchzog, verschwand aus dem Blick. Jenseits davon tauchte eine Gebirgskette auf, die Gipfel noch weiß vom Schnee. Die Straße war still und glatt.

»Wie hoch sind wir?«

»Sieben-, achthundert Meter.«

Das Unterholz verschwand. Sie schossen durch Kiefernwälder. Den Straßenrand säumten Schneebänke.

»Sieh mal, ein Hund.«

»Das ist ein Kojote.«

Er drehte sich um, bevor sie ihn erreichten, und verschwand zwischen den Bäumen.

Sie fuhren in eine kleine Stadt hinunter. Tankstellen, ein

dreieckiger Park. Es war ihm alles vertraut. Er kannte den Weg, als wäre es gestern gewesen. Eine Waldstraße, vorbei an Häusern mit Namen wie Nirvana und Last Mile, dann ein paar grüne Wasserbehälter, und da vor ihnen war es, ein gewaltiges Felsmassiv, die Schultern der Grate strahlten in der Sonne.

Die Aufregung durchlief ihn wie ein Schauder. Der Himmel war klar. Es war fast neun Uhr.

Sie hielten, die Wagentüren standen zu beiden Seiten offen, und wechselten die Schuhe. Rand holte einen kleinen Rucksack und ein leuchtendrotes Seil aus dem Kofferraum. Er ging voran, von der Straße hinunter zu einem halb versteckten Pfad. Sie folgten ihm eine Weile, wandten sich dann bergaufwärts und begannen den Aufstieg. Die Kiefern waren hoch und still. Die Sonne sickerte durch sie hindurch auf den Waldboden. Rand ging stetig voran, ohne Hast, fast mit einem Zögern zwischen den einzelnen Schritten. Es machte keinen Sinn, seine Kraft hier zu vergeuden. Dennoch brannte es in den Beinen. Schweiß glänzte auf ihren Gesichtern. Ein- oder zweimal machten sie halt, um sich auszuruhen.

»Das ist der anstrengendste Teil. Es ist nicht mehr weit«, sagte Rand.

»Mir geht's bestens.«

Ein großer Findling, den nur ein Gletscher hatte mitführen können, tauchte ein Stück weit entfernt vor ihnen auf, nahe dem Fuße der eigentlichen Felswand, die ihre Größe verloren zu haben schien. Die riesigen Platten, die steil in den Wald hinabtauchten, waren verschwunden. Nur die unterste, nächstgelegene, war sichtbar.

Rand löste das Seil. Er schlang es um die Taille des Jungen und sah zu, wie er den Knoten machte. Das andere Ende legte er sich selbst um.

»Willst du als Erster gehen?«, sagte er.

Es war leicht am Anfang. Mit der Behändigkeit eines Eichhörnchens bewegte sich Lane bergauf. Nach einer Weile hörte er einen Ruf:

»Hier ist eine gute Stelle, um Stand zu machen.«

Rand begann zu klettern. Der Felsen fühlte sich warm an, fremd, er ergab sich noch nicht. Lane wartete in einer Nische zehn Meter über dem Boden.

»Ich mach weiter«, sagte Rand.

Jetzt stieg er vor, der Junge sicherte. Während er kletterte, setzte er den einen oder anderen Haken. Er schlug sie in Felsrisse. Er klinkte ein metallenes Verbindungsstück, einen Karabiner, in den Haken, und das Seil lief hindurch.

Weit unter ihm war ein kleines nach oben blickendes Gesicht. Rand kletterte mühelos, mit sicheren Bewegungen. Er sah nach oben, tastete nach einem Griff, dann bewegte er sich ohne Anstrengung hinauf.

Der Fels ist wie die Oberfläche des Meeres, ebenmäßig, aber nie gleich. Zwei Bergsteiger, die genau dieselbe Route klettern, werden sie auf verschiedene Weise bewältigen. Ihre Reichweite ist nicht dieselbe, ihr Selbstvertrauen, ihre Sehnsucht. Manchmal wird der Weg eingeengt, es gibt nur wenig Griffe, keine Alternativen – dann ist der Berg eindeutig in seinen Forderungen –, aber gewöhnlich kann man selbst entscheiden, wie man klettern will. Natürlich gibt es Grundregeln. Die erste betrifft das Seil. Es dient der Sicherheit, aber man sollte immer klettern, als wäre das Seil nicht da.

»Stand!«, rief Rand. Er hatte einen guten Sicherungsplatz erreicht, am Ende einer senkrechten Platte. Hinter ihm war ein gut ausgebildeter Felszacken. Er legte einen Nylongurt in einer Schlinge darum und hängte sich ein. Er zog das Restseil nach oben, führte es um die Hüfte, um gegebenenfalls Halt zu geben.

»Nachkommen!«, rief er.

»Komme«, kam schwach hörbar die Antwort.

Lane hatte ihn genau beobachtet, aber von unten konnte er nicht viel erkennen. Nach ein paar Metern war ihm alles fremd. An manchen Stellen schien es einen Trick gegeben zu haben – es war ihm unmöglich vorwärtszukommen –, aber mit dem Seil, das sanft an ihm zog, schaffte er es. Es war steiler, als es ausgesehen hatte. Er war schmächtig, ein Fliegengewicht. Es hätte ihm möglich sein müssen, sich an den kleinsten Felsunebenheiten festzuhalten. Sein Fuß rutschte von einem kleinen Tritt ab. Er fing sich irgendwie. Er setzte die Fußspitze zurück an die gleiche Stelle, mit weniger Vertrauen. Dieses Stück war sehr schwierig. Er starrte nach oben. Seine Beine zitterten. Die Platten über ihm waren glatt, glänzend wie eine Schiffswand. Dahinter ein brennendes Blau.

Er vergaß, was er tun sollte, mühte sich blind, verzweifelt. Seine Finger schmerzten. Resignation lag schwer auf seiner Brust.

»Setz deinen rechten Fuß dahin, wo dein linker ist!«

»Was?«, rief er kläglich.

»Setz deinen rechten Fuß neben deinen linken, und greif mit der linken Hand.«

Seine Finger verloren den Halt.

»Ich kann nicht!«

»Versuch es.«

Er tat, wie ihm gesagt wurde, unbeholfen, verzweifelnd. Sein Fuß fand einen Halt, seine Hand einen weiteren. Plötzlich war er gerettet. Er stieg langsam weiter, und nach ein paar Minuten hatte er seine Angst vergessen. Als er Rand erreichte, grinste er. Er hatte Fehler gemacht. Er hatte sich zu sehr an den Fels gedrückt, zu weit nach außen gegriffen. Er hatte seine Schritte nicht geplant. Dennoch war er angekommen. Ein Gefühl von Stolz erfüllte ihn. Der Boden lag weit unter ihnen.

Zu ihrer Linken, auf einer schwierigeren Route, einem glatten, exponierten Felsen, waren zwei weitere Bergsteiger. Rand beobachtete sie, während er das Seil ordnete. Sie hingen in einer fast glatten Wand. Der Seilerste war flach an den Felsen gedrückt, sein Haar schimmerte bleich in der Sonne, er hatte die Arme ausgestreckt, die Beine gespreizt. Selbst in dieser Extremposition strahlte er eine Art Kraft aus, so, als würde er den Felsen stützen. Ansonsten befand sich niemand auf dem ganzen Tahquitz.

Rand wandte sich von den beiden ab. Mit einer weiten Geste des Arms bemerkte er: »Das ist es.«

Der Wald lag unter ihnen in der Tiefe, das Tal. Obwohl noch weit vom Gipfel entfernt, waren sie in ein Reich der Stille eingetreten. Das Licht war anders, die Luft.

»Das nächste Stück ist leichter«, sagte Rand.

Der Berg hatte sie angenommen; er war bereit, seine Geheimnisse preiszugeben. Die Unsicherheit war verschwunden, die Angst vor schlechten Griffen, vor Stellen, an denen sich die Fußspitze nur aufgrund des Winkels hält, in dem man sie setzt, die Unentschlossenheit – ein Schritt führt nicht weiter, man sucht sofort nach einem anderen, vielleicht einem dritten. Zögert man, verschwinden die Griffe, ziehen sich zurück.

Die Bergkuppe war flach und staubig, wie ein vergessener Winkel eines Parks. Die anderen beiden Bergsteiger saßen auf einem Felsen in der Sonne. Sie trugen abgenutzte Hemden und Kletterhosen, Seil und Ausrüstung lagen zu ihren Füßen. Als sich Rand näherte, hob der Vorsteiger, der Sportschuhe trug, den Blick.

»Dacht ich mir, dass du das bist«, sagte Rand. »Wie geht's, Jack?«

Cabot streckte nur beiläufig die Hand aus. Er hatte ein breites Lächeln, seine Zähne waren von einem glanzlosen Weiß, mit leicht gezackten Kanten. Sein Haar war ungekämmt und fettig, als hätte er die Nacht über auf der Veranda geschlafen. Er war freundlich, selbstsicher. In seiner Stimme lag eine gewisse Wärme.

»Der verlorene Bruder«, sagte er. »Setz dich. Willst du ein Sandwich?« Er streckte ihm eins entgegen, eine anmutige Spontaneität lag in seiner Bewegung. Die Sonne glänzte auf seinem Haar. Die Schultern unter dem ausgeblichenen Hemd waren kraftvoll.

»Ich hab euch da unten kämpfen sehen.«

»Warst du schon mal in der Wand?«, fragte Cabot.

»Dem Step?«

»Dein Wohnzimmer, wie? Du Hund.«

»Das nicht gerade.«

»Wo bist du gewesen? Ich hab nach dir gesucht.« Es folgten ein paar Fetzen aus einem Lied, die Cabot vor sich hin sang. »*Manche sagen, er bringt's nicht mehr. Klettert mit Typen wie Craig und mir*… Heh«, rief er Lane zu, der drei Meter entfernt saß und nicht wagte, zu ihnen herüberzukommen: »Wie hat er sich angestellt? Ging's einigermaßen?«

Rand teilte das flachgedrückte Sandwich.

»Ich hab überall nach dir gefragt«, sagte Cabot. »Keine Spur. Ich hab oft an dich gedacht, musst du wissen. Ehrlich.«

Er war in Europa gewesen, in Dörfern, wo sich das einzige Telefon in einer Kneipe befand und die Hauswände einen halben Meter dick waren. Er hatte den ganzen Sommer und Herbst dort verbracht. Die Namen der Berge, die jedem Bergsteiger geläufig sind, waren jetzt auch ein Teil von ihm, der Cima Grande, die Blaitière, der Walker-Pfeiler.

»Der Walker?«

»Na ja, wir haben es nicht ganz bis nach oben geschafft«, gestand Cabot. Er hatte sich ein wenig nach vorne gebeugt, wie in Gedanken verloren. »Beim nächsten Mal. Natürlich lässt er einen nur alle zwei Jahre rauf, wenn überhaupt. Hättest du Lust?«

»Ich?«

»Du warst doch schon mal in Frankreich, oder?«

»Na klar. Wer nicht?«, sagte Rand.

»Du musst da unbedingt hin. Nach Chamonix. Du kannst es dir nicht vorstellen. Fünf oder sechs Stunden musst du allein über den Gletscher, da drunter hörst du das Wasser. Und was für Wände!«

Rand spürte sein Herz schlagen, langsam, neiderfüllt. Er fühlte sich unglücklich, von Bedauern niedergedrückt. Er wandte sich an den anderen Mann.

»Warst du schon mal drüben?«, fragte er.

»Nein«, sagte Banning. »So viel Glück hab ich nicht.« Er studierte Medizin, seine Tage in den Bergen waren gezählt.

Lane konnte nicht hören, was sie sagten, ihre Stimmen wurden vom Wind fortgetragen. Er sah sie nur, sie saßen entspannt da, der blonde Mann lehnte sich zurück und lächelte, ein Stück Wachspapier flatterte neben seinem Fuß. Es erinnerte ihn an seinen Vater und seine Mutter, als er noch kleiner war und sie Dinge besprachen, die er nicht hören sollte. Es gibt Gespräche, die alles bedeuten und von denen man sich nicht ein Wort vorstellen kann. Er saß still da, froh, in ihrer Nähe zu sein, es bis hierher geschafft zu haben.

Banning würde Arzt werden und dem Bergsteigen Lebewohl sagen, bevor er es für sich ganz ausgeschöpft hatte. Bei Jack Cabot war das schwer zu sagen. Er war die Sorte Mann, der ganze Kontinente absteckte – das Klettern würde ihn vielleicht nicht loslassen, ihn vielleicht zu einem seiner Mythen werden lassen. Was Rand betraf, so hatte er einen glanzvollen Start gehabt und war dann abtrünnig geworden. Etwas in ihm war schwach geworden. Das war mit zwanzig gewesen, vor langer Zeit. Er glich einem Tier, das irgendwo im Schatten einer Hecke oder Scheune überwintert hat und sich eines Morgens schlammbefleckt und benommen schüttelt und zu neuem Leben erwacht. Während er dort saß, erinnerte er sich an vergangene Tage, ihren Glanz. Er erinnerte sich an die Erregung der Höhe.

»Wer war das?«, fragte Lane.

»Da oben? Ein Freund von mir.«

Sie stiegen schweigend hinab.

»Warst du früher mit ihm klettern?«

Rand nickte.

»Ist er gut?«

»Ja. Er ist gut.«

»Er sah irre aus.«

»Pass auf, wo du hintrittst«, warnte Rand. Er ging langsamer. Die Neigung des Felsens war steiler geworden. Am Rand fiel er senkrecht ab. »Ich kannte einen, der hier abgestürzt ist.«

»Hier? Das ist doch einfach«, protestierte Lane. »Wie kann man hier denn fallen?«

»Er ist gelaufen und ausgerutscht.«

Weit unten sah man auf Felsblöcke.

»Das ist der harte Weg nach unten«, fügte Rand hinzu.

In Chamonix waren die *aiguilles,* die hohen Bergspitzen, schneebedeckt. Da waren Gipfel, wohin man sah, still, kahl. Die Gletscher glitten ganz langsam hinunter, einen Zentimeter in der Stunde, Jahrhunderte tief.

*

Hinter dem Haus befanden sich kurze Kloben von Pinienholz, die dort schon so lange gelegen hatten, dass der Boden ihre Form angenommen hatte. Das Holz war hart geworden, es war wie Bruchstücke einer Steinsäule, die eine Welt von Ameisen schützte. Den Hammer in schweren, rhythmischen Schlägen schwingend, spaltete Rand die Stammteile. Der Keil trieb mit hallend metallischem Klang ins Holz, das schließlich mit einem klaren Krachen auseinanderbrach. Der Morgen umgab ihn, die Sonne strömte herab. Er trug kein Hemd. Er sah aus wie eine Gestalt in einer mittelalterlichen Schlacht, verloren im Lärmen des Metalls, in blinkenden Flächen aus Sonnenlicht, Staub, der wie Rauch aufstieg.

Vom Haus aus beobachtete Louise ihn mit gelegentlichen Blicken, ungeduldig, halb resigniert, wie eine Frau, deren Mann sich auf eine unsinnige Arbeit versteift hat. Lane war in seinem Zimmer. Er konnte die Schläge hören.

Das Auto war fort, sie hatte es an dem Morgen verkauft. Das Geräusch des Hammers, der den Keil ins Holz trieb, kam stetig und gleichmäßig. Sie ging zur Tür.

»Heh, Rand.«

Er hob den Kopf.

»Glaubst du nicht, das genügt?«

»Ich bin bald fertig«, sagte er.

Sie hörte, wie die Scheite neben dem Haus gestapelt wurden. Er kam herein und begann sich die Hände zu waschen.

»Ich hab immer gesagt, dass ich das tun würde. Jetzt hast du jedenfalls genug für den Winter.«

»Wunderbar«, sagte sie ironisch.

»Vielleicht brauchst du es.«

»Ich weiß nicht mal, wie man Feuer macht«, sagte sie. Er trocknete sich die Hände und strich sich kleine Borkenreste von der Taille. Plötzlich wurde ihr klar, dass sie keine Möglichkeit hatte, dieses Bild festzuhalten. Er würde sich ein Hemd anziehen, es zuknöpfen. All dies würde einfach verschwinden. Sie verspürte den beschämenden Impuls, die Hand auszustrecken und ihn zu umfassen, die Arme um ihn zu schlingen, vor ihm auf die Knie zu fallen.

Sie waren am Abend davor in einer Bar gewesen. Es war laut, voll. Er müsse ihr etwas sagen. Er würde fortgehen, sagte er. Sie konnte ihn kaum verstehen.

»Was?«

Er wiederholte es. Er würde fortgehen.

»Wann?«, fragte sie unbeholfen. Mehr brachte sie nicht heraus.

»Morgen.«

»Morgen«, sagte sie. »Und wohin?« Sie wollte etwas Schneidendes sagen, das ihn treffen würde, das ihn dazu brachte zu bleiben. Stattdessen murmelte sie: »Weißt du, ich mochte dich wirklich gern.«

»Ich komm wieder.«

»Meinst du das ernst?«

»Sicher.«

»Wann?«

»Ich weiß nicht. In einem Jahr. Vielleicht zwei.«

»Was wirst du tun, wieder mit dem Bergsteigen anfangen? Lane hat mir erzählt, dass du deine alten Freunde wiedergetroffen hast.«

»Einen Freund.«

»Geht er mit dir?«

»Nein.«

Sie sah auf ihr Glas. Plötzlich wandte sie sich ab.

»Ist alles in Ordnung?«

Sie antwortete nicht.

»Louise. Komm schon …«

»Ach, vergiss es«, sagte sie. Ihre Nase lief.

»Ich bring dich nach Hause.«

»Ich will nicht nach Hause.«

Jemand am Nachbartisch fragte: »Stimmt irgendwas nicht?«

»Ja«, sagte sie.

»Und was?«

»Kümmer dich um deinen Kram«, sagte Rand.

Sie war bereits aufgestanden und sammelte ihre Sachen zusammen.

Sie fuhren schweigend nach Hause. Sie saß mit dem Rücken gegen die Tür gelehnt, ihre schmalen Schultern waren nach vorne gesackt. Sie war zusammengefaltet wie ein Insekt, die Beine angezogen, die Arme verschränkt.

Am Morgen war ihr Gesicht verquollen, als wäre sie krank. Er konnte sie atmen hören. Irgendwie schien ihr Atem bewusst, traurig, fast wie Seufzer. Während er lauschte, war es, als würde das Geräusch lauter werden, sich – wie er plötzlich merkte – in das eines Düsenflugzeugs verwandeln, das im Morgengrauen die Stadt überflog.

Er ließ ein paar Pappkartons mit Schuhen, Angelzeug und einer Handvoll Briefe von einer früheren Freundin aus Kauai zurück, die ihm eines Nachts, um ihrer beider Liebe zu besiegeln, in die Hand geschnitten, sie zum Mund geführt und das Blut getrunken hatte.

*

In Genf regnete es. Der Busbahnhof befand sich hinter einer Kirche. Es warteten nur wenige Reisende, als der Fahrer erschien, hinter das Lenkrad kletterte, den Motor anließ und den Bus zum endlosen Hin und Her der Scheibenwischer und der Stimme eines Komikers im Radio unter dem Steuerrad in den Verkehr lenkte.

Bald darauf dröhnten sie durch die Straßen kleiner Städte, streiften so eben an Häuserwänden vorbei. Apotheken, grünes Laub, Supermärkte trieben vorüber. Rand saß hoch über allem auf einem der vorderen Sitze. Sie überquerten Bahngleise, er sah auf Gärten hinab, auf Sägewerke, auf Mädchen, die mit nassem Haar durch den Regen liefen.

Der Himmel wurde bleich. Ein paar Sekunden darauf hörte man den Donner, drohend und nah wie Artillerie. Es war, als würde er ins Gefecht fahren, über Grenzen hinweg, durch nasse, nebelverhangene Felder, die sich zu beiden Seiten erstreckten. Es war Sommer. Die Flüsse waren milchiggrün. Sie kamen an Brücken vorbei, Scheunen, an Höfen, in denen Kästen mit leeren Flaschen gestapelt waren, und manchmal traten für einen kurzen Moment die Berge aus den Wolken hervor. Er sprach kein Französisch. Die engen kleinen Städte mit ihren Läden und merkwürdigen Schildern – er nahm sie nicht ernst. Gleichzeitig sehnte er sich danach, sie zu kennen. Mit der Zeit tauchten Scheinwerfer entgegenkommender Autos auf, sie leuchteten schwefelgelb. Der Regen hatte aufgehört. Die Berge lagen wie in Rauch verborgen. Es war, als würde ein Bühnenbild eingerichtet, und dann, plötzlich, bei Sallanches öffnete sich das Tal. Dahinter, unerwartet, vom Licht überflutet, war er da, der großartige Gipfel Europas: der Mont Blanc. Er war größer, als man sich vorstellen konnte, und näher, mit Schnee bedeckt. Dieser gewaltige erste Anblick veränderte sein Leben. Er schien ihn zu ertränken, sich mit unendlicher Langsamkeit wie eine Welle über seinen Kopf zu erheben. Es gab nichts, das daneben Bestand hatte, nichts, das überleben konnte. Auf seinem Weg durch überfüllte Bahnhöfe, Städte,

Regen hatte er gewisse Hoffnungen und Erwartungen mit sich getragen, unbestimmt, aber aufregend. Benommen von der Reise, schlummerte er auf ihnen wie auf Gepäckstücken, und dann waren in einem bestimmten Moment die Wolken aufgebrochen, um im strahlenden Licht das Symbol all dessen zu offenbaren. Sein Herz schlug auf merkwürdige, beharrliche Weise, als wäre er auf der Flucht, als hätte er ein Verbrechen begangen.

Sie erreichten Chamonix am Abend. Der Bahnhofsvorplatz war still, der Himmel noch hell. Er stieg aus. Obwohl es Mitte Juni war, wirkte die Luft kühl. Ein Taxi fuhr zwei andere Reisende zu einem Hotel. Er blieb allein zurück. Es hatte den Anschein, als wäre die Stadt leer. Er hatte das merkwürdige Gefühl, wie ein Omen, dass er den Ort schon kannte. Er sah sich um, als könne er etwas wiedererkennen. Die Hotels dem Bahnhof gegenüber schienen geschlossen; in einem Eingang brannte Licht. Ein Hund trottete zum Rand eines tief heruntergezogenen Daches und starrte ihn an. In den Bäumen darüber lagen die letzten Sonnenstrahlen. Er nahm seine Schlafmatte und den Rucksack und ging los.

Über die Gleise führte eine Brücke. Er ging auf sie zu, stadtauswärts, und kam bald auf einen Feldweg. Die Kiefern wurden bereits dunkel. Er kam an eine große Villa, die in einem von Unkraut überwucherten Garten stand. Neben dem Haus war jede Art von Gerümpel aufgetürmt. Ein verrosteter Ofen, Blumentöpfe, zerbrochene Stühle. Über der Tür hing ein Schild: Chalet So-und-So. Die Buchstaben waren verblichen. Die Fensterbänke waren tief, die Läden geschlossen. Er ging um das Haus herum zum Hintereingang, an dem Licht brannte, und klopfte. Eine Frau kam zur Tür.

»Haben Sie ein Zimmer für mich?«, fragte er.

Sie antwortete nicht. Sie rief in die Dunkelheit des Hauses, und eine andere Frau, dem Anschein nach ihre Mutter, tauchte auf und führte ihn ein paar Treppen hinauf in ein Zimmer, in dem er für zehn Francs übernachten konnte – sie machte es ihm verständlich, indem sie beide Hände mit ausgestreckten Fingern vor sich hielt. Im Zimmer waren Kastenbetten mit bloßen Matratzen. Jemand anderes hatte bereits sein Gepäck untergebracht, Schuhe und Ausrüstung waren neben die Wand geworfen, und auf dem einzigen Regal befanden sich ein Laib Brot und ein Wecker.

»Ich nehm es«, sagte er.

Es gab einen Waschraum, der von einer einzigen nackten Glühbirne beleuchtet wurde. Alles war karg, ungestrichen, dunkel vom Alter. Er legte sich an dem Abend ohne zu essen schlafen. Es hatte wieder zu regnen begonnen. Zuerst hörte man es nur, dann sah man es an der Fensterscheibe. Wie ein Tier, das die Dinge am Duft erkennt, war er unbekümmert, sogar friedvoll. Der Geruch der Decken, der Bäume, der Erde, der Geruch Frankreichs schien ihm vertraut. Er lag da und spürte weniger eine körperliche Ruhe als etwas, das noch tiefer ging, den Puls des Lebens an sich. Eine entschiedene Freude erfüllte ihn, Wärme und Wohlbehagen. Nichts konnte diese Dinge kaufen – er atmete ruhig, der Regen fiel –, nichts konnte sie ersetzen.

*

Früher einmal war Chamonix eine unberührte Kleinstadt. Obwohl es jetzt überlaufen und zu dicht bebaut ist, sind dem Ort gewisse Eigenheiten geblieben – die schmalen, gewundenen Straßen, die wuchtigen Scheunen, die dick gebauten Mauern, die man dann verfallen ließ –, die von ihrem einstigen Charakter und verlorenem Erscheinungsbild zeugen. Er liegt in einem tiefen V in den Bergen, im Tal der Arve, eines vom Felsenstaub weißen Flusses, der hektisch neben den Straßen dahinschießt. Über der Stadt erheben sich die unteren Hänge des Mont Blanc, eingerahmt von Gletscherzungen.

Die Alpen sind junge Berge, durch die Erdkruste aufgeworfen, gefaltet und nochmals gefaltet – alles in vergleichsweise naher Vergangenheit, vor vier oder fünf Erdzeitaltern. Der Mont Blanc selbst ist älter. Er ist ein Bergmassiv, das durch eine enorme Erdkrustenspaltung zu einer Zeit noch vor den Dinosauriern entstand und, nachdem sie verschwunden waren, in Ozeanen versank, die Europa bedeckten. Dieser uralte Granit hob sich von neuem, als sich die Alpen bildeten, höher als alles, was ihn heute umgibt, der höchste Punkt Europas.

Ihm schließt sich eine Armee von Nadeln und Gipfeln an, die *aiguilles,* die seit mehr als hundert Jahren Bergsteiger aus aller Welt – zuerst aus England und dann aus anderen Ländern – angezogen haben. Beim ersten Anblick scheinen sie unzählig. Sie liegen in Reihen und leicht bogenförmiger Anordnung in südlicher und östlicher Richtung, einige der höchsten, darunter die Grandes Jorasses, werden von den näher liegenden fast verdeckt.

Die Nordwände sind die kältesten und gewöhnlich auch

die schwierigsten. Sie bekommen weniger Sonne, manchmal nur ein oder zwei Stunden am Tag, und sind oft das ganze Jahr über schneebedeckt. Die Winter sind kalt, die Sommer kurz und oft bewölkt. Die Menschen sind Bergmenschen, hart und selbstgenügsam – über Jahre hinweg duldeten die Bergführer von Chamonix in ihren Reihen nur Männer, die im Tal geboren waren. Zur gleichen Zeit wurde die Stadt durch neue Straßen für die Außenwelt zugänglicher gemacht. Im Juli und August kommen Massen von Touristen. Die Restaurants, die Hotels, selbst die Berge sind voller Menschen. Im September verschwinden sie wie per Dekret, und es bleiben nichts als die blauen Buchstaben des Carlton, die abends trauernd über leeren Straßen leuchten.

Es regnete tagelang, Wolken bedeckten die Berge, ein kalter, anhaltender Regen. Die Feuchtigkeit kroch in die Häuser. Er saß in einem karierten Hemd und Stiefeln am Ofen. Zwei junge Deutsche, die am ersten Nachmittag völlig durchnässt zurückkehrten, sagten hin und wieder den einen oder anderen Satz. Schlechtes Wetter, sagten sie. Südwind ist immer schlecht. Woher kam er? Ah, Kalifornien! Sie nickten, das war alles.

Dann, eines Tages, klarte es auf. Die Berge erschienen. Überall herrschte Betriebsamkeit, man konnte es spüren. Chamonix, mit seinen Blechdächern und kleinen Läden, trat ins Sonnenlicht.

Auf dem Postamt gingen die Türen zu den Telefonkabinen ständig auf und zu, die hohen, ungeduldigen Stimmen der Beamten lagen in der Luft. Er stand in der Schlange.

Vor ihm war ein Japaner mit einem Zweitagebart – er suchte in einer kleinen Leinentasche nach Geld, um seine Briefmarken zu bezahlen. Er fand einen Geldbeutel. Er öffnete ihn. Darin befand sich ein weiterer, kleinerer Geldbeutel.

»Nicht zu fassen«, sagte Rand. Hinter ihm war ein bärtiges Gesicht, ein amerikanisches Gesicht.

»Jetzt wird er gleich feststellen, dass er nicht genug Geld dabeihat.«

Der Japaner hatte einige Münzen auf die Theke fallen lassen; er hatte offensichtlich gedacht, dass er mehr hätte. Er schüttelte den Geldbeutel noch einmal. Eine einzelne Münze fiel heraus. Nicht genug.

»Ich werd's ihm auslegen«, sagte Rand. »Was? Die wiegen jeden einzelnen Brief?«

»Manchmal wiegen sie sie noch mal, wenn die Briefmarken drauf sind.«

»Wofür soll das denn gut sein?«

»Aber bitte. Das hat mit Logik nichts zu tun. Warst du noch nie in Frankreich?«

Sein Name war Neil Love. Man kam leicht mit ihm ins Gespräch. Er arbeitete in einem Reisebüro und war die dritte Saison in Chamonix. Sarkastisch beschrieb er die örtliche Szene, zu der auch bitterarme Engländer gehörten, die Obst klauten und stundenlang über ein und derselben Flasche Bier saßen. Die Japaner waren anders. Sie rückten in großer Anzahl an, ganze Armeen von ihnen, man sah sie überall in den Bergen, sie schliefen in Felsspalten, manchmal überkopf, und stürzten des Öfteren ab – es war nichts Ungewöhnliches, einen vorbeifliegen zu sehen.

»Sie kaufen nur für die Hälfte Rückflugtickets«, sagte er.

»Wo wohnst du?« Jetzt sei die Zeit, sich einen Platz zum Zelten zu suchen, riet er, bevor die Massen eintrafen.

»Wo campst du denn?«

»Komm.«

Er ging voran. Sie liefen bergauf, am Friedhof vorbei, auf dem Whymper, der als Erster das Matterhorn bestiegen hatte, begraben lag. Dahinter begann der Wald. Farne und dichtes Grün waren überall. Die Stadt war von hier aus nicht zu sehen, nur der Himmel und die steile Wand des Brévent.

»Wo sind wir?«

»Auf dem Biolay«, sagte Love. »Später im Jahr riecht es hier nicht besonders gut.«

Er hatte sich von Rand bereits ein Bild gemacht, nach seiner Kleidung, den Adern an seinen Unterarmen, der gepflegten Ausrüstung, vor allem aber aufgrund einer gewissen Kälte, die er ausstrahlte. Er wusste nichts von ihm, nicht einmal seinen Namen, aber das bedeutete nichts. Er war sich seiner Einschätzung absolut sicher.

»Was hast du schon gemacht?«

»Noch nichts.«

»Du bist aber nicht einer dieser Verrückten, die sich als Erstes an den Bonatti-Pfeiler machen?«

»Nein, ich will erst mal in Form kommen.«

»Ich brauch dafür den ganzen Sommer. Wollen wir nicht eine Tour zusammen machen?«

»Was schlägst du vor?«, sagte Rand entgegenkommend.

Sie entschieden sich für die Pointe Lachenal. Die Bedingungen dort seien nicht schlecht, hatte Love gehört, und der Anmarsch, wie er sich ausdrückte, nicht unmöglich.

»Welche Schwierigkeit hat es?«

»Es wird als T.D. eingestuft. *Très difficile.* Ich bin nicht gerade der weltbeste Bergsteiger«, gestand Love.

»Wirklich?«

»Aber klettern kann ich.«

Es war fast eine Freundschaft, die zwischen ihnen entstand, dort, im Grün des Waldes, die Erde duftend vom Regen, die Luft rein und still. Auf dem Boden lagen die geschwärzten Steine eines alten Lagerfeuers. Loves Brillengläser blitzten. Sie kochten etwas Tee. Die angenehmen Stunden des Nachmittags verstrichen.

Früh am Morgen machten sie sich auf den Weg zum Col de Rognon, einem niedrigen Kamm an der Flanke des Mont Blanc. Der Schnee unter ihren Füßen war fest, die Sonne hatte ihn noch nicht aufgeweicht. Überall um sie herum waren gewaltige Gipfel und Kämme, alle fremd und unbekannt.

Sie gingen ungesichert, Love bewegte sich schwerfällig. Das Gelände war steil. »Guter Schnee«, sagte er.

Als sie einen Moment rasteten, fragte Rand nebenbei: »Weißt du, wie man sich bei einem Ausrutschen bremst?«

»Nicht wirklich«, sagte Love.

»Ich zeig's dir. Wenn du einen Hang runterrutschst, versuch es zuerst mit der Haue« – er machte es mit seinem Eispickel vor –, »dann mit der Schaufel, und wenn das auch nicht hilft, ramm den Stiel rein.«

Die Erklärung schien gewissen unbestimmbaren Gefahren die Türen zu öffnen. Love überlegte, ob sie sich nicht besser anseilen sollten, beschloss aber, nichts zu sagen. Er ging weiter. Nach einer Weile deutete er mit dem Finger.

»Da ist er.«

Sie hatten den Grat überquert, und zu ihrer Rechten, angestrahlt von der frühen Morgensonne, erschien eine Wand wie ein Brocken Anthrazit. Es gab höhere Gipfel dahinter, aber dieser schien trotz seiner geringeren Größe hervorzustechen wie ein bedrohliches Gesicht in einer Menschenmenge, auf das der Blick zufällig fällt.

Am Fuß der Wand sah Rand nach oben. Sie war mindestens zwei- oder dreihundert Meter hoch. Er legte die Hand an den Fels. Die Oberfläche war kalt, als schliefe sie. Ein vertikaler Riss zog sich nach oben, der Ausgangspunkt der Route. Eine plötzliche Unsicherheit überkam ihn, als könnte er aus irgendeinem Grund seine Fähigkeit zu klettern hier, an diesem fernen Ort, verloren haben. Sein Selbstvertrauen war verschwunden. Er legte die Hände auf den Felsen, fand den ersten Tritt und begann zu klettern. Langsam, mit jedem Meter, wich seine Beklommenheit. Er arbeitete sich nach oben. Am ersten Standplatz zog er seinen Pullover aus und stopfte ihn in den Rucksack. Die Sonne war warm. Love kam hinter ihm herauf, sein Bart bereits zerzaust. Als er sein Gesicht hob, sah er aus wie der junge Karl Marx.

Rand war zu Hause. Es schien, als wüsste er instinktiv, wo Griffe waren. Die Route war nicht schwer zu finden, vielerorts durch Haken markiert, die er, während er hinaufstieg, entfernte und seinem eigenen Bestand hinzufügte.

»Wir sollten sie eigentlich nicht rausnehmen«, sagte Love. »Sie lassen sie drin, um Zeit zu sparen.«

»Trau nie einem Haken, den du nicht selber eingeschlagen hast.«

»Ist das nicht ein wenig übertrieben?«

Rand zuckte die Achseln. »Gesichert?«

»Gesichert«, sagte Love.

»Hier ist ein Quergang. Das wird dir gefallen.«

Love begann psychisch an Boden zu verlieren. Stellen, an denen Rand kommentarlos vorbeizog, machten ihm Mühe. Er wusste, dass er seinen eigenen Rhythmus finden musste, aber er war sich bewusst, dass er langsamer war, dass Rand auf ihn wartete. Er lockerte die Finger, die Augen vor sich auf den Fels gerichtet, und versuchte, an nichts anderes als den nächsten Griff zu denken.

Die Sonne lag jetzt mit ihrem ganzen Gewicht auf ihnen. Love merkte, dass ihn eine Art Benommenheit überkam, ein Gefühl von Losgelöstheit. Das Weiß des Gletschers und der Schneefelder weit unten schien zu schimmern und aufzusteigen. Der Himmel war ein makelloses Blau.

Dreißig Minuten später hörten sie etwas über sich. Stimmen. Sie suchten die Wand ab.

»Da drüben.«

Zu ihrer Rechten, nahe einem Grat, auf den sie sich zubewegten, waren zwei Gestalten. Für Rand war die Freude, mit der er kletterte, verloren; sie waren nicht allein, sie folgten einem anderen Paar. Love horchte. »Franzosen«, sagte er.

Der Seilerste trug einen roten Pullover, er redete mit seinem Hintermann, dann wandte er sich wieder nach vorn, um einen Haken einzuschlagen. Er traf ihn nicht voll, streifte ihn nur, und er sprang heraus. Der Stahl schlug weit unten klirrend gegen den Fels, schoss in die Luft, blitzte kurz auf und verschwand über der Ebene des Gletschers.

»Merde.« Sie lachten und riefen einander zu, ihre Stimmen trieben zu ihnen hinunter. Der Vordermann versuchte, noch einen Haken einzuschlagen. Der sprang auch heraus, aber er fing ihn auf. Plötzlich sackte er in gespielter Hilflosigkeit und Frustration in sich zusammen.

Nicht lange darauf hatten sie die beiden eingeholt. Rand war ungefähr fünf Meter unter dem zweiten Mann. Dort musste er warten, endlos, konnte sich nicht weiterbewegen. Er wurde ungeduldig. Er sah hinauf.

»Hallo«, rief er.

Ein kurzer, nach unten geworfener Blick.

»Können wir vorbei?«

Sie riefen sich wieder etwas auf Französisch zu, sie antworteten nicht.

Plötzlich löste sich etwas nahe dem Fuß des Vorsteigers, beschleunigte sich.

»Stein!« Rand schmiegte sich an die Wand. Der Felsbrocken sprang in Bögen die Felswand hinunter und über sie hinweg. Er hatte die Größe eines Schuhkartons. Er hörte, wie er an der Wand unten zerschellte.

»Verdammter Hurensohn!«, rief er. »Du solltest lieber Golf spielen, statt zu klettern!«

Love stieg zu ihm herauf.

»Der hat mich fast getroffen«, sagte er besorgt.

»Das nächste Mal wird er einen größeren lostreten.«

»Versuch, etwas früher zu rufen.« Er lehnte resigniert, das Barthaar wirr, an der Wand. »Meine Reflexe sind nicht besonders. Egal. Ich hoffe nur, du meinst nicht wirklich größer. Einmal ist die ganze Wand der Blaitière runtergekommen.«

»Das war wahrscheinlich auch einer von denen hier.«

»Die Franzosen sind eigentlich gute Bergsteiger. Wirklich gut. Die Italiener auch. Ich mag die Deutschen nicht besonders. Aber die sind auch gut«, entschied er. Er blickte nach unten. Sie hatten ungefähr die Hälfte hinter sich. Der Gletscher unter ihnen war sehr klein geworden. Er hatte das Gefühl, an einem Ort zu sein – er hatte so etwas schon öfter empfunden –, an dem etwas Schreckliches, eine Aufhebung der physikalischen Gesetze, passieren könnte und alles, was er wusste, dessen er sich sicher war, das er zu sein hoffte, sich in einem einzigen anarchischen Moment auflösen würde. Er sah sich selbst fallen.

Dieses Gefühl wechselte mit Selbstvertrauen. Eine Schicht der Schwäche war von ihm abgefallen, und ein stärkeres, geistigeres Wesen trat hervor. Er vergaß fast, wo er war oder was er sich vorgenommen hatte. Seine Augen wanderten über die stillen Gipfel. Ihre Unermesslichkeit und Ruhe machten ihn demütig. Er war in gewissem Sinne Teil von ihnen. Was auch passieren mochte, ihre Erhabenheit würde es verstärken, sogar rechtfertigen. Er fühlte sich der Route gewachsen, seinem Begleiter unendlich nahe, dessen Charakter er mehr und mehr bewunderte.

»Da ist die Aiguille de Géant«, zeigte er. »Und da sind die Grandes Jorasses.«

Rand sah nach oben.

»Wir werden hier noch übernachten«, sagte er.

Schließlich war der Weg frei. Die Franzosen waren weit über ihnen. Love spürte, dass er müde wurde, dass seine Kraft nachließ. Der Fels war unerbittlich. Er konnte seine Feindseligkeit spüren.

Er beobachtete Rand über sich, noch im Einklang mit der Wand, noch immer unbeeindruckt – eine Bewegung in eine Richtung, nein, falsch, eine andere, leicht veränderte, diesmal erfolgreich. Es gab Momente, da schien es, als täte er nichts, als untersuchte er nicht einmal die Oberfläche, aber dann griff er nach oben, zog sich hinauf, versuchte, den Fuß auf eine Unebenheit im Fels zu stellen. Er bewegte sich in gleichmäßigen Zügen voran, mit Pausen, sogar Rückzügen, wie eine Schlange, die einen Frosch verschlingt, reglos, dann eine kurze Belebung, dann wieder Stille. Wenn eine Sache nicht gelang, ging er zurück, veränderte die Stellung, streckte die Finger, um sie zu lockern, und versuchte es wieder. Sich die einzelnen Bewegungen des Körpers jeweils vorzustellen ist nicht schwer. Aber ihre endlose Folge, hoch in einer Wand – das ist etwas ganz anderes. Und dann die Tiefe darunter.

Love raffte sich auf und folgte ihm. Es gab Momente, in denen er aufgeben wollte, in denen seine Beine zu zittern begannen. Wenn er fiel, würde ihn das Seil halten, aber mehr als alles andere, mehr als das Leben selbst, wollte er, wagte er nicht zu versagen.

Abschnitt um Abschnitt, manche leichter, andere schwierig, stiegen sie zum Gipfel hinauf. Die anderen waren nicht zu sehen. Es war vorbei. Als sie sich losseilten, verschwand alles, die Angst, die ihn überkommen hatte, die Scham über seine Schwäche, die Momente fehlender Willenskraft. Er empfand ein unaussprechliches Glück. In seinem ganzen Leben, so schien es, hatte er sich nie so bestätigt gefühlt.

»Keine schlechte Route«, sagte Rand.

»Wie die Frau im Bus sagte, als sie den Pazifik zum ersten Mal sah …«

»Ja?«

»Ich hatte ihn mir größer vorgestellt.«

Sie stiegen an der Nordseite einen schneebedeckten Hang hinab. Er war steil, sie mussten Stufen austreten. Plötzlich rutschte Love aus, er hatte jeglichen Gedanken an die Gefahr verloren. Seine Füße glitten unter ihm weg. Er begann sich zu beschleunigen.

»Brems doch! Brems doch!«

Er unternahm nicht den geringsten Versuch, sich zu halten, er schlitterte wie eine Kleiderpuppe den Hang hinab, immer schneller, holperte, überschlug sich, als würde er gleich auseinanderfallen. Weiter unten war der Schnee zum Glück weich. Er kam zum Stillstand und lag regungslos da. Eisklumpen hingen in seinem Bart. Seine Fingerknöchel waren wund.

»Hast du mich nicht gehört?«, rief Rand, als er zu ihm eilte.

»Doch, ich hab dich gehört«, sagte er, den Blick nach oben gewandt. »Ich hab dich gehört. Ich hab gedacht, er ist mein Freund.«

»Was?«

»Mein sehr guter Freund«, sagte Love.

Das Stadtbad befand sich im Kellergeschoss eines Gebäudes namens La Résidence. Ein von Unkraut fast überwucherter Pfad führte zu der schäbigen Eingangstür. Drinnen befand sich ein Schalter, an dem Seife und Handtücher ausgegeben wurden. Es war voll. Die Türen zu den Duschen gingen auf und zu. Man hörte das Rauschen herabstürzenden Wassers und Stimmen in fremden Sprachen, es roch nach Dampf. Eine Frau in Filzpantoffeln nahm jedem einen Franc ab.

Die Frau kannte Love. Wo war er klettern gewesen, fragte sie.

»Pointe Lachenal«, sagte er beiläufig.

»Très bien«, sagte sie. Sie hatte schwarzes Haar und Goldzähne. Sie warf einen kurzen Blick auf die Gestalt, die neben ihm saß.

»Avec ce monsieur?«

Love bejahte.

»Was machen die so lange da drin?«, sagte Rand. Er beobachtete die Türen zu den Duschen.

»Die waschen ihre Kleider da drin. Das ist natürlich verboten.«

Noch mehr Leute kamen. Manche drehten wieder um, als sie die Schlange sahen. Plötzlich setzte Rand sich auf.

»Heh!«, rief er.

Er sah den roten Pullover, den, der über ihnen gewesen war. Er sprang auf.

»Heh, du!« Er stieß gegen die Leute im Eingang. »Du da!«

Er lief den Flur entlang. An der Tür griff er nach dem Pullover. Er hielt ihn fest.

»Hör mal. Das nächste Mal« – er sprach langsam, damit der andere ihn verstand – »werde ich dich den gottverdammten Berg runterschmeißen ...«

Ein Blick absoluten Erstaunens traf ihn.

»Verstehst du mich?«

Eine flache englische Stimme antwortete: »Nein. Nicht im Geringsten. Worum geht's?«

»Warst du nicht auf der Pointe Lachenal?«

Als Rand ihn losließ, zog der Engländer seinen Pullover zurecht. Er wirkte jetzt noch kleiner und argwöhnischer, wie eine Schildkröte, die dabei war, den Kopf einzuziehen.

»Entschuldigung. Jemand am Berg hatte genau so einen Pullover an.«

»Scheint mir auch so«, sagte der andere.

Tim Krohn

Der Geist am Berg

Bis vor kurzem lebte etwas unterhalb des Gipfels des Piz Spiert eine Frau, die von allen stets nur die Stine gerufen wurde, obwohl sie längst kein Kind mehr war. Sie lebte auf einer Alp, die die steinerne Alp hieß. Früher hatten dort Kühe geweidet, doch einige heiße Sommer hatten die Firne auf der Westflanke schmelzen lassen, das Schmelzwasser war ins Gestein gedrungen, der Nachfrost hatte die Felsen gesprengt, und seither zerfiel der Berg. Einzelne Steine, immer öfter auch ganze Lawinen stürzten herab und verwandelten die Alp in eine Einöde aus Fels und Geröll. Für die Kühe war die Alp längst zu gefährlich, auch versengte die Hitze die Futterpflanzen, und so gab es auf der steinernen Alp nur noch Ziegen. Auch die wurden oft genug von Steinen erschlagen, dennoch liebte die Stine ihre Alp. Sie bewirtschaftete sie gemeinsam mit einem Knecht, dem Severin, und ihrer Mutter, die sie Mumma rief, und Jahr für Jahr sträubte sie sich bis lange über den ersten Schnee hinaus dagegen, den Berg zu verlassen und hinab ins Winterquartier zu ziehen.

Die Stine hasste das Tal. Zwar lag auch ihre Winterhütte noch eine gute Wegstunde oberhalb des Dorfs, doch selbst die steinerne Alp lag ihr zu tief. Die Geissen trieb sie täglich bis hoch an den Berg, und alle Abende nach dem Melken rannte sie nochmals von der Alphütte – die schief und löchrig war, dazu niedrig wie ein Kinderzelt, aus Felsbrocken und Schiefer geschichtet, die gröbsten Löcher waren mit Mist verstopft – aus bergwärts, sobald auf der anderen Talseite die Sonne unterging und am Piz Spiert empor der Nachtschatten stieg. Mit ihm rannte die Stine um die Wette, barfuß kletterte sie dem Bruch nach gipfelwärts, oft holte der Schatten sie unterwegs ein, doch wusste sie bereits, an welcher Flanke sie ihn wieder überholen würde. Gewonnen hatte, wer als Erster den Teufelsgupf erreichte, einen Felsvorsprung, den nur noch eine überhängende Wand vom obersten Gipfel trennte. Wenn sie von dort mit schweißverklebtem Haar und um Luft ringend die Sonne nochmals sah, war es ein guter Tag gewesen. Wenn sie verlor – oft schlug sie sich am Schotterkegel die Zehen blutig, oder sie blieb im Sulzschnee stecken, der Schatten fing sie ein, es gelang ihr bis zum Gipfel nicht mehr, ihn abzuschütteln –, blieb sie für den Abend stumm und grantig.

Doch maulfaul waren die drei ohnehin. Das Melken und das Käsen brauchten keine Worte, danach ging jeder seiner Wege, die Mumma blieb meist in der Hütte und reinigte das Käsereigeschirr, stopfte die Käsetücher, kochte, der Severin stieg über alle Hänge, um Alpbegrenzungen neu zu schichten, die über Nacht die Gämsen eingerissen hatten oder der Sturm, dann schönte er die Weiden ab und gab sich Mühe, die immer breiter klaffenden Spalten und Tobel einzuzäunen, damit die Geissen nicht zu Tode stürzten. Wenn ihm danach noch Zeit blieb, stieg er unter die Waldgrenze ab und suchte Feuerholz. Die Stine schließlich führte die Herde an, sie stieg versprengten Gitzi nach und pflegte die verletzten Tiere. Morgens und abends molk sie zudem mit dem Severin, während die Mumma unterm Käsekessel feuerte und danach käste. Doch nicht einmal beim Melken sprachen sie, seit einst der Severin der Stine vorgeschlagen hatte zu heiraten und dafür eine Maulschelle fing. Nachts im Tril rieben sie gelegentlich in stummem Keuchen die Körper aneinander, die Stine hatte damit angefangen, als sie noch Kinder waren, seither war es dabei geblieben und sollte auch nicht anders werden. Die Stine mochte keine Veränderungen. Wenn nachts beim Essen – meist gab es Nudeln oder Fänz aus der gemeinsamen Schüssel – der Severin oder die Mumma fand, der Steinschlag töte ihnen bald die ganze Herde, dann hätte es sich ohnehin ausgealpnet, warf sie den Löffel in die Schüssel und schwor, was immer am Hang geschehe, niemals verlasse sie die Alp.

Natürlich hatten die Mumma und der Severin recht, der Berg war längst so brüchig, dass es in jeder kalten Nacht Geröll absprengte, und immer öfter fand die Stine, wenn sie vor dem Morgengrauen die Herde zum Melken holte, eine Geiss erschlagen oder so schwer verletzt, dass sie der Severin abtun musste. Er packte sie dazu an den Hinterläufen und drehte sich mit ihr, als schwinge er ein Kind zum Spiel, dann brach er ihr an einem Felsvorsprung den Hals. Die Stine hatte sich längst abgewandt, als ginge sie das Töten nichts an, und trieb die übrigen Tiere in den Melkstand, während der Severin die tote Geiss in die Hütte trug. Wenn sie am Abend von der Weide kam, hatte die Mumma sie schon ausgebeint, das Fell gesalzen und es zum Trocknen auf das Dach gespannt.

An solchen Tagen rannte sie nicht mit dem Schatten um die Wette. Sie holte aus dem Stall den gelben Plattenspieler, der aussah wie ein Damentäschlein und der in Stines Kindheit einem italienischen Melker gehört hatte, der behauptete, mit Musik gäben die Kühe beim Melken auf die Dauer doppelt so viel Milch. Ehe es bewiesen war, hatte sich sein Blinddarm entzündet, er kam ins Hospital und kehrte nicht auf die Alp zurück. Doch seither hing der Plattenspieler am Nagel, und manchmal nahm die Stine ihn mit sich und stieg auf eine abgewandte Flanke, von der aus sie bis hinters Tal sah und ins Flache, und sass dort eine Ewigkeit und hörte stets dieselbe Platte, die einzige, die die Geissen nicht gefressen hatten, weil sie im Schlitz vom Plattenspieler steckte. Das Lied erzählte vom Zigeunerbuben, der ohne das Mädchen, das ihn liebte, in die Ferne zog, und hörte die Stine die Musik, verlor sie Tränen und sehnte sich mit jenem Buben in die Ferne, obwohl sie nur das Tal und den Piz Spiert kannte.

Doch wenn am nächsten Morgen keine Geiss erfallen war, fand sie das Leben auf der Alp gleich wieder schön wie nichts sonst auf der Welt und rannte am Abend wie das Bisiwetter mit dem Schatten um die Wette und spielte gar mit ihm und tat, als ließe sie ihn gewinnen, und kam dann doch haarscharf als Erste auf den Teufelsgupf und freute sich schon auf die letzten Sonnenstrahlen – da stieg eines Abends plötzlich ein Helikopter aus der Tiefe und schwebte direkt vor ihr in der Luft, schwarz und tosend stand er vor der Sonne und wehte die Stine fast vom Vorsprung. Dann stieg er nochmals höher, dem Gipfel zu, aber inzwischen hatte der Schatten die Stine eingeholt, und sie verlor das Rennen.

Seither flog er fast täglich, die Stine hasste ihn. Als der Severin nach einem Botengang vom Dorf kam, erzählte er, die Besitzerin vom Grandhotel habe sich mit einem aus dem Unterland zusammengetan, der fliege ihre Gäste auf die Gipfel. Der Piz Spiert hatte als harscher, kaum zu besteigender Berg gegolten, besonders die Westflanke, und bis hinauf zur steinernen Alp hatte sich öfters ganze Sommer lang kein Mensch verlaufen. Das war nun anders. Die Stine rannte eines Mittags vom Hüten fort schnell auf den Haargrat, der auf den obersten Gipfel führte, von ihm her ging es links und rechts bergab, steil wie ein Kirchturmdach, und für gewöhnlich war dort oben nichts als nur der Wind, der ihr das Haar verblies, vielleicht noch ein Adler. Doch diesmal saß die Inhaberin des Grandhotel, eine beleibte, stets in Rüschen gekleidete Frau, mit ihren besten Gästen auf dem Gipfel, mit Silberbesteck und Porzellan ass die Gesellschaft zu Mittag, bedient wurde sie von einem Kellner im Frack, und als die Stine kam, wurden Fotoapparate gezückt.

Der Fluglärm erschreckte zudem die Geissen, mehrmals stürzte ein Tier ins Tobel ab, die Herde blieb unruhig und gab deutlich weniger Milch, so wenig, dass es kaum noch das Käsen lohnte. Zu guter Letzt explodierte eines Tages – das hatte mit den Helikoptern nichts zu tun – das Aggregat, sie hatten keinen Strom mehr, und für ein neues Aggregat fehlte das Geld. Die Stine stieg ins Tal und bat die Bank um Hilfe. Doch statt den Kredit aufzustocken, sperrte man ihr das Konto, sie hatte zu viel überzogen.

Die Mumma war dafür, das Alpnen aufzugeben und ins Dorf zu ziehen, die Stine war dagegen, wen wundert's. Der Severin bot an, sich anderswo als Zusenn zu verdingen, bei Kost und Logis würde der Lohn von einem halben Jahr genügen, um ein neues Aggregat zu kaufen. Allerdings müsste ihn die Stine als Gegengeschäft heiraten, und diesmal rechnete der Severin sich gute Chancen aus. Die Stine hatte aber einen eigenen Vorschlag. Vor kurzem erst hatte die Eigentümerin des Grandhotel ihr am Berg abgepasst und angeboten, sie stelle sie im Service ein. Die Stine hatte nur gelacht, noch eher tauge eine Geiss zum Pfarrer, hatte sie gemeint, die hätte wenigstens noch einen Bart. Doch die Eigentümerin verriet, bei ihren Gästen sei die Stine eine Berühmtheit, und viele flögen nur über den Piz Spiert, um zu sehen, wie sie die steilen Hänge erklomm.

Sie bot auch währschaftes Geld, und obwohl der Severin prophezeite, im Hotel hielte sie es keine Woche aus, und viel gescheiter würde sie ihn nehmen, rechnete die Stine ihm vor, was sie mit Trinkgeld und Sonntagszuschlag verdienen könnte, und wenn sie auch nur halbwegs richtig rechnete, verdiente sie in einem einzigen Winter im Hotel so viel, dass es fürs Aggregat und alle Bankenschulden langte.

Zwei Tage später stieg sie talwärts. Im Dorfladen arbeitete die Monika, die vor Jahren eine Lehre als Kosmetikerin in Thusis begonnen hatte. Sie war bald wieder zurück im Dorf gewesen, aus Heimweh oder weil sie das Zeug zur Kosmetikerin nicht hatte – neben ihrer Arbeit als Verkäuferin im Volg richtete sie aber seither die Frauen aus dem

Tal her, wenn eine Feier anstand. Zu ihr ging jetzt nach Ladenschluss die Stine, damit sie sie für die im Grandhotel zurechtmachte. Neben hochtoupiertem Haar und blauer Schminke bekam sie Schuhe mit Absatz, auf denen sie noch üben musste, dann Strumpfhosen mit Pailletten, einen Jupe und eine Bluse, die Kleider lieh ihr die Monika von ihren eigenen aus der Stadt.

Es war eine kalte Septembernacht, es schneite dünne Flocken, als die Stine in Jupe und Bluse über die gekieste Straße stöckelte und die hohen Hacken in die Erde stemmte, als trage sie Nagelschuhe. Vom Grandhotel kannte sie nur die Pforte, an der früher der Vater Milch angeliefert hatte, dort hämmerte sie gegen den Wellblechladen, bis der Nachtportier dem Lärm nachging und sie hereinnahm.

Die Gäste schliefen, die Bar war geschlossen, nur Nachtlichter brannten. Hinter Glas leuchtete so blau wie winters der Mond das Schwimmbad. Die Stine hatte dem Nachtportier gesagt, die Eigentümerin habe sie eingestellt, so führte er sie über eine alte, geschwungene Seitentreppe ins Dachgeschoss und wies ihr ein Mansardenzimmer zu, in dem sonst Dichter oder Barpianisten wohnten, die engagiert waren, um die Gäste zu unterhalten.

Die Eigentümerin des Grandhotel war anderntags doch etwas überrascht, die Stine zu sehen, und wollte sie erst nur in der Wäscherei oder beim Zimmerdienst anstellen. Doch die Stine forderte die Stelle mit dem meisten Trinkgeld oder keine, und also kam sie in die Bar. Die Kellnerinnen mochten sie nicht, am wenigsten die Priska, eine schmal gebaute Bayerin, die sich im dichtesten Gedränge so durch die Gäste schlängeln konnte, dass man fast glauben musste, sie nehme selber keinen Platz ein. Die Stine dagegen war grob und kannte keine Umgangsformen. Doch sie beobachtete das Personal, wie sie am Berg die Gämsen beobachtet hatte. Und wie die Gämsen sie das Klettern gelehrt hatten, lehrte sie jetzt das Personal. Nach Stunden nur bewegte sie sich schnell und sicher wie die anderen, nach der ersten Zimmerstunde hatte sie sich umfrisiert und trug das Haar so, wie es die Priska trug, sie faltete auch die Ärmel ihrer Uniform wie sie. Das aufmerksame, schräge Nicken, wenn ein Gast seine Bestellung aufgab, schaute sie dem Barkeeper ab, der Giuseppe hieß, ein Italiener war und darum so schräg nickte, weil er befürchtete, die pomadierte Haartolle rutsche ihm über die Nase. Solche Zusammenhänge begriff die Stine nicht, sie ahmte nach wie ein dressiertes Tier. Schnell hatte sie heraus, dass man im Grandhotel nicht ungewaschen riecht, dass man sich nicht vor anderen in die Hand schneuzt und dass man einem betrunkenen Gast, der einem an den Hintern fasst, nicht gleich die Nase blutig schlägt. Keinen Fehler machte sie zweimal, ebenso schnell lernte sie, worauf die Gäste achten. Den Frauen gegenüber war sie burschikos, den Männern gegenüber ungezähmt und gerne etwas linkisch, und weil sie niemals ein Gesicht vergaß – auch keine Unterhaltung, und natürlich wusste sie von jedem Gast, was er in den vergangenen Tagen bei ihr bestellt hatte –, verdiente sie tatsächlich reichlich Trinkgeld.

Inzwischen zogen die Mumma und der Severin vor dem Winter ins Tal, danach traf sie den Severin öfters nachts an der Milchpforte und erzählte von ihren neuen Ideen. Gesprächig war sie geworden, fast wie eine aus dem Tal, doch wenn der Severin sich beschwerte, sie habe sich verändert, setzte sie sich auf seinen Schenkel und rieb sich an ihm so umstandslos wie früher, bevor sie weitersprach. Sie hatte manches aufgeschnappt aus Gesprächen der Gäste untereinander, sich ihren Reim darauf gemacht und zu guter Letzt beschlossen, die steinerne Alp zu modernisieren. Von einer Schaukäserei sprach sie, einmal benutzte sie sogar den Ausdruck »Sennereitourismus«. Der Severin begriff sie nicht und zog noch stiller ab, als er gekommen war.

Dann eines Abends hatte eine Reisegruppe in der Bar zum Karaoke aufgerufen, es wurde viel getrunken, und irgendjemand forderte die Stine auf zu singen. Natürlich weigerte sie sich – noch nie hatte sie jemand singen hören –, doch endlich wurde ihr gar Geld geboten. So stellte sie sich hinters Mikrofon und trug das Lied vor, das sie kannte, das vom Zigeunerjungen. Erst klang es nicht nach Singen, es klang wie ein fernes Gewitter oder als käme der Berg, doch mehr und mehr wurde daraus eine Musik, so absonderlich und schön, dass, als die Gruppe fröhlich weiterfeierte, ein Gast aus Genf ganz verstört blieb. Bei einem Gang zur Küche passte er ihr ab und sagte, wie sehr sie ihn betöre, von ihr gefesselt wollte er sich fühlen, oder befreit, er wusste auch nicht, er fühlte ein Tier in sich, eine Aufregung …

Noch nie in ihrem Leben hatte die Stine ein Kompliment erhalten, und der Gast, der sich später als Bruno vorstellen sollte, hatte nicht ausgesprochen, da war sie bereits so erregt, dass sie sich auf ihn stürzte und ihn in die Lippe biss. Sie zerrte ihn in ihr Zimmer, stieß ihn aufs Bett und rieb sich an ihm so roh und maßlos, dass Bruno nicht begriff, was ihm geschah, da war die Stine bereits fertig.

Doch auch hier lernte sie schnell. In jeder freien Minute wollte sie mit ihm schlafen, staunend und mit wachsendem Stolz über ihre neuerworbenen Fertigkeiten. Sie tat, was er wollte, und wenn sie auch oft den Sinn der Handgriffe nicht begriff, zweifelte sie doch nie daran, dass sie füreinander geschaffen waren und bis in den Tod zusammenbleiben würden.

Dem Severin wich sie erst aus, dann traf sie sich mit ihm und stieß ihn vor den Kopf, indem sie ihm verkündete, der Bruno käme fortan auf die Alp. Mit seinem Reichtum wollte sie den gesamten Berg kaufen, die Helikopter verbieten und die Städter um teures Geld in Hütten wie der ihren leben lassen, mit nichts als einer Handvoll Geissen, und natürlich ohne Aggregat.

Doch eines Mittags fand die Stine Brunos Zimmer wie verwandelt, es duftete nach Aprikosen und nach Nelken, das Fenster war mit einem zarten Tuch verhängt – erst glaubte die Stine, der Bruno habe sich eine Überraschung ausgedacht, doch dann entdeckte sie im Bett eine schlafende Frau. Die Stine riss das Tuch vom Fenster und warf die Frau aus dem Bett und auf den Flur hinaus, inzwischen kam der Bruno aus dem Bad, die Stine schloss sich mit ihm im Zimmer ein und schrie, dass es durchs ganze Haus zu hören war, dass der Bruno ihr gehöre. Die Frau im Flur schrie auch, sie rief nach dem Bruno, der stieß die Stine, dass sie übers Bett fiel, und verlangte den Zimmerschlüssel. Die Stine warf den Schlüssel durch das geschlossene Fenster, danach schlug der Bruno gegen die Tür, bis der Portier und zwei der Kellner kamen. Während sie die Stine ins Bettlaken wickelten und zu Boden drückten, tröstete der Bruno die Frau, die Vivienne hieß und nichts begriff. Er sagte ihr, die Stine sei eine vom Personal und verrückt geworden, er habe keine Ahnung, was sie von ihm wolle. Die Vivienne weinte in seine Brust hinein, es war nicht zu erkennen, ob sie ihm glaubte.

Die Kellner lagen weiter auf der Stine und drückten sie zu Boden, der Portier ging hinaus und schloss die Tür. Was er und der Bruno beredeten, konnte sie nicht hören, sie war noch atemlos vom Kampf, doch schließlich kam der Portier zurück und packte Brunos Sachen. Als die Kellner sie endlich laufenließen, war der Bruno abgereist.

Die Eigentümerin des Grandhotel erklärte ihr, dass er verlobt war, doch die Stine konnte nicht glauben, dass es vorbei sein sollte. Sie wollte wissen, wo der Bruno hin war, sie wollte seine Adresse, und als sie ihr verweigert wurde, zerschlug sie Mobiliar, bis der Portier und die Kellner sie vor die Tür stellten.

Sie hatte einen silbern glänzenden Schlüsselanhänger, den der Bruno ihr geschenkt hatte, weil er ihr so gefiel, mit seinem Firmenzeichen. Die Firma, hatte er ihr gesagt, sei in Genf. Die Stine lief zur Monika, die machte sie zurecht für die Großstadt und holte Stines Sachen aus dem Grandhotel. Die Stine nahm nur das Trinkgeld an sich, dann setzte sie sich in den Bus nach Chur und nahm den Zug nach Genf. Sie hatte das Tal noch nie verlassen – nur über die Ostflanke des Piz Spiert war sie gekraxelt –, dennoch nahm sie kaum etwas wahr. Wieder wie ein Tier saß sie all die Stunden über reglos in ihrem Sitz, sie war ganz darauf konzentriert, den Bruno zu erjagen, jenseits davon berührte sie nichts.

In Genf fand sie sich anfangs nicht zurecht, sie konnte Felsen unterscheiden, doch keine Straßen. Sie fand auch nachts die Himmelsrichtungen, links und rechts dagegen begriff sie nicht. Auf der Alp, den Geissen nach, hatte sie einen Gang, der halb Rennen war und halb Klettern, so bewegte sie sich auch in der Stadt. Im Sicherungsschrank einer Kirche fand sie eine Matratze, die ein Obdachloser hatte liegenlassen, dort schlief sie und fühlte sich wohl, es war so eng und dürftig wie in ihrer Hütte am Piz Spiert. Auch auf der steinernen Alp schliefen sie auf nackten Matratzen, hatten nur ein Hemd zum Wechseln und putzten genau einmal jährlich, das war zum Alpabzug. Außer in der Küche, eine Käseküche muss glänzen, sonst gelingt der Käse nicht. Der Boden im Sicherungsschrank dagegen war mit leergegessenen Raviolibüchsen und blutigen Servietten übersät.

Das Zeichen auf dem Schlüsselanhänger kannten viele, und so fand die Stine bald zu Brunos Firma. Sie beobachtete, wer ein und aus ging, und stellte fest, dass sie für Genf falsch angezogen war, pinkfarbene Leggins und Moonboots zog man hier nicht an. Als Bruno das Gebäude verließ, verfolgte sie ihn bis zu seinem Auto, sprang ihn von hinten an, stieß ihn in den Wagen und schlief mit ihm. Beide waren so aufgeregt und wild, als wollten sie einander töten, das Ganze dauerte keine Minute, danach waren sie in Schweiß gebadet. Als Bruno den Motor startete, glaubte sie, er kehrte mit ihr in die Berge zurück, aber er fuhr den Wagen nur abseits in eine Gasse, in der sie niemand überraschen konnte, und dort versuchte er ihr klarzumachen, dass er ein anderes Leben führte. Die Stine unterbrach ihn, indem sie seine Lippe blutig biss, sie schliefen nochmals miteinander, und ehe der Bruno wieder zu Atem kam, war sie verschwunden.

Von da an stellte sie ihm jeden Tag nach, am dritten Tag hatte er das Auto schon so geparkt, dass sie nicht gesehen werden konnten. Wo wohnt deine Freundin, fragte sie am zweiten Abend, wo arbeitet sie, doch der Bruno schlief nur stumm mit ihr. Also rannte sie am dritten Abend seinem Auto nach, bis es außer Sichtweite war, am vierten traf sie ihn nicht, sondern wartete bei der Kreuzung, hinter der sie ihn aus den Augen verloren hatte. So fand sie zum Kleiderladen, in dem die Vivienne arbeitete.

Vivienne bewegte sich so absichtslos und linkisch wie ein Rehkitz, und sie hatte die Angewohnheit, im Vorübergehen mit der flachen Hand über Flächen zu streichen, denen sie begegnete, über Säulen, über Stuhllehnen – nicht so, als müsste sie sich halten, mehr so, wie eine Mutter, die ihr Kind liebt, nicht anders kann, als es immer wieder zu liebkosen. Vivienne schien alles gleichermaßen zu lieben, und alle liebten Vivienne. Wer immer in den Laden kam, in dem sie arbeitete, ließ sich von ihrem zierlichen, bescheidenen Wesen anstecken, in ihrer Umgebung wurden die Menschen freundlich, sie ließen einander den Vortritt, sie lächelten auf Kredit.

Die Stine begann sie nachzuahmen. Sie folgte ihr zum Friseur und ließ sich dort die Haare schneiden, sie kaufte sich ein Kleid, wie es die Vivienne trug, denn inzwischen war es Frühling geworden, die Vivienne trug es in Orange, die Stine in Blau, das war der einzige Unterschied. In einem

Elektronikgeschäft sah sie sich Soaps im Fernsehen an und sprach die Dialoge nach, bis sie klang, als wäre sie in Genf geboren. Zwar brauchte sie die Sätze oft sonderbar verschoben, da sie nicht wirklich wusste, was sie bedeuteten, doch konnte sie sie so vernuscheln, dass alles daraus lesbar war. Im Zug hinaus in die Vorstadt, in der Vivienne wohnte, setzte sie sich hinter sie und stahl ihr das Parfum. Sie tat alles, damit Bruno auf Vivienne verzichten konnte.

Stattdessen wolle er sie plötzlich nicht mehr sehen, erst fand sie seinen Wagen nicht mehr, dann stand er wieder da, doch als sie einstieg, saß hinterm Lenkrad nur sein Rechtsanwalt. Er klärte die Stine darüber auf, dass Bruno seiner Verlobten alles gebeichtet und sie ihm verziehen hatte und dass die Stine ein Gerichtsprozess und möglicherweise Gefängnis erwartete, wenn Bruno sie verklagte. Die Stine wusste nicht, wovon der Anwalt sprach – sie war das Wilde, das der Bruno brauchte, das er an Vivienne vermisst hatte, er hatte es ihr selbst gesagt, in ihrer ersten Nacht im Grandhotel und später öfters. Sie wollte vom Rechtsanwalt hören, was ihn davon abhielt, die Vivienne zu verlassen, doch der Anwalt sagte nur, dass Bruno Vivienne nie verlassen würde.

Am nächsten Abend machte die Stine sich schön, dann packte sie vom Rattengift ein, das in der Kirche ausgelegt war, und fuhr zu Viviennes Wohnung. Die Vivienne erschrak, als sie die Tür öffnete, doch die Stine griff sie nicht an, sondern wartete zurückgezogen in einer Ecke im Treppenhaus und tat noch scheuer als sie. Die Vivienne ließ ihr die Tür offen, als sie in die Wohnung zurückging, und als die Stine über die Schwelle trat, war die Vivienne im Bad. Die Wohnung war anders als alles, was die Stine kannte, noch nie zuvor war sie in einem Raum gewesen, in dem sie sich nicht eingesperrt fühlte. Die Menschen im Dorf hatten keinen Sinn für Schönes, ein Leben am Rande zur Verwahrlosung war die Normalität, und selbst im Grandhotel hatte die Stine nur auf Fluchtwege und Geldverdienen geachtet. Doch in Viviennes Wohnung war alles wie verzaubert, das Licht war weich, es duftete nach Obst und Wärme, die Möbel waren so grazil geformt wie Tierleiber, es klang eine Musik, die mehr ein Rieseln war, und Vivienne selbst war nicht nur wunderschön – inzwischen hatte sie sich für die Stine gar geschminkt –, sie berührte sie dazu sehr zart am Arm und führte sie zum Sofa. Sogar noch das Getränk, das sie ihr reichte, war weich – es musste etwas mit Pfirsich sein –, gleichzeitig prickelte es etwas und machte die Stine froh und leicht.

Sie saßen noch nicht lange, da begann sie der Stine mit leiser Stimme und immer auf der Suche nach dem richtigen Wort zu erzählen, was sie an Bruno so liebte, was sie und ihn verband, doch mehr noch sprach sie von ihren vielen kleinen Mängeln, von all dem vielen, das sie Bruno nicht geben konnte, und wie sie das bis in den Schlaf beschäftigte. Und immer wieder unterbrach sie sich, weil ihr an der Stine etwas aufgefallen war, das sie entzückte, die goldfarbenen Pünktchen in ihren Pupillen, die gespannte Kraft, die sich in ihrer Muskulatur zeigte, wenn sie sich auch nur nach dem Glas beugte, ihr kraftvolles Haar. So saßen sie lange, die Stine musste fast nichts sagen, gelegentlich schwieg auch Vivienne, dann saßen sie nur da und ließen Zeit vergehen, und manchmal schloss die Stine sogar die Augen, dann wurde alles um sie golden.

Später ging Vivienne in die Küche, um etwas zu essen zu bereiten, nichts Kompliziertes, sagte sie, Salat und etwas Hühnchen, die Stine hatte das Zimmer für sich. Sie fand noch tausend wunderbare Sachen, am besten gefielen ihr die holzgeschnitzten Elefanten. Und dann entdeckte sie, gefaltet über die Sofalehne geworfen, ein Tuch aus blauer Seide, das schöner war als alles, dicht bestickt mit Blumen, Schmetterlingen, Vögeln, Fischen und Kirschbütenzweigen in Farben, die so kraftvoll leuchteten, als breche sich das Licht der Sonne in einem Bergsee. Ganz behutsam – sie hielt dabei den Atem an – öffnete die Stine Lage um Lage, erst dachte sie, es sei ein Schal, doch schließlich bedeckte das Tuch das ganze Sofa, die Stine bettete sich darauf und schlief ein.

Die Vivienne schien etwas erschrocken, als sie die Stine weckte, und sorgte sich um das Tuch, doch dann legte sie es selbst der Stine probeweise um die Schultern und erzählte ihr, dass im Dorf ihrer Großmutter in Georgien die Sitte herrsche, dass jede Braut dem Bräutigam ein solches Tuch sticke, in das sie alles Schöne einarbeite, das sie sich für ihre Ehe wünsche. Im Sommer vor zwei Jahren sei sie für einige Wochen nach Georgien gereist, um die Technik zu lernen, seither arbeite sie an der Stola – als sie das sagte, seufzte sie –, es sei jedoch auch jetzt noch furchtbar viel zu tun, sie sei so ungeschickt und langsam, und ehe nicht der ganze Stoff mit Stickereien bedeckt sei, könnten sie nicht heiraten, das bringe Unglück. Und vielleicht, sagte sie mit leisem Zögern, müsse sie den Bruno auch vorher ziehen lassen, damit er glücklich werde, dann sei die ganze Stickerei umsonst gewesen. Auch diesmal lächelte sie wieder, doch hinter diesem Lächeln zeigte sich in ihren Augen etwas wie eine sehr demütige Angst.

Und da verstand die Stine das erste Mal, was Liebe war. Sie hatte Bruno nie geliebt, wie Vivienne ihn liebte, sie wollte ihn nicht glücklich sehen, sie wollte, dass er ihr gehörte. Noch dachte sie nicht daran, ihn aufzugeben, sie wunderte sich nur über Viviennes Güte, von der sie sich gewärmt fühlte, als sitze sie am Kamin, ganz eng hüllte sie sich in Viviennes Stola, die sie selbst dann nicht ablegen mochte, als sie zu essen begannen, und Vivienne wagte auch nicht, sie ihr wegzunehmen. Dann, nachdem sie nochmals in die Küche gegangen war und Tee serviert und sich wieder gesetzt und sie eine ganze Weile nur betrachtet hatte, erzählte die Vivienne in ihrer leisen, glatten, wie aus Spinnwebfäden gewobenen Stimme, dass sie eine Freundin wie die Stine, eine so wilde und starke, sich immer gewünscht hätte, eine, die sie beschütze, erst da ging der Stine das Herz über, und plötzlich war es keine Frage mehr, tausendmal hätte sie den Bruno aufgegeben, wenn die Vivienne dafür ihre Freundin wurde. Ja mehr noch, wenn sie jemanden in ihrem Leben liebte, war es die Vivienne, nicht der Bruno! Und endlich öffnete auch die Stine den Mund und sagte, dass sie den Bruno nicht mehr wolle, und die Vivienne sah sie an, als hätte sie nie im Leben damit gerechnet, und Tränen, die sie gar nicht zu bemerken schien, spritzten aus ihren Augen wie Glassplitter, und dann griff sie Stines Hand und lächelte sie an mit diesem süßen, demütigen Lächeln und ließ sie lange nicht mehr los.

Der Morgen graute schon, als die Stine endlich aufstand, die Stola faltete, sie auf die Lehne zurücklegte und auf den Balkon trat. Die Wohnung lag hoch über den umliegenden Häusern, man sah den Himmel, der über den Berggraten bläulich rosa verfärbt war und einer frisch vernarbten Wunde ähnlich sah, die Stine erinnerte den Sonnenaufgang am Piz Spiert und wunderte sich etwas, dass nichts sie in die Berge zog. Auch in Viviennes Wohnung schien die Erde weit entfernt, die Menschen, das Tal, das Öde – und nirgends wie hier hatte sie sich so frei und doch geborgen gefühlt. Dabei war es nicht der Ort, es war auch nicht die Vivienne, die es auslöste, es war ihre eigene Großzügigkeit, die sie in sich entdeckt hatte und die sie wie verwandelte.

Als die Vivienne fröstelnd durch den Spalt auf den Balkon hinaus sah – sie fror so leicht – und sich erschreckt erkundigte, ob die Stine womöglich daran denke zu springen, lächelte die Stine daher nur und schüttelte den Kopf, dann ging sie ins Bad und spülte das Rattengift die Toilette hinab.

Als sie aus dem Bad kam, hörte sie, wie die Vivienne im Schlafzimmer telefonierte. Furchtbar war es, sagte sie leise, sie ist ein Monster. Sie sprach die ganze Nacht kein Wort, ich wusste nie, ob sie mir etwas antut … Ich glaube aber, jetzt habe ich sie so weit, dass sie uns in Ruhe lässt.

Als die Stine das hörte, schoss ihr das Wasser in die Augen. Sie packte die Stola und rannte hinaus.

Die Vivienne sah vom Fenster aus, wie sie auf die Straße rannte, sie sah die Stola, schrie auf und rannte ihr nach, doch sie fand sie nicht mehr.

Die Stine nahm den Zug nach Hause. Eine Fahrkarte hatte sie nicht, dem Schaffner gab sie ihre letzte Hunderternote und vergaß, dass sie noch Wechselgeld bekam.

Als sie am Mittag die Winterhütte am Fuß des Piz Spiert betrat, empfing die Mumma sie mit einer Ohrfeige, dass die Stine über den Stuhl zu Boden fiel, humpelte zum Bett und bettete sich, als sei sie schon tot. Der Severin erklärte der Stine, dass der Schaden, den sie im Grandhotel angerichtet hatte, mehr gekostet hätte, als sie den ganzen Winter über eingenommen hatte, die Mumma hatte ihren Ring, das bessere Paar Krücken und den Elektroofen verpfändet und wollte nur noch sterben. Hock ab, sagte er, trink einen Tee, doch die Stine sagte nur, das wäre nicht das Schlechteste, und meinte das Sterben, dann ging sie hinaus und stieg den Berg empor. Es nieselte, Windstöße trieben ihr den Regen fast waagrecht unter die Kleidung, nach ein paar hundert Metern Aufstieg kam sie in den Schnee. An manchen Stellen lag er hüfthoch, schwerer Märzschnee. Sie kämpfte sich zur Alphütte durch, der Schnee und der Steinschlag hatten das Dach eingedrückt, es war nur noch ein Spalt weit Platz, dort kroch sie hinein, lag da mit aufgesperrten Augen, die Stola an die Brust gepresst, und keuchte wie ein angeschossenes Reh.

Das Lied vom Zigeunerjungen kam ihr wieder in den Sinn, darüber wurde sie ruhiger und war fast eingeschlafen, als der Bruno nach ihr rief, er musste ihrer Spur gefolgt sein. Bald darauf war er bei der Hütte und riss eines der Dachbretter weg. Gib uns die Stola, sagte er außer Atem, dann hatte er die Stine bloßgelegt und vergaß das Tuch. Er riss sich den Hosenladen auf und wollte sich zu ihr zwängen, doch die Stine stieß ihn weg und rannte höher, dem Gipfel zu. Der Bruno folgte ihr, für eine Zeit war es wie Wettlaufen, ein paarmal hatte er schon einen Fuß gepackt, dann war sie wieder schneller.

Und plötzlich hatte der Bruno sich verrannt, rutschte ab, fiel übers Bort und in eine Eisspalte. Die Stine kümmerte sich nicht um ihn, sie rannte weiter und erreichte bald den Teufelsgupf. Vom Tal her war ein Helikopter zu hören, den vielleicht die Vivienne geschickt hatte, um den Bruno zurückzuholen, doch die Stine sah nicht ins Tal, sondern aufs Wetter. An manchen Stellen riss der Himmel auf, der Wind trieb die Wolken über Kreuz und auseinander, für Momente drückte die späte Sonne durch – nicht auf den Teufelsgupf, der lag bereits im Abendschatten. Erschöpft setzte die Stine sich am Fuß der Wand in den Schnee und schloss die Augen. Sie hörte, wie der Helikopter höher stieg, sicher war er den Spuren im Schnee gefolgt, zu sehen war er nicht, er blieb unter dem Teufelsgupf, sicherlich hatte man den Bruno in der Spalte entdeckt und machte sich daran, ihn zu retten. Nur der Rotor wirbelte den Schnee auf bis hinauf zur schlafenden Stine und deckte sie zu, wehte ihr die Stola aus der Hand und trieb sie höher, ins letzte Sonnenlicht, ganz warm leuchtete das goldene und bunte Garn.

Der Bruno lag für eine Weile im Krankenhaus nicht weit vom Grandhotel, Vivienne wohnte in einer Pension im Dorf. Oft saß sie über Stunden schweigend bei ihm am Bett, den Blick auf den Piz Spiert gerichtet. Es fiel ihnen schwer, ohne Stine zu sein, und eines Tages erzählte Vivienne, dass im Dorf eine Wohnung zu kaufen sei.

Am ersten Tag nach seiner Entlassung stieg der Bruno nochmals zur steinernen Alp auf, um dem Severin Dinge von der Stine zu bringen, eine Haarklammer und einen Pullover, die sie in seinem Auto hatte liegenlassen. Die Alphütte war vollends in Trümmern, die Alp von Steinschlag bedeckt. Der Severin wohnte in einem behelfsmäßigen Verschlag etwas höher am Berg bei einem Schmelzwassertümpel, er hatte nur gerade noch zwei Ziegen.

Auch zwischen dem Bruno und dem Severin gab es wenig zu reden. Sie hockten eine Weile, der Severin sah immer wieder um sich, als habe er etwas zu verbergen, doch wenn der Bruno seinem Blick folgte, war da nur Gestein und Gras vom Vorjahr. Erst als er abstieg, sah er im Tümpel etwas glänzen, es war die Stola. Er zog die Schuhe aus und versuchte, sie aus dem Wasser zu fischen, da griff ihn plötzlich eine Hand, es war die Stine, die ihn in die Tiefe zog und eine Weile mit ihm spielte wie eine Katze mit der Maus. Dann warf sie ihn an Land zurück, als wiege er nichts. Die Stola ließ sie ihm.

Mark Twain

Eine Rigi-Besteigung

Die Rigi kann mittels Eisenbahn, zu Pferde oder zu Fuß erstiegen werden, je nach Belieben der Reisenden. Ich und mein Freund warfen uns in Touristenanzüge und fuhren an einem herrlichen Morgen mit dem Dampfboot den See hinauf. In Weggis, einem Dorfe am Fuße des Berges, dreiviertel Stunden von Luzern, gingen wir an Land.

Bald ging's behaglich und stetig den schattigen Fußweg hinauf, und unsere Zungen waren wie gewöhnlich in schönster Bewegung. Alles ließ sich herrlich an, und wir versprachen uns nicht wenig, sollten wir doch zum ersten Mal den Genuss eines Sonnenaufgangs in den Alpen erleben; das war ja der Zweck unserer Tour. Wir hatten anscheinend keinen triftigen Grund, zu eilen, unser Reisehandbuch hatte den Weg von Weggis bis zum Gipfel als nur dreieinviertel Stunden lang angegeben. ›Anscheinend‹, sagte ich, weil uns der Baedeker schon einmal angeführt hatte.

Als wir etwa eine halbe Stunde gegangen waren, kamen wir in die richtige Stimmung für das Unternehmen und trafen Anstalten zum Steigen, das heißt, wir mieteten einen Burschen zum Tragen der Alpenstöcke, Reisetaschen und Überzieher, wodurch wir die Hände freibekamen.

Wahrscheinlich haben wir häufiger im schönen schattigen Gras geruht, um ein paar Züge aus unseren Pfeifen zu tun, als unser Führer gewohnt war, denn plötzlich fuhr er uns mit der Frage an, ob wir ihn nach dem Tarif oder fürs Jahr mieten wollten. Wir sagten, er solle nur vorangehen, wenn er Eile habe. Er erwiderte, Eile habe er eigentlich nicht, doch möchte er den Berg hinaufkommen, solange er noch jung sei. Wir sagten ihm, er möge nur vorausgehen, das Gepäck im obersten Hotel abgeben und unsere baldige Ankunft melden. Er meinte, Zimmer wolle er für uns schon bestellen; wenn aber alles voll sei, wolle er ein neues Hotel bauen lassen und dafür sorgen, dass Maler- und Gipserarbeit trocken wären, bis wir ankämen. Unter solchen Bemerkungen verließ er uns und war bald unseren Augen entschwunden.

Um sechs Uhr waren wir schon ein gutes Stück in der Höhe, und die Aussicht hatte an Reiz und Umfang bedeutend zugenommen. Bei einem kleinen Wirtshaus machten wir halt, genossen im Freien Brot, Käse und ein oder zwei Liter frische Milch, und dazu das großartige Panorama; dann setzten wir uns wieder in Bewegung.

Nach zehn Minuten begegneten wir einem Engländer mit heißem, kupferrotem Gesicht, der in mächtigen Sätzen den Berg herabstürmte, indem er sich an seinem Stock immer eine tüchtige Strecke vorwärts schwang. Atemlos und schweißtriefend hielt er bei uns an und fragte, wie weit es bis Weggis sei.

»Drei Stunden!«

»Was? Der See scheint ja so nahe, als ob man einen Kieselstein hineinwerfen könnte. Ist das ein Wirtshaus?«

»Ja.«

»Das ist recht. Ich kann es nicht noch einmal drei Stunden aushalten.«

Auf meine Frage, ob wir wohl nahe am Gipfel seien, rief er: »Meiner Treu! Ihr habt ja eben erst angefangen zu steigen!«

Ich schlug deshalb meinem Reisegenossen Harris vor, auch in besagtem Wirtshaus zu bleiben. Wir kehrten um, ließen uns ein warmes Nachtessen bereiten und verlebten mit dem Engländer einen lustigen Abend.

Die deutsche Wirtin gab uns hübsche Zimmer und gute Betten, und ich und mein Freund legten uns nieder mit dem Entschluss, früh genug aufzustehen, um unseren ersten Sonnenaufgang in den Alpen nicht zu versäumen. Aber wir waren todmüde und schliefen wie Nachtwächter; folglich war es, als wir am Morgen erwachten und ans Fenster stürzten, für den Sonnenaufgang schon zu spät – es war halb zwölf Uhr. Das war ein harter Schlag, doch trösteten wir uns mit der Aussicht auf ein gutes Frühstück und beauftragten die Wirtin, den Engländer zu rufen; aber sie erzählte uns, dass dieser unter allerlei Verwünschungen schon bei Tagesanbruch auf und davon gegangen sei. Wir konnten nicht auf den Grund seiner Erregung kommen. Er hatte die Wirtin nach der genauen Höhe des Wirtshauses über dem See gefragt, und sie hatte tausendvierhundertfünfundneunzig Fuß angegeben; diese Zahl musste ihn ganz außer Rand und Band gebracht haben, denn er habe hinzugefügt: »In einem Land wie diesem können Narren und Reisehandbücher einem in vierundzwanzig Stunden mehr Bären aufbinden als anderswo in einem Jahr.«

Gegen Mittag nahmen wir den Weg wieder unter die

Füße und strebten frischen gewaltigen Schrittes dem Gipfel zu. Als wir etwa zweihundert Meter marschiert waren und anhielten, um zu rasten, blickte ich beim Anzünden meiner Pfeife von ungefähr nach links und entdeckte in einiger Entfernung eine Rauchsäule, die wie ein langer schwarzer Wurm lässig den Berg hinaufkroch. Das konnte nur der Rauch einer Lokomotive sein. Auf unsere Ellbogen gestützt, stierten wir das uns völlig neue Mirakel dieser Bergbahn an. Es schien unglaublich, dass das Ding auf einer schiefen Ebene, steil wie ein Dach, schnurgerade aufwärtskriechen konnte; es geschah aber vor unseren Augen: ein leibhaftiges Wunder.

Noch ein paar Stunden, und wir erreichten ein schönes luftiges Hochtal, wo die Dächer der kleinen Sennhütten mit großen Steinen belegt waren, um sie am Grund und Boden festzuhalten, wenn die großen Stürme tobten. Weit weg am andern Ufer des Sees konnten wir einige Dörfer erblicken und jetzt zum ersten Mal ihre zwerghaften Häuser mit den Bergriesen vergleichen, an deren Fuße sie schliefen.

Wenn man sich inmitten eines solchen Dorfes befindet, kommt es einem ziemlich ausgedehnt vor, und die Häuser erscheinen stattlich, selbst im Verhältnis zu den hereinragenden Bergen; aber von unserm hohen Platze aus, welch eine Veränderung! Die Berge erschienen massiger und großartiger, dagegen waren die Dörfer so klein geworden, beinahe unsichtbar, und lagen so dicht am Boden, dass ich sie nur vergleichen kann mit winzigen Erdarbeiten von Ameisen, überschattet von dem himmelanstrebenden Bau eines Münsters. Die Dampfboote, welche drunten den See durchschnitten, erschienen in der Entfernung nur noch so groß wie Kinderspielzeuge und die Segel- und Ruderboote wie winzige Fahrzeuge, bestimmt für die Elfen, die in Lilienkelchen haushalten und auf Brummhummeln zu Hofe reiten.

Wir gingen weiter und stießen bald auf ein halbes Dutzend Schafe, die unter dem Gischt eines Gießbaches weideten, der wohl hundert Fuß hoch sich am Felsen herabstürzte. Doch horch! Ein melodisches ›Lal…l…l…lal… loil-lahi-o-o-o-o!‹ trifft unser Ohr. Wir hören zum ersten Mal das berühmte Alpenjodeln inmitten der wilden Gebirgsgegend, in der es heimisch ist. Es ist jenes seltsame Gemisch von Bariton und Falsett, das wir zu Hause Tiroler Triller nennen.

Das Gejodel war hübsch und munter anzuhören, und bald erschien der Jodler – ein Sennbub von sechzehn Jahren. In unserer Freude und Dankbarkeit gaben wir ihm einen Franken, damit er weiterjodle. Er jodelte, und wir lauschten. Er jodelte großmütig weiter, als wir außer Sicht waren. Ebenso der zweite, auf den wir eine Viertelstunde später stießen und dem wir seine Kunst mit einem halben Franken bezahlten.

Von nun an begegneten wir alle zehn Minuten einem Jodler; dem ersten gaben wir acht Rappen, dem zweiten sechs, dem dritten vier, dem vierten einen und Nummer fünf, sechs und sieben erhielten gar nichts! Für den Rest des Tages erkauften wir das Stillschweigen der übrigen Jodler mit einem Franken pro Kopf. Es wird insgesamt doch etwas viel gejodelt in den Alpen.

Zehn Minuten nach sechs Uhr erreichten wir die Kaltbadstation, wo ein geräumiges Hotel mit Veranda steht, die einen weiten Umblick auf Berge und Seen gestattet. Wir waren nicht so sehr ermüdet, aber, um am andern Morgen ja den Sonnenaufgang nicht zu verschlafen, kürzten wir unsere Mahlzeit ab und eilten zu Bett. Es war unaussprechlich angenehm, unsere steifen Glieder in den kühlfeuchten Betten auszustrecken. Und wie fest wir schliefen! Kein Schlaftrunk wirkt so trefflich wie eine solche Alpenfußtour.

Morgens erwacht, waren wir beide mit einem Sprung aus den Federn und an den Fenstern; wir zerrten die Vorhänge zurück, erfuhren aber leider eine neue herbe Enttäuschung: es war nämlich schon halb vier Uhr nachmittags. In sehr mürrischer Laune kleideten wir uns an, wobei jeder dem andern die Schuld in die Schuhe schob. Harris meinte, wenn ich ihm gefolgt wäre und wir den Reisebegleiter mitgenommen hätten, wäre uns dieser Sonnenaufgang nicht entgangen. Ich behauptete dagegen, dass dann einer von uns hätte aufbleiben müssen, um den Begleiter zu wecken, außerdem hätten wir auf dieser Klettertour auch ohne die Sorge für einen Reisebegleiter Mühe genug mit uns selbst.

Das Frühstück regte unsere Lebensgeister wieder etwas an, besonders auch die beruhigende Versicherung im Baedeker, oben auf der Rigi brauche der Reisende nicht besorgt zu sein, dass er den Sonnenaufgang verschlafe, er werde vielmehr beizeiten von einem Mann geweckt, der mit einem großen Alphorn von Zimmer zu Zimmer gehe und seinem Instrument Töne entlocke, die imstande seien, Tote zu erwecken. Und noch eine andere Bemerkung des Reisehandbuches tröstete uns, die Versicherung nämlich, dass oben in den Rigi-Hotels die Gäste sich morgens nicht ganz anzukleiden brauchen, sondern sich einfach ihrer roten

Bettdecken bemächtigen und mit diesen, wie Indianer drapiert, ins Freie stürmen. Oh, das muss schön und romantisch sein! Zweihundertfünfzig Personen auf dem windigen Gipfel gruppiert, mit fliegenden Haaren und wehenden roten Bettdecken, in der feierlich ernsten Gegenwart der schneebedeckten Bergspitzen, beleuchtet von den ersten Strahlen der aufgehenden Sonne, das muss ein herrlicher und denkwürdiger Anblick sein! Unter diesen Umständen war es fast ein Glück, dass wir die früheren Sonnenaufgänge verfehlt hatten.

Nach dem Reisehandbuch waren wir nun dreitausendzweihundertachtundzwanzig Fuß über dem Spiegel des Sees und konnten somit volle zwei Drittel unserer Wanderung als vollendet betrachten. Wir brachen kurz nach vier Uhr nachmittags von neuem auf; etwa hundert Schritte über dem Hotel verzweigte sich die Bahnlinie, der eine Arm ging gerade aufwärts den steilen Berg hinan, der andere bog in ziemlich sanfter Steigung nach rechts ab; wir folgten dem letzteren über eine Meile, bogen um eine Felsecke und kamen in Sicht eines neuen hübschen Hotels. Wären wir gleich weitergegangen, so hätten wir den Gipfel erreicht, aber Harris wollte allerhand Erkundigungen einziehen. Er wurde belehrt – und zwar falsch, wie gewöhnlich –, dass wir umkehren und den andern Weg gehen müssten. Dies kostete uns eine schwere Menge Zeit.

Wir kletterten und kletterten; wir kamen wohl über vierzig Hügel, aber immer erschien ein neuer, so groß wie die früheren. Es begann zu regnen; wir wurden durch und durch nass, und es war bitter kalt. Dampfende Nebelwolken deckten bald den ganzen Abgrund zu; der Eisenbahndamm, auf welchen wir stießen, war unser einziger Wegweiser! Manchmal krochen wir längs desselben ein Stück weit fort, allein als sich der Nebel etwas zerteilte, bemerkten wir mit Schrecken, dass wir uns mit dem linken Ellbogen über einem bodenlosen Abgrund befanden, weshalb wir eiligst wieder den Bahndamm zu erreichen trachteten.

Die Nacht brach ein, rabenschwarz, neblig und kalt. Etwa um acht Uhr abends hob sich der Nebel etwas und ließ einen ziemlich undeutlichen Pfad erblicken, der links aufwärtsführte. Diesen Weg einschlagend, waren wir eben weit genug vom Eisenbahndamm entfernt, um diesen nicht wiederfinden zu können, als sich auch schon wieder eine Nebelwolke ausbreitete und alles in undurchsichtiges Dunkel hüllte.

Wir befanden uns an einem rauen, dem Unwetter vollkommen preisgegebenen Ort, waren genötigt, auf und ab zu gehen, um uns warm zu machen, obgleich wir dadurch Gefahr liefen, gelegentlich in einen Abgrund zu verschwinden.

Um neun Uhr machten wir die wichtige Entdeckung, dass wir jeden Pfad verloren hatten. Wir krochen auf Händen und Knien umher, konnten ihn aber nicht mehr finden; somit setzten wir uns wieder in das nasse Gras und warteten das Weitere ab. Plötzlich jagte uns eine ungeheure dunkle Masse, die vor uns auftauchte, nicht geringen Schrecken ein; sie verschwand aber alsbald wieder im Nebel. Es war, wie wir später erfuhren, das längst ersehnte Rigi-Kulm-Hotel, aber die nebelhafte Vergrößerung ließ es uns als den gähnenden Rachen eines tödlichen Abgrundes erscheinen.

Da saßen wir nun eine lange Stunde mit klappernden Zähnen und zitternden Knien, den Rücken gegen den vermeintlichen Abgrund gekehrt, weil von dorther etwas Zugluft zu verspüren war. Dabei ereiferten wir uns leidenschaftlich, denn jeder wollte dem andern die Dummheit in die Schuhe schieben, den Bahnkörper verlassen zu haben. Nach und nach wurde der Nebel dünner, und als Harris zufällig um sich blickte, stand das riesige, gespenstisch erleuchtete Hotel da, wo vorher der Abgrund gewesen war. Man konnte beinahe Fenster und Kamine zählen.

Unser erstes Gefühl war tiefer, unaussprechlicher Dank, unser zweites rasende Wut, weil das Hotel wahrscheinlich schon seit fast dreiviertel Stunden sichtbar gewesen war, während wir pudelnass dasaßen und uns zankten.

Ja, es war das Rigi-Kulm-Hotel auf dem Gipfel der Rigi, und wir fanden dort die Zimmer, die unser Bursche für uns bestellt hatte – allerdings bekamen wir zuvor die hochmütige Ungefälligkeit des Portiers und des sonstigen Dienstpersonals gründlich zu kosten.

Wir verschafften uns trockene Kleider, und während unser Abendbrot bereitet wurde, irrten wir einsam durch eine Anzahl Wohnräume, von denen einer einen Ofen besaß. Dieser Ofen in einer Ecke des Zimmers war von einer lebendigen Wand der allerverschiedensten Menschenkinder umgeben. Da wir nun nicht ans Feuer herankommen konnten, wandelten wir in den arktischen Regionen der weiten Säle umher, unter einer Menge Menschen, die schweigend, in sich verloren und wie versteinert da saßen und wohl darüber nachgrübelten, warum sie wohl solche Narren gewesen waren, hierherzukommen. Einige davon waren Amerikaner, einige Deutsche, die weitaus überwiegende Zahl aber waren Engländer. In einem der Räume drängte sich alles um die *Souvenirs du Righi*, die dort feilgeboten werden. Ich wollte zuerst auch ein geschnitztes Falzbein mit Gemshorngriff mitnehmen; dann sagte ich mir jedoch, dass mir die Rigi mit ihren Annehmlichkeiten wohl auch ohnedies in guter Erinnerung bleiben würde, und erstickte deshalb das Gelüst.

Das Abendessen erwärmte uns, und wir gingen sofort zu Bett – das heißt, nachdem ich an Baedeker noch einige Zeilen geschrieben hatte. Dieser ersucht nämlich die Touristen, ihn auf etwaige Irrtümer in seinem Reisehandbuch aufmerksam zu machen. Ich schrieb ihm, dass er sich, indem er den Weg von Weggis bis zum Gipfel nur mit dreieinviertel Stunden angebe, genau um drei Tage geirrt habe. Eine Antwort habe ich nie erhalten, auch ist im Buche nichts geändert worden – mein Brief muss also verlorengegangen sein.

Wir waren so todmüde, dass wir sofort einschliefen und uns nicht regten noch bewegten, bis die herrlichen Töne des Alphorns uns weckten. Man kann sich denken, dass wir keine Zeit verloren, sondern schnell ein paar Kleidungsstücke überwarfen, uns in die praktischen roten Decken wickelten und unbedeckten Hauptes in den pfeifenden Wind hinausstürzten. Wir erblickten ein großes hölzernes Gerüst, gerade am höchsten Punkt der Spitze. Dorthin lenkten wir unsere Schritte, krochen die Stufen hinauf und standen da, erhaben über der weiten Welt, mit fliegenden Haaren und im Wind flatternden roten Decken.

»Mindestens fünfzehn Minuten zu spät!«, sagte Harris

mit trauriger Stimme, »die Sonne steht schon über dem Horizont.«

»Schadet nichts«, erwiderte ich, »es ist dennoch ein großartiges Schauspiel, und wir wollen es noch weitergenießen, bis die Sonne höher steht.«

Einige Minuten waren wir tief ergriffen von dem wunderbaren Anblick und für alles andere tot. Die große, klare Sonnenscheibe stand jetzt dicht über einer unendlichen Anzahl Zipfelmützen – bildlich gesprochen. Es war ein wogendes Chaos riesiger Bergmassen, die Spitzen geschmückt mit ewigem Schnee und umflutet von der goldenen Pracht des zitternden Lichtes, während die glänzenden Sonnenstrahlen durch die Risse einer der Sonne vorgelagerten schwarzen Wolkenmasse aufschossen zum Zenit.

Wir konnten nicht sprechen, ja kaum atmen; wir standen in trunkener Verzückung und sogen diese Schönheit ein, als Harris plötzlich schrie: »Verd… – sie geht ja unter!«

Wahrhaftig, wir hatten das Morgenhornblasen überhört, hatten den ganzen Tag geschlafen und waren erst beim Blasen des Abendhorns aufgewacht: das war niederschmetternd.

Auf einmal sagte Harris: »Allem Anschein nach ist nicht die Sonne der Gegenstand der Aufmerksamkeit der unter uns versammelten Menschen, sondern wir, hier oben auf diesem Gerüst, in diesen eselhaften Decken. Zweihundertfünfzig feingekleidete Herren und Damen starren uns an und kümmern sich kein Haar um Sonnenauf- oder -niedergang, solange wir ihnen ein derart lächerliches Schauspiel bieten. Die ganze Gesellschaft birst ja vor Lachen, und das junge Mädchen dort wird nächstens platzen. In meinem Leben ist mir kein solcher Mensch vorgekommen wie Sie!«

»Was habe ich denn getan?«, erwiderte ich erregt.

»Sie sind um halb acht Uhr abends aufgestanden, um den Sonnenaufgang zu sehen, ist das nicht genug?«

»Und haben Sie nicht dasselbe getan?, möchte ich wissen; ich bin immer mit der Lerche aufgestanden, bis ich unter den versteinerten Einfluss Ihres ausgetrockneten Gehirns kam.«

»Schämen Sie sich nicht, in diesem Aufzug auf einem vierzig Fuß hohen Schafott auf dem Gipfel der Alpen zu stehen, unter uns eine endlose Zuschauermenge? Ist das der Schauplatz für derartige Experimente?« So ging der Streit in diesem Maskenanzug weiter. Als die Sonne untergegangen war, schlichen wir uns ins Hotel zurück und wieder zu Bett. Wir begegneten unterwegs dem Alphornbläser, und er versprach, uns am nächsten Morgen sicher zu wecken.

Er hielt Wort; wir hörten das Alphorn und standen sofort auf; es war finster und kalt. Als ich, nach den Zündhölzchen suchend, mit schlotternden Händen eine Anzahl Dinge zerbrach und zu Boden warf, wünschte ich, die Sonne möchte bei Tag aufgehen, wo es hell, warm und angenehm ist.

Es gelang uns endlich, uns beim zweifelhaften Licht zweier Kerzen anzukleiden; doch konnten wir mit unseren zitternden Händen nichts zuknöpfen; ich überlegte, wie viel glückliche Menschen in Europa, Asien, Amerika und so weiter jetzt friedlich in ihren Betten ruhten und nicht aufzustehen brauchten, um den Rigi-Sonnenaufgang zu sehen. In diesen Gedanken versunken, hatte ich etwas zu ausgiebig gegähnt, sodass ich mit einem meiner Zähne an einem Nagel über der Tür hängenblieb. Während ich auf einen Stuhl stieg, um mich loszumachen, zog Harris die Vorhänge zurück und sagte: »Oh, welches Glück, wir brauchen ja nicht einmal das Zimmer zu verlassen – da unten liegen die Berge in ihrer ganzen Ausdehnung!«

Das war erfreulich: in der Tat, man konnte die großen Alpenmassen sich in unsichern Umrissen gegen das schwarze Firmament abheben und einen oder zwei Sterne durch das Morgengrauen schimmern sehen. Gut angekleidet und warm versorgt in den wollenen Decken, stellten wir uns mit brennenden Pfeifen und unterhaltendem Geplauder ans Fenster, in behaglicher Erwartung eines Sonnenaufgangs bei Kerzenbeleuchtung.

Nach und nach verbreitete sich ein leichtes ätherisches Licht in unmerklicher Steigerung über die luftigen Spitzen der Schneewüste – doch auf einmal schien ein Stillstand eingetreten zu sein. Ich sagte:

»Mit diesem Sonnenaufgang scheint etwas nicht zu stimmen. Es will nicht recht gehen. Was meinen Sie, was schuld sei?«

»Ich weiß nicht, es macht den Eindruck, wie wenn irgendwo Feuer wäre. Ich sah nie einen solchen Sonnenaufgang.«

»Nun, was mag wohl der Grund sein?«

Harris sprang jetzt mit einem Mal auf und rief: »Ich hab's! Ich hab's! Wir sehen ja dorthin, wo gestern Abend die Sonne unterging!«

»Vollkommen richtig! Warum haben Sie das nicht früher gemerkt? Jetzt haben wir wieder einen verfehlt; und alles durch Ihre Dummheit. Ja! Das sieht nur Ihnen gleich, eine Pfeife anzuzünden und den Sonnenaufgang im Westen zu erwarten.«

»Es sieht mir auch gleich, den Irrtum entdeckt zu haben; Sie hätten das doch nie gemerkt! Ich muss alle diese Dummheiten entdecken!«

»Sie machen sie alle! Aber wir wollen die Zeit nicht mit Streiten verlieren, vielleicht kommen wir doch noch rechtzeitig!« Allein es war zu spät, die Sonne war schon weit oben, als wir auf den Platz kamen. Wir begegneten der heimkehrenden Menge – Herren und Damen in komischer Bekleidung und mit frierenden Gesichtern.

Etwa ein Dutzend waren noch auf dem Platze. Sie versuchten, mittels Reisehandbuch und Panorama jeden Berg zu bestimmen und die verschiedenen Namen und Formen ihrem Gedächtnis einzuprägen.

Es war ein betrüblicher Anblick.

Nach meiner Schätzung brauchten wir einen Tag, um zu Fuß nach Weggis oder Vitznau zu kommen; sicher dagegen war, dass wir mit der Bahn etwa eine Stunde brauchen würden – deshalb wählten wir das Letztere.

Eine herrliche Talfahrt auf der schwindelnden Bergbahn, die uns eine Wunderwelt gleich einer Reliefkarte zu unseren Füßen ausgebreitet sehen ließ, bildete den würdigen Schluss unserer ereignisreichen Rigi-Besteigung mit ihrem verunglückten Sonnenaufgang.

Carl Zuckmayer

Die Hohe Stiege

Als wir, meine Frau und ich, an einem Juliabend des Jahres 1938 mit unseren Rucksäcken den Kapellenweg von Saas-Grund nach Saas-Fee hinaufwanderten, wussten wir nicht, dass wir heimgingen.

Wir gingen diesen Weg zum ersten Mal, in einer kaum erklärlichen, wachsenden Bewegtheit, wie man sie sonst bei Ausflügen, auch in einer neuen, erregenden Landschaft, selten empfindet – als hätten wir ein Vorgefühl, dass uns dort oben etwas ganz Ungeahntes, Wunderbares erwarte.

Das war vier Monate nach unserer Austreibung aus Österreich – zehn Monate vor unserer Ausfahrt nach Amerika.

Am Genfer See, in den Weinbergen von Chardonne, wo wir damals Zuflucht gefunden hatten, war es sehr heiß geworden, wir wollten uns in den Bergen des Wallis nach einer erschwinglichen Unterkunft in gutem Sommerklima umschauen, da ich eine schwierige Arbeit vor mir hatte. An die Suche nach einer festen Wohnstatt dachten wir nicht.

Von Saas-Grund, das in der Talsohle, etwa 1600 Meter hoch, gelegen ist, nach dem Höhenort Saas-Fee gab es damals noch keine Fahrstraße – nur einen Saumpfad, auf dem Post, Gepäck, Material, Hotelbedarf, auch gehschwache Besucher mit Maultieren hinaufgelangten, und dann den

Kapellenweg, in steilen Kehren an einer tief eingeschnittenen Schlucht entlang, durch welche der Fee-Bach, von Gletscherwassern gespeist, zu Tal braust.

Es war ein alter Wallfahrtsweg, von vierzehn kleinen Steinkapellen gesäumt, deren jede, durch die weite Vorderöffnung sichtbar, eine Station aus dem Leidensweg des Heilands darstellt, in holzgeschnitzten Gruppen aus dem siebzehnten Jahrhundert, Figuren von hart ausgeprägter, primitiver Realistik, besonders was die Folterknechte, die Geißler, die Soldaten und Spötter anlangt. In manchen dieser Gruppen ist Jesus klein wie ein Kind, während die Gestalten der Mächtigen, denen er sich unterworfen hat, fast überlebensgroß erscheinen. Die Jungfrau und Mutter ist immer von einer sanften, bäuerlichen Schönheit.

Wir begegneten keinem Menschen auf diesem Weg – es war schon Essenszeit; er führte uns immer wieder an den Rand der Schlucht heran, deren wild abstürzende Granitwände noch den Blick auf die höheren Berge versperrten, über alten Gletscherschliff, durch lichten Jungwald und an kleinen, mit Kartoffeln und Gerste bepflanzten ›Äckerlein‹ vorüber, die oft hart über dem Absturz der steilen Wände an den Hang geklebt schienen.

Mich entzückten die Steine und Felsbrocken, wie sie überall verstreut waren, blauer Basalt und grün durchbänderter Serpentin, mattgrauer Gneis, tiefroter Porphyr, schimmernder Quarz, der auf das Vorkommen von Kristallen deutet, und breit gelagerte Schichten von Glimmerschiefer.

Noch immer sah man die hohen Berge nicht, nur dann und wann das Wehen eines blauen Eisschimmers, das Aufblenden einer Schneekuppe, das in der nächsten Kehre wieder verschwand. Der Wald rückte dichter zusammen und tat sich auf einmal zu einer lichten, grasigen Anhöhe auf, die von vereinzelten uralten, mächtigen Lärchenbäumen mit rötlich gekerbter Rinde bestanden war. Um einen besonders starken war eine Steinbank rundherum gebaut, mit abgeglätteten Felsplatten belegt. Und an die seitlich aufragende Wand geschmiegt, fast in sie eingebaut, stand jene Wallfahrtskirche, die man ›Maria zur Hohen Stiege‹ nennt, mit gewölbter Tür, über der die Jahreszahl 1661 eingegraben ist, von einem zierlichen Glockentürmchen aus ockerfarbenem Tuffstein gekrönt. Über ihr zweifach geschachteltes Dach weg und durch die von der Luft leicht bewegten Kronen der Lärchenbäume hindurch blickte man in einen ungeheuren Glanz, ein überweltliches Strahlen, vor dem man fast die Augen schließen musste. Es war das Abendleuchten von den Gipfeln der Viertausender.

Wir standen geblendet und im Herzen aufgerührt über die ernsthafte Stille, die Umschlossenheit, die anspruchslose Würde dieser letzten Station vor dem letzten Anstieg nach Saas-Fee.

Dieser, die ›Hohe Stiege‹, nach der die Kirche genannt ist, besteht aus einem Steilpfad von neunzig steinernen Stufen, der hinter der Kirche eng in die Wand gehauen ist. Wieder sieht man nichts als die Wände der Schlucht. Dann biegt man, schon auf der Höhe der Ortschaft, um eine Felsenecke und steht ganz plötzlich vor einem Anblick, wie er mir nie und nirgends begegnet ist. Man steht am Ende der Welt und zugleich an ihrem Ursprung, an ihrem Anbeginn und in ihrer Mitte. Gewaltiger silberner Rahmen, im Halbrund geschlossen, nach Süden von Schneegipfeln in einer Anordnung von unerklärlicher Harmonie, nach Westen von einer Kette gotischer Kathedralentürme. Zuerst kann man nur da hinaufschauen, es verschlägt einem den Atem. Dann sieht man vor sich den Ort Saas-Fee, damals noch ein Bergbauerndorf von 468 Seelen, durch ein paar Hotels aus der ›Engländerzeit‹ kaum in seiner Einheitlichkeit gestört, in weit ausschwingende Matten eingebettet, von ansteigenden Lärchen- und Arvenwäldern gesäumt und von so viel Himmel überwölbt, dass man – ähnlich wie auf der offenen See – nach allen Seiten Freiheit und Weite verspürt. Dieser Himmel blühte jetzt, am Abend, in einem tiefen, fast violett getönten Dunkelblau, während es auf den Schneefirnen noch blitzte und wetterte vom Widerstrahl der schon gesunkenen Sonne.

Überall von den Bastionen der Gletscher ziehn sich die schaumweißen Bänder der Bergbäche hinab, deren Rauschen und Läuten die Luft erfüllt und die Stille vertieft. Und überall, bis fast zu den Gletscherzungen und den Steilwänden hin, an den Waldrändern, ins freie Weideland eingeschnitten, die kleinen quadratischen oder länglichen Vierecke der ›Äckerlein‹, getreidebraun und krautiggrün, die uns anschauten wie die Gesichter alter Leute, wenn sie sich still von der Arbeit heben.

Wir konnten, nach dem ersten heiligen Schreck, mit dem uns dieser Anblick durchfuhr, noch lange nicht sprechen, nur tief atmen. Die Luft war von Heu durchsüßt und von einer prickelnden, eisgeborenen Reinheit.

»Hier«, sagte dann einer von uns – »wenn man hier bleiben könnte!«

Hermann Hesse

Wintertage in Graubünden

Von Klosters aus stieg ich an einem sonnenklaren, kalten Morgen die verschneiten Gassen und Matten hinan. Die Gipfel sprangen, einer nach dem anderen, ins milde Goldlicht des aufsteigenden Tages und lachten rosig in der milchig-sanften Himmelsbläue. Im Dorf war wenig Leben, die Engländer schliefen noch im Grand Hotel, die Kinder waren in der Schule; man sah nur da und dort einen Bauern mit Schlitten und Kuhgespann bergaufwärts fahren, um aus den hochgelegenen braunen Holzschuppen Heu zu holen, oder einen anderen, der ins Holz ging und seinen schweren Handschlitten an den hohen Hörnern nachschleppte. Sonst kein Leben und kein Ton als das Knirschen meiner Sohlen auf dem gefrorenen Schnee und weit unten im Tal das kaum hörbare, entfernte Schnauben der Davos-Landquarter-Eisenbahn.

Langsam kam ich empor, über das Dorf hinaus und der Sonnengrenze näher, die mir unmerklich entgegenkam und nach der ich allmählich sehnlich begehrte, da mir Ohren und Hände steif und rot gefroren waren und weh taten. Der Weg war, obwohl nicht gepfadet, angenehm und wenig anstrengend, da der harte Schnee mich bequem trug und doch so viel nachgab, dass ich sicher und ohne Gleiten direkt aufwärts steigen konnte. Zwei Raubvögel, vermutlich

Turmfalken, kreisten hoch und feierlich umeinander, sonst war außer mir nichts Lebendiges mehr am Berge sichtbar.

Aufatmend erreichte ich die höheren, von der Sonne beschienenen Schneematten. Hier herrschte kein Frost mehr, während ich noch vor einer Stunde in einer Kälte von zwölf Grad gegangen war. Aber nach kurzer Zeit war die Blendung so stark, dass ich die Schneebrille aufsetzen musste. Über die steil geneigten, von der leuchtenden Schneedecke weich abgerundeten Hänge flutete das Licht des jungen Tages diamanten und festlich, spielte in jähen Irisfarben, lachte eisig und unerträglich auf glatten Flächen, füllte Mulden und Hangränder mit zarten, schön blauen Schatten. Reif und Eis schmolzen mir vom Schnurrbart, die Luft begann sich leise zu erwärmen, und ich hielt eine erste kurze Rast, um diese Herrlichkeit zu begrüßen und die beginnenden Freuden der Wintersonne vorauszukosten.

Denn es gibt in der weiten Welt nichts Wunderbareres, Edleres und Schöneres als die Hochgebirgssonne im Winter. Von Schnee und Eis und Stein zurückgeworfen, spielt Licht und Wärme schwelgerisch in den unbeschreiblich durchsichtigen winterklaren Lüften – ein Licht und ein Strahlen feiner, zarter, trockener Wärme, von dem das Tiefland auch an den glänzendsten Tagen keine Ahnung hat.

Der lichte Himmel nahm allmählich tiefe Farben an, von Gipfel zu Gipfel gespannt, ruhte er tief und strahlend ohne jeden kleinsten Dunst, blau bis zur Farbe der Veilchen. Zugleich nahm die Wärme zu, und ich rastete oft auf dem Schnee, um nicht in Schweiß zu kommen. Den Rock trug ich längst überm Arm und die Handschuhe in der Tasche. Hinter den obersten einsamen Heuhütten begann Tannenwald, und hinter dem Tannenwald stiegen unzugänglich senkrechte Steinwände in den Himmel mit fast gewaltsam scharfen, grellen Umrissen. Rückwärts übersah ich nun das tiefe und weite Tal, ungezählte Gipfel, berühmte und namenlose, und im Schnee verlorne winzige Dörfer, ganz unten die dunkel fließende Landquart. Inzwischen hatte ich die Mütze abgelegt und das Hemd aufgeknöpft. Dann suchte ich mir zwischen Wald und Felsen einen geschützten Ort, wo verdorrtes Moos und Heidekraut schneefrei und trocken in der Sonne bräunte. Dort legte ich mich hin, aß ein Stück Schokolade und ruhte gründlich aus.

Ich lag wie im Sommer, fühlte die Dezembersonne auf Nacken und Arme brennen und dachte mit Behagen an meine Heimat am Bodensee, wo jetzt feuchte Kühle und Nebel herrschten. Dann begann ich mir Hände und Arme mit Schnee zu waschen. Und da dies köstlich wohltat, warf ich eilig Schuhe und Strümpfe und alle Kleider ab, tat einen Freudenschrei und badete mich erschauernd im körnigen Schnee. Als ich wieder in den Kleidern war und in der Sonne lag, fühlte ich unter der erfrischten Haut mein Blut wohliger und wärmer und lebendiger kreisen als je nach dem raffiniertesten Dampfbad.

Einen Teil des Rückwegs konnte ich, auf meiner Lodenjacke sitzend, über den Schnee abrutschen, den Rest legte ich zu Fuß zurück und kam gerade zur rechten Zeit nach Klosters, um bei einem guten Mittagessen meinen inzwischen scharf gewordenen Hunger zu stillen.

Sławomir Mrożek

Die schönste Aussicht der Welt

Ich kam zu einem bekannten Erholungsort in den Bergen über dem See. Verdiente Ferien erwarteten mich, also beschloss ich, dass es in jeder Hinsicht wunderbare Ferien werden sollten, und ich hatte nicht die Absicht, zu sparen. Leider waren alle Zimmer in den Hotels erster Kategorie besetzt, und wie sich bald herausstellte, auch die der zweiten Kategorie. Erst verzichtete ich auf Luxus, dann auch noch auf Komfort. Ich ging also in ein Hotel der dritten Kategorie, nur um überall die gleiche Antwort zu hören: »Nichts frei.« Schließlich ging ich in ein Hotel, das mir so wenig einladend erschien, dass ich es bis dahin immer gemieden hatte, aber jetzt war es das Einzige, das mir übrig blieb. Der Mann an der Rezeption studierte lange sein Buch, dann sagte er: »Im Prinzip nichts mehr.« – »Was heißt das: im Prinzip?« – »Das heißt, dass ich keine normalen Zimmer mehr habe. Wir haben nur noch ein Zimmer mit einer schönen Aussicht.« – »Na wunderbar! Warum haben Sie das nicht gleich gesagt?« – »Weil das ein Zimmer mit einer außergewöhnlich schönen Aussicht ist.« – »Umso besser!« – »Diese Aussicht ist so außerordentlich schön, dass das Zimmer sehr teuer ist.« – »Wie viel?« Er nannte den Preis, tatsächlich einen sehr hohen, besonders für ein Hotel vierter Kategorie. Ich war natürlich ohne Zögern einverstanden. »Im Voraus zu bezahlen.« Das wunderte mich nicht, ein zweitrangiges Hotel, das zweitrangige Gäste hat, stellt oft solche Bedingungen. Auch dass mich niemand zum Zimmer brachte oder mir half, den Koffer zu tragen, war normal unter solchen Bedingungen. Ich bekam den Schlüssel und fand mein Zimmer allein, am Ende des Korridors. Ohne dem erbärmlichen Zustand innen Beachtung zu schenken, weil ich eh nichts Besseres erwartet hatte, ging ich gleich zum Fenster und zog den Vorhang auf. Es zeigte sich ein dunkler Hof, eine Wand dem Fenster gegenüber und einige Mülltonnen. Ich lief zur Rezeption. »Ich will sofort mit dem Besitzer sprechen!« – »Ich bin der Besitzer.« – »Das soll eine schöne Aussicht sein? Nicht nur, dass das Zimmer im Parterre liegt, nicht nur, dass es auf der Hofseite liegt, aber dann noch dieser Müll!« – »Wohin haben Sie denn geguckt?« – »Na, wohin denn? Aus dem Fenster!« – »Bitte erlauben Sie.« Er ging voraus und brachte mich zum Zimmer. Aber statt zum Fenster zu gehn, blieb er vor dem Spiegel stehen, den ich vorher nicht beachtet hatte. Es war ein großer Spiegel, in dem wir uns beide von Kopf bis Fuß widerspiegelten. Er trat zurück, und im Spiegel war nur noch mein eigenes Ebenbild. »Ist das nicht eine schöne Aussicht?«, fragte er. »Ich fordere mein Geld zurück.« – »Sie sind der erste Gast, der sich beklagt.« – »Ich werde Sie verklagen!« – »Und den Prozess verlieren. Denn ich werde bezeugen, dass Ihre Sicht die schönste auf der Welt ist, und niemand wird mir beweisen, dass ich anders denke. Dass Sie anderer Meinung sind, ist Ihre Sache. Im Übrigen wundere ich mich über Sie. Was kann es Schöneres geben als Sie?« Er hatte recht. »Gut, ich bleibe«, sagte ich.

Jack Kerouac

Allein auf einem Berggipfel

Nach diesem ganzen Trara (und da war noch mehr) kam ich an einen Punkt, wo ich Einsamkeit brauchte, wo ich diese Maschine anhalten musste, um nicht mehr zu »denken« und das was sie »Leben« nennen nicht mehr zu »genießen«, ich wollte mich einfach ins Gras legen und in die Wolken sehen –

Es heißt auch in einer alten Schrift: »Weisheit lässt sich nur aus der Sicht des Einsamen erlangen.«

Und ich hatte sie ohnehin gründlich satt, die ganzen Schiffe und Eisenbahnen und Times Squares aller Zeiten –

Ich bewarb mich beim US-Landwirtschaftsministerium um einen Job als Brandwache im Mount-Baker-Nationalforst im Kaskadengebirge im Grandiosen Nordwesten.

Allein schon wenn ich diese Worte ansah, überkam mich ein Zittern bei der Vorstellung von kühlen Kiefern an einem morgendlichen See.

Und so schlug ich mich nach Seattle durch, fünftausend Kilometer weit weg von der Hitze und dem Staub der Ostküstenstädte im Juni.

Jeder, der in Seattle gewesen ist und den Alaskan Way, die alte Straße am Wasser, ausgelassen hat, hat die Hauptsache verpasst – die Totempfahlläden, das Plätschern der Wellen aus dem Pugetsund unter den alten Pieren, der finstere düstere Eindruck der alten Lagerhäuser und Hafenschuppen und die ältesten Lokomotiven in ganz Amerika die Güterwagen auf dem Hafengelände hin- und herschieben, das alles gibt einem unter dem reinen von Wolken blank gefegten funkelnden Himmel des Nordwestens eine erste Ahnung von der großartigen Landschaft, die einen erwartet. Die Fahrt auf dem Highway 99 von Seattle nach Norden ist ein erregendes Erlebnis, denn plötzlich siehst du das Kaskadengebirge am nordöstlichen Horizont aufsteigen, wahrhaft *Komo Kulsham* unter den zahllosen Schneeschichten. – Die großen Gipfel mit einem unberührten Weiß überzogen, Welten voll gewaltiger Felsen, verdreht und aufeinandergehäuft und manchmal fast spiralig gewunden, sodass phantastische unglaubliche Formen entstehen.

All das siehst du hoch über den träumenden Wiesen in den Tälern des Stilaquamish und des Skagit, landwirtschaftlich genutzte Flächen von einem friedlichen Grün, der Boden so fett und dunkel, dass die Bewohner dort stolz von ihm sagen, er werde an Fruchtbarkeit nur vom Nil übertroffen. In Milltown rollt dein Wagen auf einer Brücke über den Skagit River. – Zur Linken – westlich, zur See hin – fließt der Skagit in die Skagit Bay und den Pazifischen Ozean. – In Burlington biegst du rechts ab und steuerst das Herz der Berge an, auf einer ländlichen Talstraße geht es weiter durch verschlafene kleine Orte und einen geschäftigen Marktflecken für die Farmer der Umgebung, Sedro-Woolley heißt dieser Ort, wo Hunderte von Autos schräg an einer für einen ländlichen Ort typischen Hauptstraße parken und überall Eisenwarengeschäfte, Samen- und Futterhandlungen und Kramläden. – Tiefer drin in dem tiefer werdenden Tal reichen die dicht bewaldeten steilen Abhänge bis an die Straße heran, der schmaler werdende Fluss fließt hier schneller zu Tal, ein reines durchscheinendes Grün wie das Grün des Ozeans an einem Wolkentag, doch ein salzloser Strom aus geschmolzenem Schnee von den hohen Kaskadenbergen herab – nördlich von Marblemount fast so gut wie Trinkwasser. – Immer enger werden die Kurven, bis du schließlich Concrete erreichst, den letzten Ort im Tal des Skagit mit einer Bank und einem Kramladen – danach sind die Berge, die heimlich hinter Ausläufern ansteigen, so nahe, dass du sie nicht mehr siehst, sondern anfängst, sie immer stärker zu spüren.

In Marblemount ist der Fluss ein reißender Bach, das Werk der stillen Berge. – Umgestürzte Baumstämme am Wasser bieten gute Sitzplätze und lassen dich ein Wildbachwunderland genießen, Blätter, die im sauberen guten Nordwestwind schwanken, scheinen voller Freude, die höchsten Bäume auf bewaldeten Gipfeln in der Nähe werden von niedrig fliegenden Wolken gestreift und verwischt und scheinen zufrieden. – Die Wolken nehmen die Gesichter von Einsiedlern oder von Nonnen an oder sehen manchmal aus wie die traurigen Dressurakte von Hunden, die dann hinter den Kulissen am Horizont verschwinden. – Baumstümpfe zappeln und glucksen im heftigen Auf und Ab des Stromes. – Baumstämme schießen mit dreißig Kilometern in der Stunde vorbei. In der Luft hängt der Duft von Kiefern und Sägemehl und Rinde und Schlamm und Ästen – Vögel flitzen über das Wasser und suchen nach verborgenen Fischen.

Wenn man bei Marblemount über die Brücke fährt und weiter nach Norden Richtung Newhalem, wird die Straße immer schmaler und kurvenreicher, bis schließlich der Skagit zu sehen ist, wie er sich schäumend über Felsen stürzt, und kleine Bäche kommen steile Abhänge heruntergeschossen und verstärken den Skagit. – Ringsum erheben sich die Berge, nur ihre Schultern und Rippen sind sichtbar, ihre Köpfe nun schneebedeckt, sind außer Sichtweite.

Bei Newhalem hüllen umfangreiche Straßenbauarbeiten die Baracken und Planierraupen und Lastwagen in eine Wolke aus Staub, der Damm hier ist der erste in einer ganzen Reihe, die den Skagit bändigen und den gesamten Strom für Seattle liefern.

Die Straße endet in Diablo, einer friedlichen Siedlung mit hübschen Landhäusern und grünen Rasenflächen, dicht zusammengedrängt zwischen einer Reihe von Berggipfeln mit Namen wie Pyramid und Colonial und Davis. – Von hier bringt einen ein gewaltiger Lift dreihundert Meter nach oben zum Diablo-See und zum Diablo-Damm. – Über den Damm donnern Wassermassen, von denen ein vereinzelter Baumstamm wie ein Zahnstocher in einem gewaltigen Bogen ein paar hundert Meter weit hinausgeschleudert werden könnte. – Hier bist du erstmals hoch genug, um die Kaskadenberge wirklich sehen zu können. Lichtfluten im Norden lassen erkennen, wo sich der Ross-See lang hinzieht, bis nach Kanada hinein, und einen Blick auf den Mount-Baker-Nationalforst freigibt, wie ihn auch die Rockies in Colorado nicht spektakulärer bieten können.

Das Schiff der Seattle City Light and Power verkehrt nach einem festen Fahrplan und fährt von einem kleinen

Pier beim Diablo-Damm nach Norden zwischen steilen bewaldeten felsigen Abhängen hindurch zum Ross-Damm, eine Fahrt von etwa einer halben Stunde. Die Passagiere sind Angestellte des Kraftwerks, Jäger und Fischer und Waldarbeiter. Unterhalb des Ross-Damms geht es dann zu Fuß weiter – man muss auf einem felsigen Weg aufsteigen, um zu dem ungefähr dreihundert Meter höher liegenden Damm zu kommen. Hier geht der große See in die Breite und man erkennt kleine Landungsbrücken, wo Urlaubern Zimmer und Boote angeboten werden, und gleich dahinter liegen dann die Flöße der US-Forstverwaltung. Von dort aus kann man, falls man das Glück hat, reich zu sein oder als Brandwache für die Forstverwaltung zu arbeiten, per Pferd und Maultier in das menschenleere Gebiet der nördlichen Kaskadenkette verfrachtet werden und dort einen Sommer in vollkommener Einsamkeit zubringen.

Ich war eine Brandwache, und nachdem ich zwei Nächte lang versucht hatte, auf den heftig schaukelnden Flößen der Forstverwaltung zu schlafen, holten sie mich an einem verregneten Vormittag ab – ein kräftiger Schlepper vor einem großen Transportfloß mit vier Maultieren und drei Pferden, meinen eigenen Lebensmitteln, Futter für die Tiere, Batterien und verschiedenen Gerätschaften. – Der Maultiertreiber hieß Andy und trug denselben alten Cowboy-Schlapphut, den er schon zwanzig Jahre vorher in Wyoming getragen hatte.

»Also, mein Junge, wir bringen dich jetzt da raus, wo wir dich nachher nicht mehr erreichen, stell dich schon mal drauf ein.«

»Genau das will ich ja, Andy, drei Monate völlig allein sein, von keinem gestört.«

»Das sagst du jetzt, aber in einer Woche denkst du bestimmt anders.«

Ich glaubte ihm nicht. – Ich freute mich auf eine Erfahrung, die sich Menschen in dieser modernen Welt nur selten verschaffen: vollkommene und wohltuende Einsamkeit in der Wildnis, Tag und Nacht, exakt dreiundsechzig Tage und Nächte. Wir hatten keine Ahnung, wie viel Schnee während des Winters auf meinem Berg gefallen war und Andy sagte: »Wenn's nicht geschneit hat, dann heißt das, du musst jeden Tag oder jeden zweiten Tag mit zwei Eimern auf dem schwierigen Weg drei Kilometer absteigen, mein Junge. Da beneid ich dich nicht – ich war auch schon da oben. Und den einen Tag ist es so heiß, dass du dir vorkommst wie in einer Bratpfanne, und die lästigen Insekten kannst du schon gar nicht mehr zählen, und am nächsten Tag überfällt dich so 'n Sommerschneesturm vom Hozomeen herüber, der direkt an der kanadischen Grenze praktisch in deinem Hinterhof sitzt, und du kannst die Holzscheite nicht schnell genug in den Bullerofen schieben.« – Aber ich hatte meinen Rucksack vollgestopft mit Rollkragenpullovern und warmen Hemden und Hosen und langen Wollsocken, in Seattle im Hafenviertel gekauft, und ich hatte Handschuhe dabei und eine Mütze mit Ohrenschützern, und entsprechend meiner Fressliste jede Menge Trockensuppen und Pulverkaffee.

»Hättst dir ne Flasche Brandy mitbringen sollen, mein Junge«, sagt Andy kopfschüttelnd, während der Schlepper unser Floß über den Ross-See bugsiert, durch das Flößertor und im Bogen nach links geradewegs nach Norden unter den unendlichen Regenwolken zwischen dem Sourdough und dem Ruby Mountain.

»Wo ist der Desolation Park?«, fragte ich und meinte meinen Berg (*Ein Berg, der einem für immer bleibt,* hatte ich dieses ganze Frühjahr geträumt) (O Lonesome Traveller!)

»Den siehst du heute nicht, bis wir praktisch auf ihm drauf sind, und bis dahin bist du durch und durch nass und willst nichts mehr von ihm wissen.«

Der Hilfsförster Marty Gohlke von der Dienststelle in Marblemount war auch dabei und gab mir Tipps und Anregungen. Keiner schien den Desolation Peak herbeizusehnen außer mir. Zwei Stunden kämpften wir uns durch das unruhige Wasser des langen verregneten Sees und zu beiden Seiten steil ansteigende trostlose Wälder im Nebel, und die Maultiere und Pferde fraßen aus ihren Futtersäcken geduldig im strömenden Regen, und schließlich erreichten wir die Stelle, wo der Desolation-Pfad begann und der Schlepperführer (der uns im Lotsenhäuschen guten heißen Kaffee hingestellt hatte) fuhr langsam ans Ufer und drückte das Floß an einen steilen schlammigen Abhang voller Büsche und umgestürzter Bäume. – Der Maultiertreiber versetzte dem ersten Maultier einen Schlag und sie (denn es war eine Stute) torkelte vorwärts, beidseitig mit Batterien und Konserven beladen, stieß die Vorderhufe in den Dreck, strauchelte, glitt aus, fiel fast in den See zurück und rappelte sich schließlich mit einer letzten gewaltigen Anstrengung auf und verschwand im Nebel, um an dem Bergpfad auf die anderen Maultiere und ihren Herrn zu warten. – Wir verließen alle das Floß, machten den Schleppkahn los, winkten dem davonfahrenden Mann zu, stiegen auf unsere Pferde und machten uns in dem schweren Regen auf den Weg, eine trostlose, triefende Truppe.

Am Anfang war der Pfad, der immer steil bergan führte, so dicht mit Buschwerk bewachsen, dass wir mit den Köpfen und den über den Sattel hängenden Knien eine Dusche nach der anderen auslösten. – Der Pfad war aufgeweicht und voll runder Steine, auf denen die Tiere immer wieder ausrutschten. – Einmal versperrte uns ein mächtiger umgestürzter Baum den Weg und der alte Andy und Marty machten sich mit Äxten daran, uns an dem Baum vorbei eine Abkürzung zu bahnen, sie schwitzten und fluchten und hackten drauflos, während ich auf die Tiere aufpasste. – Schließlich hatten sie's geschafft, doch die Maultiere fürchteten sich vor dem steilen Anstieg dieser Abkürzung und mussten mit Stecken angetrieben werden. – Bald verlief der Pfad durch Hochgebirgswiesen, übersät mit blauen Lupinen in dem durchnässenden Nebel und mit kleinen roten Mohnblumen, Blumen mit winzigen Knospen, so zart wie die Muster auf kleinen japanischen Teetassen. – In immer wilderem Zickzack führte nun der Pfad die steile Wiese hinauf. – Bald sahen wir im Nebel die gewaltige Masse eines nackten Felsens über uns und Andy brüllte: »Wenn wir da oben auf der Höhe sind, haben wir's fast geschafft, aber bis da rauf sind's gut und gern sechshundert Meter, auch wenn man meint, man braucht nur die Hand ausstrecken und danach greifen!«

Ich holte meinen Nylonponcho heraus und zog ihn mir über den Kopf, und dann, während ich ein wenig trocknete oder wenigstens aufhörte zu triefen, ging ich neben dem Pferd her, um wieder warm zu werden und fühlte mich gleich wohler. Doch die anderen ritten einfach weiter und ließen die Köpfe im Regen hängen. Was die Höhe betraf, so konnte ich sie nur gelegentlich an furchterregenden Stellen des Pfades abschätzen, wenn wir auf Baumwipfel tief unter uns hinunterblicken konnten.

Auf der Hochgebirgswiese erreichten wir die Baumgrenze, und plötzlich blies uns ein mächtiger Wind schmerzende Graupelschauer ins Gesicht. – »Nicht mehr weit bis zum Gipfel!«, rief Andy – und plötzlich lag Schnee auf dem Weg, die Pferde stampften durch tiefen Matsch und Schlamm, und links und rechts war alles blendend weiß im grauen Nebel. – »Fast siebzehnhundert Meter hoch jetzt«, sagte Andy und drehte sich eine Zigarette, während er im Regen weiterritt. –

Es ging nach unten, dann wieder ein Stück aufwärts, wieder nach unten, ein langsamer allmählicher Anstieg, und dann rief Andy: »Da ist sie!«, und oben gerade vor uns im Gipfeldunkel sah ich eine kleine schattenhafte Hütte mit spitz zulaufendem Dach, allein auf dem Gipfel der Welt, und Angst schnürte mir den Hals zu:

»Das ist mein Zuhause für den ganzen Sommer? Und *das* ist der Sommer?«

Im Innern war die Hütte noch erbärmlicher, feucht und schmutzig, Essensreste und Zeitschriften von Ratten und Mäusen zerfetzt, der Boden verdreckt, die Fenster undurchdringlich. – Aber der abgehärtete alte Andy, der sein ganzes Leben lang mit solchen Dingen zu tun gehabt hatte, sorgte dafür, dass bald ein prächtiges Feuer in dem bauchigen Ofen prasselte, und er hieß mich einen Topf Wasser aufsetzen und fast eine halbe Dose Kaffee reinschütten – »Kaffee taugt nichts, wenn er nicht richtig *stark* ist!« –, und schon bald kochte der Kaffee mit einem hübschen braunen duftenden Schaum und wir holten unsere Tassen raus und tranken in langen Zügen. –

Inzwischen war ich mit Marty aufs Dach hinausgegangen und hatte den Eimer vom Kamin genommen und die Wetterstange mit dem Windstärkemesser aufgestellt und ein paar andere Arbeiten erledigt – als wir wieder reinkamen, briet Andy Dosenschinken und Eier in einer riesigen Pfanne und es war fast wie eine Party. – Draußen fraßen die geduldigen Tiere aus ihren Futtersäcken und waren froh, in dem alten Pferch ausruhen zu können, den irgendeine Desolation-Brandwache der Dreißigerjahre aus Baumstämmen gebaut hatte.

Die Dunkelheit kam, unbegreiflich.

Am grauen Morgen nach einer Nacht, die sie am Boden in Schlafsäcken verbracht hatten und ich in der einzigen Koje in meinem Biwaksack, machten sich Andy und Marty auf den Rückweg und sagten lachend: »Nun, was sagst du jetzt? Seit zwölf Stunden sind wir jetzt da und man kann immer noch keine fünf Meter weit sehen!«

»Du lieber Himmel, das stimmt, wie soll ich da bloß einen Waldbrand sehen können?«

»Keine Sorge mein Junge, diese Wolken verziehen sich und dann siehst du spielend hundert Kilometer in allen Richtungen.«

Ich glaubte es nicht und fühlte mich elend und verbrachte den Tag damit, in der Hütte ein wenig sauberzumachen oder zwanzig sorgfältige Schritte in jede Richtung durch meinen »Hof« zu gehen (an dessen Rand es offenbar steil nach unten ging in schweigende Schluchten), und ich ging früh zu Bett. – Beim Schlafengehen sah ich meinen ersten Stern, kurz, dann türmten sich rings um mich her gewaltige geisterhafte Wolken und der Stern war verschwunden. – Doch in diesem Augenblick glaubte ich, ich hätte meilenweit unter mir den Schlund des grauschwarzen Sees gesehen, wo Andy und Marty wieder auf dem Schiff der Forstverwaltung waren, das sie mittags abgeholt hatte.

Mitten in der Nacht wachte ich plötzlich auf und die Haare standen mir zu Berge – ich sah einen riesigen schwarzen Schatten in meinem Fenster. – Dann sah ich, dass ein Stern darüber stand, und begriff, dass das Mount Hozomeen war (2465 Meter), der etliche Kilometer weit weg fast von Kanada herüber zu meinem Fenster hereinschaute. – Ich stieg aus der einsamen Koje, während darunter die Mäuse raschelten, und ging nach draußen und sah mit offenem Mund, wie ringsum die schwarzen Umrisse von Bergen kolossten, mehr noch, wie hinter den Wolken die wogenden Schleier der Nordlichter tanzten. – Es war ein bisschen zu viel für einen Großstadtjungen – die Angst, der unheimliche Schneemensch könnte hinter mir in der Dunkelheit lauern, trieb mich zurück ins Bett, wo ich den Kopf im Schlafsack begrub. –

Doch am Morgen – Sonntag, 6. Juli – sah ich voll Verwunderung und außer mir vor Freude, einen klaren blauen sonnigen Himmel, und unter mir bildeten die Wolken, wie ein strahlendes reines Schneemeer, eine Wattedecke für die ganze Welt und den ganzen See, während ich mich im warmen Sonnenschein badete, um mich Hunderte von Kilometern weit nur schneeweiße Berggipfel. – Ich braute mir Kaffee und sang und trank eine Tasse auf meiner verschlafenen warmen Türschwelle.

Um Mittag lösten sich die Wolken auf, und der See erschien unten, unglaublich schön, ein vollkommener blauer Tümpel vierzig Kilometer lang und noch mehr, und die Bäche wie Spielzeugbäche und die Bäume überall da unten grün und frisch und selbst die fröhlichen sich verbreiternden fließenden Linien, die die Urlauber mit ihren Anglerbooten in den See und seine kleinen Buchten zeichneten. – Ein vollkommener sonniger Nachmittag, und hinter der Hütte entdeckte ich ein Schneefeld, das groß genug war, mir bis Ende September eimerweise kaltes Wasser zu liefern.

Mein Job war es, nach Waldbränden Ausschau zu halten. Eines Abends wanderte ein fürchterliches Gewitter durch den Mount-Baker Nationalforst, ohne dass es zum Regnen kam. – Als ich die drohende schwarze Wolke wütend und von Blitzen durchzuckt auf mich zukommen sah, schaltete ich das Radio aus und legte die Antenne auf den Boden und rechnete mit dem Schlimmsten. Hiss! Hiss!, blies der Wind und brachte Staubwolken und Blitze immer näher. – Tick!, machte der Blitzableiter, der von einem Einschlag auf dem benachbarten Skagit Peak einiges an elektrischem Strom abbekam. – Hiss! Tick! und in meinem Bett spürte ich, wie sich unter mir die Erde bewegte. – Zwanzig Kilometer weiter im Süden, gleich östlich vom Ruby Peak, etwa dort, wo der Panther Creek verläuft, tobte ein großes Feuer, ein gewaltiger orangefarbener Fleck. – Um zehn schlug dort erneut ein Blitz ein und die Flammen flackerten gefährlich auf. –

Meine Aufgabe war es, festzuhalten, wo ungefähr der Blitz eingeschlagen hatte. – Um Mitternacht hatte ich schon so lange und angespannt aus dem dunklen Fenster gestarrt, dass ich Halluzinationen bekam und überall Feuer sah, gleich drei davon direkt im Tal des Lightning Creek, phosphoreszierende orangene Vertikalen von gespenstischen Feuern, die aufzutauchen und zu verschwinden schienen.

Am Morgen war dort, in Richtung 177° 16', wo ich das große Feuer gesehen hatte, ein merkwürdiger brauner Fleck in der Felslandschaft, der zeigte, wo das Feuer gewütet hatte, ehe es von dem Regen gelöscht wurde, der auf das Gewitter folgte und die ganze Nacht anhielt. Schreckliche Folgen hatte das Unwetter jedoch fünfundzwanzig Kilometer entfernt am McAllister Creek, wo ein gewaltiges Feuer den Regen überdauert hatte und sich am Nachmittag explosionsartig ausbreitete, sodass die Rauchwolke bis Seattle zu sehen war. Mir taten die Burschen leid, die diese Brände zu bekämpfen hatten, die Feuerspringer, die mit dem Fallschirm aus Flugzeugen absprangen, und die Löschmannschaften am Boden, die zu Fuß vordrangen und über glitschige Felsen und über Geröllhalden kletterten und krochen und schließlich verschwitzt und erschöpft ans Ziel kamen, nur um dann vor einer Hitzemauer zu stehen. Als Brandwache hatte ich es ziemlich leicht, ich musste mich nur darauf konzentrieren, von jedem Waldbrand, den ich entdeckte, mit Hilfe der Instrumente die genaue Lage festzustellen und durchzugeben.

An den meisten Tagen war es allerdings reine Routine,

was mich beschäftigte. – Um sieben oder so stand ich jeden Tag auf, brachte auf einer Handvoll brennender Zweige einen Pott Kaffee zum Kochen und ging dann, den Daumen im Henkel einer Tasse Kaffee, hinaus in den Hof, um in aller Ruhe die Windstärke und Windrichtung und Temperatur und Luftfeuchtigkeit abzulesen. Danach und nachdem ich noch Holz gehackt hatte, ging ich ans Funkgerät und gab meine Daten an die Relaisstation auf dem Sourdough weiter. – Um 10 hatte ich gewöhnlich Hunger aufs Frühstück, und ich machte mir köstliche Pfannkuchen und aß sie an meinem kleinen Tisch, der mit Berglupinen und Tannenzweigen geschmückt war.

Der frühe Nachmittag war gewöhnlich der Zeitpunkt für den größten Genuss des Tages: Fertigpudding (Schokolade) mit heißem Kaffee. – Um zwei oder drei lag ich draußen auf der Wiese und beobachtete die vorbeisegelnden Wolken oder pflückte Blaubeeren und aß sie auch gleich. Das Funkgerät hatte ich so laut gestellt, dass ich hören konnte, wenn jemand Desolation rief.

Dann bei Sonnenuntergang richtete ich mir aus Dosen etwas zum Abendessen, Süßkartoffeln und gehackten Schinken und Erbsen, oder manchmal einfach Erbsensuppe mit kleinen Maiskuchen, in einer Aluminiumfolie oben auf dem Holzofen gebacken. – Dann ging ich hinaus zu dem steilen Schneehang und schaufelte meine zwei Eimer voll Schnee für den Wasserbottich und sammelte einen Armvoll von dem herumliegenden Brennholz ein, wie die sprichwörtliche Alte Japanerin. – Für die Backenhörnchen und Wildkaninchen stellte ich Pfannen mit Überbleibseln unter die Hütte, mitten in der Nacht hörte ich sie dann lärmen. Die Ratte kam vom Dachboden herunter und fraß auch davon. Manchmal brüllte ich Fragen gegen Felsen und Bäume und über Schluchten hinweg, oder ich jodelte – »Was ist der Sinn der Leere?« Die Antwort war absolute Stille, also wusste ich Bescheid. –

Vor dem Schlafengehen las ich im Licht der Kerosinlaterne in den Büchern, die in der Hütte zu finden waren. – Es ist erstaunlich, wie sehr Leute in der Einsamkeit nach Büchern hungern. – Nachdem ich mich in jedes Wort eines medizinischen Wälzers und in die Nacherzählungen der Shakespeare-Dramen von Charles und Mary Lamb vertieft hatte, stieg ich auf den kleinen Dachboden und setzte zerrissene Cowboy-Taschenbücher und -Magazine zusammen, die von Mäusen verwüstet worden waren – ich spielte auch Stud-Poker mit drei imaginären Mitspielern.

Bevor ich endgültig schlafen ging, brachte ich einen Becher Milch mit einem Esslöffel Honig drin fast zum Kochen und trank das als süßen Schlummertrunk, danach schlüpfte ich in meinen Schlafsack.

Kein Mensch sollte durch das Leben gehen, ohne sich einmal der gesunden, ja langweiligen Einsamkeit auszusetzen, einer Situation, in der er allein auf sich selbst angewiesen ist und dadurch seine wahre und verborgene Stärke kennenlernt. – Wo er beispielsweise lernt zu essen, wenn er Hunger hat und zu schlafen, wenn er müde ist.

Die Zeit vor dem Schlafengehen war auch die Zeit, in der ich sang. Auf dem ausgetretenen Pfad auf meinem staubigen Fels ging ich hin und her und sang all die Filmmelodien, die mir einfielen, und das, so laut ich konnte, und niemand hörte mich außer den Rehen und Bären.

In der roten Abenddämmerung waren die Berge Sinphonien aus rosarotem Schnee – Jack Mountain, Three Fools Peak, Freezeout Peak, Golden Horn, Mount Terror, Mount Fury, Mount Despair, Crooked Thumb Peak, Mount Challenger und der unvergleichliche Mount Baker größer als die Welt in der Ferne – und mein eigener kleiner Jackass-Hügel, der die Desolation-Kette vervollständigte. – Rosaroter Schnee und die Wolken weit weg und gekräuselt wie uralte ferne Städte im Glanz des Buddha-Landes und das unablässige Wehen des Windes – uuisch, uuisch –, wie er brauste und manchmal meine Hütte schüttelte.

Zum Abendessen gab es Chop Suey und ein paar gebackene Biskuit-Brötchen, und die Reste stellte ich in einer Pfanne den Hirschen hin, die in der mondhellen Nacht kamen und daran knabberten, große, fremdartige Rinder des Friedens – ein Hirsch mit starkem Geweih und Kühe und Kälber –, während ich, den magischen mondbeschienenen See vor Augen, im Hochgebirgsgras meditierte. – Und ich konnte Tannen sehen, die sich anderthalb Kilometer unter mir in dem mondhellen See spiegelten, auf dem Kopf stehend wiesen sie in die Unendlichkeit. –

Und all die Insekten verstummten zu Ehren des Mondes.

Dreiundsechzig Sonnenuntergänge sah ich um diesen steil abfallenden Berg kreisen – rasende, wütende Sonnenuntergänge, die Meerschaumwolken durch unvorstellbare Felszacken hereinströmen ließen, wie Felszacken, die du als Kind grau mit dem Bleistift gezeichnet hast und die jeden rosigen Hoffnungsschimmer von dir fernhalten, sodass du dir vorkommst wie sie selbst – im strahlenden Licht unsagbar allein. –

Kalte Morgenstunden mit Wolken, die aus dem Lightning George quollen wie Rauch von einem gewaltigen Feuer, doch der See tiefblau wie immer.

Der August führt sich mit einem Sturm ein, der dein Haus durchschüttelt und wenig Augustfreuden verheißt – dann die Ahnung von Schnee in der Luft und Holzrauch – dann kommt der Schnee aus Kanada zu dir herüber, und der Wind wird immer stärker, und dunkle, tief hängende Wolken stürmen heran wie aus der Esse eines Schmiedes. Plötzlich erscheint ein Regenbogen, grün und rosa direkt auf deinem Berg und ringsum dampfende Wolken und eine orangene Sonne im Aufruhr …

> Was ist ein Regenbogen,
> Herr? – Ein Reif
> Für die Demütigen

… und du gehst hinaus, und plötzlich ist dein Schatten vom Regenbogen umringt, während du über die Bergspitze gehst, ein wunderschönes mit einem Lichtschein umgebenes Mysterium, das den Wunsch in dir weckt zu beten. –

Ein Grashalm, der in den Winden der Unendlichkeit schwankt, verankert in einem Felsen, und für dein eigenes armes Fleisch gibt es keine Antwort.

Deine Öllampe brennt in der Unendlichkeit.

Eines Morgens fand ich Bärenkot und Spuren, die erkennen ließen, dass das Ungeheuer eine Dose gefrorener Milch genommen und in seinen Pfoten zerquetscht hatte, und es hatte mit einem einzigen spitzen Zahn hineingebissen und versucht, die breiige Masse auszusaugen. – Im nebligen Morgengrauen blickte ich auf die geheimnisvolle Starvation-Bergkette hinunter, auf die nebelumhüllten Tannen und die sich im Nichts auflösenden Hügel und Höcker, und der Wind scheuchte wie in einem kleinen Schneesturm den Nebel an mir vorbei, und ich musste dran denken, dass irgendwo im Nebel der Bär herumtappte.

Und als ich so dasaß, hatte ich das Gefühl, dass das der Urbär war und dass er den ganzen Nordwesten besaß und den ganzen Schnee und Herr über die ganzen Berge war. – Er war der König der Bären, der meinen Kopf zwischen seinen Pfoten zermalmen und mein Rückgrat wie einen trockenen Zweig brechen konnte, und das hier war sein Haus, sein Hof, sein Reich. – Ich hielt den ganzen Tag Ausschau, aber er ließ sich in dieser geheimnisvoll stillen nebligen Umgebung nicht blicken – er strich bei Nacht zwischen unbekannten Seen umher, und am frühen Morgen ließ ihn das perlenklare Licht, das die bewaldeten Abhänge in den Schatten rückte, vor Respekt die Augen zukneifen. – Er war hier jahrtausendelang umhergestrichen, er hatte die Indianer und Rotröcke kommen und gehen sehen und würde noch viel mehr zu sehen bekommen. – Er hörte stets das beruhigende stürmische Tosen der Stille, außer wenn er in der Nähe eines Baches war, er wusste, aus was für leichten Stoffen sich die Welt zusammensetzte, doch er äußerte sich nie, verständigte sich nicht durch irgendwelche Zeichen, hielt sich nie mit Klagen auf – er beschränkte sich darauf, hier und da zu nagen und mit den Pfoten zu scharren und sich schwerfällig zwischen Baumstümpfen zu bewegen, er achtete nicht auf andere Dinge, ob beseelt oder unbeseelt. – Sein großes Maul kau-kaute in der Nacht, ich konnte es überm Berg im Sternenlicht hören. – Bald würde er aus dem Nebel auftauchen, riesig, und herkommen und mit großen brennenden Augen in mein Fenster starren. – Er war Avalokitesvara, der Bär, und sein Zeichen war der graue Wind des Herbstes. –

Ich wartete auf ihn. Er kam nie.

Schließlich die herbstlichen Regenfälle, nächtelange Sturmwinde mit heftigem Regen, während ich warm wie Toastbrot in meinem Schlafsack liege, und jeder Morgen bringt einen neuen kalten wilden Herbsttag mit starkem Wind, rasenden Nebelfetzen, rasenden Wolken, plötzlichen Sonnenstrahlen, die einzelne Berghänge in reines Licht tauchen, und während mein Feuer prasselt, juble und singe ich aus vollem Hals. – Draußen vor meinem Fenster sitzt ein vom Wind gebeuteltes Backenhörnchen aufrecht auf einem Felsen, wie mit gefalteten Händen knabbert es an einem Haferkorn zwischen seinen Pfoten – der verrückte kleine Herr über all das, was er überblickt.

Nacht für Nacht dachte ich an die Sterne und begann zu begreifen »Die Sterne sind Worte«, und all die unzähligen Welten in der Milchstraße sind Worte, und das gilt auch für diese Welt. Und mir wird klar, dass alles – ob ich nun in einem kleinen Raum voller Gedanken oder in diesem endlosen All aus Sternen und Bergen bin – dass alles in meinem Innern ist. Die Einsamkeit muss nicht sein. Drum liebe das Leben, weil es so ist, wie es ist, und bilde dir nie schon im Voraus eine Meinung.

Was für seltsame liebliche Gedanken kommen dir in den Bergeinsamkeiten! – Eines Nachts wurde mir klar, wenn man auf Menschen verständnisvoll eingeht und sie ermutigt, dann bekommen ihre Augen einen komischen kindlich frommen Ausdruck, denn was immer sie getan haben, sie waren sich nicht sicher, dass es richtig war – sanfte Lämmchen überall auf der Welt.

Denn wenn dir klar ist, Gott ist Alles, dann weißt du, dass du alles lieben musst, und sei es auch noch so schlimm, letzten Endes war es nämlich weder gut noch schlecht (denkt nur an den Staub), es war einfach das, *was war,* das heißt, das, was sichtbar gemacht wurde. – Eine Art von Schauspiel zur Belehrung, ein »geringgeschätztes Wesen göttlichen Wirkens«.

Und ich begriff, dass ich mich nicht in der Einsamkeit zu verstecken brauchte, sondern die Gesellschaft – wie eine Ehefrau – in guten wie in schlechten Tagen akzeptieren konnte – ich sah, dass es ohne die sechs Sinne, das Sehen, Hören, Riechen, Tasten, Schmecken und Denken, das Selbst dessen, was nicht existiert, keine wahrnehmbaren Erscheinen geben würde, ja nicht einmal die sechs Sinne oder das Selbst. – Die Angst vor der Auslöschung ist viel schlimmer als die Auslöschung (der Tod) selbst. – Der Auslöschung im alten nirwanischen Sinne des Buddhismus nachzujagen ist letzten Endes töricht, das zeigen die Toten in der Stille ihres seligen Schlafes in der Mutter Erde, die ohnehin nichts anderes ist als ein Engel, der in einer Umlaufbahn im Himmel hängt. –

Ich lag nur da, auf der Bergwiese im Mondschein, den Kopf im Gras, und hörte die stumme Anerkennung meines vorübergehenden Kummers. – Ja, es geht also um den Versuch, Nirwana zu *erreichen,* wenn du schon dort bist, den Gipfel eines Berges zu erreichen, wenn du schon dort bist und nur bleiben musst – in der Nirwana-Glückseligkeit zu *bleiben* ist also alles, was ich tun muss, was du tun musst, keine Anstrengung, eigentlich kein Pfad, keine Disziplin, sondern nur das Wissen, dass alles leer ist und wach, eine Vision und ein Film in Gottes Universellem Bewusstsein *(Alaya-vijnana),* und darin gilt es mehr oder weniger weise zu bleiben. – Denn die Stille selbst ist der Widerhall von Diamanten, die alles zerschneiden können, der Widerhall der Heiligen Leere, der Widerhall von Auslöschung und Glückseligkeit, jene Friedhofsstille, die wie die Stille im Lächeln eines kleinen Kindes ist, der Widerhall der Ewigkeit, der Seligkeit, auf die gewiss zu vertrauen ist, der Widerhall des Nichts-ist-je-geschehen-außer-Gott (was ich in einem lärmenden Sturm auf dem Atlantik schon bald hören sollte). – Was existiert, ist Gott in Seiner Ausstrahlung, was nicht existiert, ist Gott in Seiner friedlichen Neutralität, was weder existiert noch nicht existiert, ist Gottes unsterbliche, uranfängliche Dämmerung des Vaters Himmel (diese Welt in eben diesem Augenblick). – Also sagte ich: – »Bleib da drin, keine Dimensionen hier für irgendeinen der Berge oder Moskitos und ganze Milchstraßen von Welten –« Denn Empfindung ist Leere, hohes Alter ist Leere. – 's ist nur die Goldene Ewigkeit des Göttlichen Bewusstseins, drum üb Freundlichkeit und Mitgefühl, denk dran, dass Menschen *an sich als Menschen nicht verantwortlich sind* für ihre Unwissenheit und Lieblosigkeit, man sollte Mitleid mit ihnen haben, Gott hat Mitleid, denn wer sagt schon was über irgendwas, da alles einfach ist, was es ist, frei von jeder Deutung. – Gott »gelangt« nicht zu irgendetwas, er »befindet« sich in dem, was alles ist, er »verweilt« – eine einzige Raupe, tausend Haare Gottes. – Wisse also stets, dass das nur du bist, Gott, leer und wach und ewig frei, wie die unzählbaren Atome der Leere überall. –

Ich beschloss, dass ich nach meiner Rückkehr in die Welt dort unten versuchen würde, ein klares Bewusstsein zu behalten inmitten all der trüben menschlichen Vorstellungen, die wie Fabrikschlote am Horizont rauchen, und ich würde mitten hindurch meinen Weg gehen, vorwärts …

Als ich im September herunterkam, lag über dem Wald bereits etwas Kühles, Altes, Goldenes, eine Ahnung von Kälteeinbrüchen und Frösten und dem unvermeidlichen heulenden Schneesturm, der meine Hütte vollkommen zudecken würde, es sei denn, diese Stürme auf dem Gipfel der Welt würden sie blankfegen. Als ich an die Wegbiegung kam, wo die Hütte aus meinem Blickfeld verschwinden würde und mein Weg mich steil nach unten führte, zum See und zu dem Boot, das mich abholte und nach Hause brachte, da drehte ich mich noch einmal um und segnete Desolation Peak und die kleine Pagode auf seinem Gipfel und dankte ihnen für das Obdach und die Lektion, die ich gelernt hatte.

Hansjörg Schneider

La Bianca

La Bianca ist ein strahlend schöner Berg. Er ist nicht ganz 3000 Meter hoch und steht am Ende des Cristallinatals. Gegen Süden sinkt sein Rücken ins Tessin hinunter. Man sieht dort im Dunst die ersten Steinhäuser mit italienischen Namen. Gegen Norden fällt er in einer Felswand zum Gletscher ab, der ihm zu Füßen liegt.

Josef war zur Zeit dieser Geschichte 28-jährig. Er hatte eben die Technikumsprüfung bestanden und war anschließend für einige Wochen nach Paris gefahren. Diese Stadt lieferte ihm laufend Begegnungen. Er redete mit Frauen und Männern mit gleicher Intensität. Manchmal schwieg er, wenn um Mitternacht die Stadt ihre feiernden Gestalten freigab oder wenn im ersten Morgengrauen die Blätter der Platanen aufschimmerten. Als er Ende Mai in einem schönen schlanken Zug durch die französischen Ebenen Basel zurollte, hatte er jede Beziehung zu seiner Vergangenheit verloren. Er sah die Kornfelder, die vor den Bahnfenstern abwechselten, die kantigen Kühe auf den Wiesen und die mit Bäumen und Büschen bestandenen Flussläufe nicht.

Zu Hause beschloss er, einige Zeit in den Bergen zu verbringen. Er entschied sich für das Cristallina. Mit seiner Freundin Rosa vereinbarte er, er werde sie am Wochenende vom letzten Postauto in Curaglia abholen.

Am andern Morgen fuhr er mit der Bahn nach Disentis. Da er auf die Abfahrt des Postautos warten musste, beschloss er, sich das Kloster anzusehen. Er merkte, dass hier oben ein Feiertag war. In der Kirche wurde zur Feier eines Heiligen gesungen.

Links war eine Tür. Er ging hindurch, folgte einem Gang, bog um zwei Ecken, stieg eine Treppe hoch und stand plötzlich vor einer offenen Tür, die rechts in einen kleinen, mit Menschen angefüllten Raum führte. Hier musste ein besonderes Heiligtum sein.

Er verließ den Raum und ging zurück. Vor der Kirche besah er sich die Landschaft. Sie war offen und rein. Die Klosterfront stand talwärts in unerhörter Ganzheit da.

In Curaglia schnallte er die zwei Militärrucksäcke aufeinander, hob sie auf den Rücken und begann zu gehen. Er trug schwer. Aber er vertraute seinem Körper.

Rechts vom Weg floss der Bach. Er führte viel Wasser und füllte das Tal mit seinem Lärm. Josef wusste, dass das Bachbett in einigen Jahren ausgetrocknet sein würde. Denn hinten im Tal wurde eine Röhre durch den Berg zum Lukmanier gebaut, dazu bestimmt, das Wasser des Cristallinas in die Stauseekombinationen des Oberlandes zu leiten.

Josef ging auf dem breiten Straßentrassee, das zur Baustelle führte. Nach einer Weile kam er zur untersten Alphütte. Der Senn war zu Hause. Nach kurzem Erklären erhielt er die Erlaubnis, in der obersten Hütte zu bleiben, solange er wolle. Es habe genügend Holz dort. Mit dem Schlüssel und einem Beil zog Josef weiter. Er sah die ersten Alpenrosen. Er liebte ihre roten Blüten, die über ihre Leblosigkeit hinwegtäuschten.

Während des Aufstiegs erwartete Josef ein Ereignis. Er wusste nicht, welches, aber er hatte feste Ahnungen. Es war nicht möglich, dass die vielen Jahre, die er schon gelebt hatte, wie eine sanft verlebte Zeit verschwunden waren. Sie würden sich rächen. Josef war gefasst darauf, die Berghänge zusammenstürzen zu sehen. Im Chaos, in das er hineinschritt, bahnte sich eine tänzerische Ekstase an. Josef hoffte auf ihre Brutalität. Endlich würde er sich wehren müssen. Er war bereit, krachende Felswände kommen zu sehen, er würde der Luft standhalten, die ihn fortblies, er würde ein Teil des chaotischen Irrsinns sein und seinen Körper dransetzen. Mit zerschlissenen Gliedern würde er weiterkriechen, seinen Verstand einsetzen und präzis reagieren, er sehnte sich nach einem seligen Verrecken.

Josef kam an der mittleren Alphütte vorbei, stieg die Kehren des Fahrwegs hinauf, passierte die in den Fels gesprengte Baustelle, auf der Männer in Stollenhelmen ihm zuwinkten, besah sich die grüne Farbe des Wassers im betonierten Auffangbecken, stieg auf dem Fußpfad weiter und erreichte die Hütte. Sie war aus Granit gebaut und hatte ein Blechdach.

Er öffnete die Tür und betrat den Küchenraum. Sogleich wusste er, dass sein Entschluss, hier herauf zu kommen, richtig gewesen war. In der Küche standen ein Feuerherd, Tisch mit Bank und Stuhl und ein Schrank. In einem Nebenraum waren Holz und Strohlager.

Josef begann, auf der Steinschwelle Holz zu spalten. Es war altes Bauholz, tannig und mit Nägeln drin. Er nahm einige Sprießen und machte im Herd Feuer. Hinter dem Haus, wo der Boden mit Moorblümchen übersät war, fand er eine Röhre, aus der Wasser spritzte. Er füllte die Pfanne. Als das Wasser kochte, machte er Tee und aß zu Mittag.

Gesättigt legte er sich vor die Hütte und besah sich die Gegend. Rechts verlief sich das Tal in zackigen Rippen nach oben. Dort war kein Weg, dorthin wollte er auch nicht gehen. Geradeaus über die Schlucht hinweg stieg die Flanke bis zu den Spitzen der Medelsergruppe hinauf. Links unten, wo er hergekommen war, machte das Tal einen Bogen und traf sich mit dem Cassaccia. Darüber erhoben sich die Felswände des Scopí. Er wusste, dass dort oben eine militärische Beobachtungsstelle war. Er würde sie mit dem Feldstecher erkennen können, mit bloßen Augen sah er sie nicht. Die Sonne schien schön warm, die Luft war kräftig und kalt.

Am nächsten Morgen regnete es. Die folgenden Tage blieben verhangen. Josef trieb sich in der Umgebung der Hütte herum. Er wusste, dass die Quarzkristalle auf dieser Höhe milchig weiß oder in seltenen Glücksfällen glasklar wie funkelndes Wasser waren. Obschon er auf rauchbraune Kristalle versessen war, die es nur weiter oben gab, stieg er in den Runsen herum und suchte nach Quarzadern. Er fand nur stumpfe Steine, die sich nicht vom Granit hatten lösen können.

Am Abend des vierten Tages stieg er zur Baustelle hinunter. Er setzte sich in die Essbaracke und bestellte Essen und Wein. Die Nudeln waren verkocht und fettig, der Wein war ölig. Trotzdem schlang er alles in sich hinein. Er schaute zum langen Tisch hinüber, an dem die Italiener saßen. Sie tranken Bier und spielten Karten.

Gegen Mitternacht setzte er sich zu drei Männern, die

wie er den Schlaf fürchteten. Sie waren in seinem Alter. Josef suchte Verständnis. Er fand nichts. Unter dem Einfluss des Weins zog er sich in eine trunkene Sicherheit zurück.

Beim Aufstieg zur Hütte verlor er den Weg. Der Regen tropfte von seinen Haaren. Er grinste, als er merkte, dass er schnurgerade auf die Hütte zugegangen war.

In der Morgendämmerung erwachte er. Sein Kopf drehte. Er stieg die Leiter vom Strohlager hinunter, ging ins Freie und kotzte den Mageninhalt heraus. Die sacht erleuchtete Nebellandschaft vermengte sich mit seinen Träumen. Er stöhnte, kauerte sich auf die Knie und riss büschelweise Gras ab. Als er zu frieren begann, kroch er zurück aufs Lager.

Er blieb den ganzen Tag in der Hütte und schaute dem Treiben der Nebelschwaden zu. Obschon er nie richtig erwarmte, ließ er den oberen Teil der Türe offen. Das Wasser hatte von der Landschaft Besitz ergriffen. Es war nicht mehr zu unterscheiden, was Wolke und was Nebel war. Der Wind trieb beides vor sich her.

Gegen Abend hörte Josef leises Blöken. Er ging an die Tür und suchte den gegenüberliegenden Hang ab. Er sah zwei Schafe, die auf einem schmalen Grasband in einer Felswand standen. Offenbar gehörten sie zur Herde, die am Morgen wegen des Unwetters auf die untere Alp gezogen war. Er holte den Feldstecher. Die beiden Schafe standen dichtgedrängt. Sie waren ruhig wie Steine. Nach einer Weile entdeckte Josef links oben ein Lamm. Es blökte in regelmäßigen Abständen. Offensichtlich hatte es sich verlaufen und versuchte, zu den beiden erwachsenen Schafen hinabzusteigen, die es mit seinem Schreien auf dem Grasband festhielt.

Als die Nacht hereinbrach, schloss Josef die Tür. Er hörte die ganze Nacht das Blöken.

Am nächsten Morgen standen die Schafe am gleichen Ort. Das Blöken hatte aufgehört. Gegen Mittag stiegen die beiden alten Tiere aus der Felswand hinaus auf eine abschüssige Wiese. Dort ästen sie ruhig. Das Lamm blieb bewegungslos. Plötzlich hüpfte es über einen Felsriss und sprang auf die Wiese.

Josef war fasziniert. Heute Abend würde er Rosa abholen.

Gegen neun stand er vor der Post in Curaglia. Der Wind hatte nachgelassen, der Himmel war klar. Die Dunkelheit dämpfte den westlichen Horizont. Die Scheinwerfer des Postautos beleuchteten ein knappes Stück der Asphaltstraße. Er ging auf Rosa zu und umarmte sie. Er sah die Spuren der Arbeit in ihrem Gesicht. Er küsste es und sog ihre Liebkosungen ein. Sie fing an zu erzählen.

Als sie dem Bach entlang das Tal hinaufstiegen, schwieg sie und begann tief zu atmen. Josef fühlte, wie die Distanz zu ihr sich verlor. Er hörte ihren Atem, führte sie nervös von der Straße weg und nahm sie in die Arme.

Am nächsten Morgen erhob sich Josef früh. Er stieg in die Schlucht hinunter zum Bach, der hier über Steinblöcke fiel und in Löchern sich überschlug. Das Wasserspiel begeisterte ihn. Er warf schwere Steine in die Strudel. Sie klatschten hinein, drangen rasch auf den Grund, einige wurden im Wasserlauf weitergeschoben, bis sie am richtigen Platz lagen.

Auf dem Rückweg zur Hütte sah Josef hoch über dem Tal einen Vogel. Obschon er noch nie einen Adler gesehen hatte, wusste er sofort, dass das ein Adler war. Er schwebte in Kreisbögen, fing nach einer Weile an, regelmäßig zu schwingen, und verschwand über dem Greinapass.

Am Nachmittag stiegen Josef und Rosa zur Furka hinauf. Knapp jenseits der Höhe legten sie sich auf den Boden. Unter ihnen lag ein grüner See. Er war umrandet von Eis. Josef schaute rechts zur Bianca hinauf. Er legte seinen Kopf auf Rosas Bauch, schloss die Augen und spürte die Sonne auf seinem Gesicht.

Als er am Abend Rosa nach Curaglia begleitete, wusste er plötzlich nicht mehr, warum er hier oben blieb. Die Alpenrosenfelder verströmten einen warmen Duft. Der Drang ins Tal wurde übermächtig. Bei der mittleren Sennhütte sahen sie Kinder, die mit einem untersetzten Hund spielten. Josef hängte sich an Rosa. Sie lächelte ihm zu. Ihr Gesicht war frisch und offen. Vor der offenen Postautotür küsste er ihre Lippen.

Es dämmerte bereits.

Auf dem Rückweg ging Josef schnell. Er erinnerte sich im Dunkeln an die Stelle, wo er Rosa geliebt hatte.

Am andern Morgen stieg er über den Gletscher zum Felsgrat hinauf. Er stapfte durch den faulen Schnee. Im ersten Stück des Grates kam er in Schwierigkeiten. Er war in die rechte Flanke eingestiegen, um den Felstürmen auszuweichen. In der Schutthalde, in die er geraten war, gab es nur kleine Steine, die zu rutschen anfingen, wenn er sich daran festklammern wollte. Für einen Augenblick packte ihn eine lächerliche Todesangst. Er wusste, dass in dieser

Situation Angst eine große Gefahr war, dass es nichts anderes gab als fest aufzutreten und aufrecht zu bleiben. Er verhielt sich still und wartete, bis er nicht mehr zitterte. Es gelang ihm, seine Angst zu verheimlichen und mit festen Schritten den kompakten Fels zu erreichen.

Als er den Gipfel erreicht hatte, kauerte er sich nieder. Die Unsicherheit saß ihm immer noch in den Knochen. Er strich mit den Händen über die Steine, die vor ihm lagen. Von Süden her wehte ein warmer Wind.

Josef erhob sich und ging an den Rand, wo die Wand hinunterfiel. Seine Augen suchten die aufgerissene Bergseite ab. Unten lagen Felsblöcke, die auf dem Schnee noch einige Meter gerutscht waren. Er umspannte mit seinem Blick die Gletscherfläche. Sie war leer, er konnte seine Spur nicht sehen. Der Adler kam ihm in den Sinn, der durch den Himmel geglitten war.

Josef hatte keine Angst mehr. Er wusste, dass er weit fallen und zerschellen würde, wenn er sich weiter hinauslehnte. Es war schwierig, hier oben das Gleichgewicht zu halten.

Er trat einen Schritt zurück und setzte sich.

Ernest Hemingway

Schnee überm Land

Der Wagen der Drahtseilbahn ruckte noch einmal und hielt dann. Es ging nicht weiter. Dichter Schnee trieb über die Gleise. Der Sturm, der über die ungeschützte Oberfläche des Berges dahinjagte, hatte die Schneeoberfläche zu einer krustigen Schanze zusammengefegt. Nick wachste seine Skier im Gepäckabteil, stieß die Stiefelspitzen in die Bindung und zog die Spanner fest. Er sprang seitwärts aus dem Zug auf die harte Schanze, sprang um und fuhr in der Hocke, die Stöcke hinter sich her schleifend, in Schussfahrt den Abhang hinunter.

Auf dem Weißen tiefer unten tauchte George hinab, kam hoch und tauchte außer Sicht. Das Runtersausen und das plötzliche Niederschießen, als er einen welligen Steilhang der Bergwand Schuss fuhr, schalteten Nicks Denken aus und ließen nur das herrliche Gefühl von Fliegen und Fallen in seinem Körper. Er tauchte auf einer kleinen Anhöhe wieder auf, und dann schien der Schnee unter ihm wegzufallen, als er abfuhr, hinab, hinab, schneller, schneller in einem Schwung den letzten, langen, steilen Abhang hinab. In der Hocke, sodass er beinahe auf seinen Skiern saß, um seinen Schwerpunkt möglichst tief zu legen, fühlte er, als der Schnee wie ein Sandsturm ihn umbrauste, dass er zu starkes Tempo fuhr. Aber er hielt es. Er wollte nicht lockerlassen und umschmeißen. Dann schmiss ihn eine Stelle weichen Schnees um, die der Wind in einer Vertiefung gelassen hatte, er überschlug sich skiklappernd wieder und wieder, fühlte sich wie ein angeschossenes Kaninchen, dann war er festgekeilt, mit gekreuzten Beinen, seine Skier kerzengerade in der Luft und Nase und Ohren voller Schnee.

George stand etwas weiter unten am Abhang und klopfte mit großen Klapsen den Schnee von seiner Windjacke.

»Das war 'ne fabelhafte Abfahrt, Nick«, rief er Nick zu. »Das da ist lausig weicher Schnee. Hat mich genauso hingehauen.«

»Wie ist es denn jenseits der Mulde?« Nick stieß, auf dem Rücken liegend, seine Skier herum und stand auf.

»Man muss sich links halten. Es ist eine schöne, steile Abfahrt, und unten ein Christi wegen einem Zaun.«

»Wart einen Moment, wir wollen zusammen abfahren.«

»Nein, mach los. Fahr du zuerst. Ich möchte sehen, wie du die Mulden nimmst.«

Nick Adams fuhr an George vorbei, breiter Rücken, blonder Kopf, noch ein bisschen voll Schnee; dann kamen seine Skier am Rand ins Gleiten, und er schoss hinunter, zischend in dem kristallischen Pulverschnee, und er schien hinaufzuschweben und hinabzusinken, als er die wogenden Mulden rauf und runter fuhr. Er hielt sich links, und zum Schluss, als er mit fest zusammengepressten Knien auf den Zaun zusauste und seinen Körper eindrehte, als ob er eine Schraube anzog, brachte er seine Skier in dem aufstäubenden Schnee scharf nach rechts herum und verlangsamte die Geschwindigkeit parallel zu Berghang und Drahtzaun.

Er sah den Berg hinauf. George kam kniend in Telemarkstellung herunter, ein Bein vor und gebeugt, das andere nach sich ziehend; seine Stöcke hingen wie die dünnen Beine irgendeines Insekts und wirbelten beim Berühren der Oberfläche Schneewölkchen auf, und schließlich kam die ganze kniende, schleifende Gestalt in einem wunderbaren Rechtsbogen tief in der Hocke herum, ging in Ausfallstellung, der Körper lehnte sich nach außen über, die Stöcke betonten den Bogen wie Interpunktionszeichen aus Licht, alles in einer wilden Wolke von Schnee.

»Ich hatte Angst mit ’nem Christi«, sagte George. »Der Schnee war mir zu tief. Deiner war fabelhaft.«

»Ich kann mit meinem Bein keinen Telemark machen«, sagte Nick.

Nick drückte den obersten Draht des Zauns mit seinem Ski herunter, und George glitt darüber weg. Nick folgte ihm hinunter auf die Landstraße. Sie stakten mit weichen Knien die Landstraße entlang in einen Tannenwald hinein. Die Straße wurde zu poliertem Eis, orange und tabakgelb gefleckt von den Gespannen, die Baumstämme schleppten. Die Skiläufer hielten sich auf dem Schneestreifen am Rand. Die Straße senkte sich scharf einem Fluss zu und lief dann gerade bergauf. Durch den Wald hindurch sahen sie ein langgestrecktes, tiefdachiges, verwittertes Gebäude. Durch die Bäume sah es blassgelb aus. Näher dran waren die Fensterladen grün gestrichen. Die Farbe blätterte ab. Nick schlug mit einem seiner Skistöcke die Spanner auf und schüttelte die Skier ab.

»Wir können sie hier geradeso gut tragen«, sagte er.

Er kletterte den steilen Weg mit den Skiern auf der

Schulter bergan und schlug die Absatznägel in den vereisten Boden. Er hörte George dicht hinter sich atmen und seine Absätze einschlagen. Sie lehnten die Skier gegen die Mauer des Gasthauses, klopften sich gegenseitig den Schnee von den Hosen, stampften ihn von den Stiefeln ab und gingen hinein.

Drinnen war es ganz dunkel. Ein großer Kachelofen glänzte in der Ecke des Zimmers. Es hatte eine niedrige Decke. Glatte Bänke standen hinter dunklen, weinfleckigen Tischen an den Wänden entlang. Zwei Schweizer saßen über ihren Pfeifen und zwei Schoppen trüben jungen Weins dicht am Ofen. Die Jungen zogen ihre Jacken aus und setzten sich an die Wand auf der anderen Seite des Ofens. Eine Stimme im Nebenzimmer hörte auf zu singen, und ein Mädchen in einer blauen Schürze kam durch die Tür herein, um zu hören, was sie trinken wollten.

»Eine Flasche Sion«, sagte Nick. »Ist dir das recht, Gidge?«

»Natürlich«, sagte George. »Du verstehst mehr vom Wein als ich. Ich trink alles gern.«

Das Mädchen ging hinaus.

»Ans Skilaufen kommt doch nichts heran, findest du nicht?«, sagte Nick. »Das Gefühl so zuerst, wenn man lossaust.«

»Hach«, sagte George, »das lässt sich gar nicht in Worte fassen.«

Das Mädchen brachte den Wein, und sie hatten Mühe mit dem Korken. Endlich bekam Nick die Flasche auf. Das Mädchen ging hinaus, und sie hörten sie im Nebenzimmer ein deutsches Lied singen.

»Die kleinen Korkstückchen darin schaden nichts«, sagte Nick.

»Ob sie wohl Kuchen hat?«

»Wir wollen mal fragen.«

Das Mädchen kam herein, und Nick sah, dass ihre Schürze schwellend ihre Schwangerschaft bedeckte. Warum ich das wohl nicht bemerkt habe, als sie zum ersten Mal hereinkam, dachte Nick.

»Was sangen Sie eben?«, fragte er sie.

»Oper, deutsche Oper.« Sie hatte keine Lust, das Thema zu erörtern. »Wir haben Apfelstrudel, wenn Sie wollen.«

»Ist nicht so freundlich, nicht wahr?«, sagte George.

»Na, schließlich kennt sie uns ja nicht, und vielleicht dachte sie, dass wir sie wegen ihres Singens aufziehen wollten. Wahrscheinlich kommt sie von dort oben, wo sie deutsch sprechen, und sie ist gereizt, weil sie hier sein muss, und dann erwartet sie ein Kind und ist nicht verheiratet, und dann ist sie eben gereizt.«

»Woher weißt du denn, dass sie nicht verheiratet ist?«

»Keinen Ring. Teufel noch mal, hier heiratet kein Mädchen, bevor sie nicht schwanger ist.«

Die Tür öffnete sich, und ein Trupp Holzfäller kam von der Landstraße herein; sie stampften ihre Stiefel ab und dampften in der Stube. Die Kellnerin brachte drei Liter jungen Wein für die Bande, und sie saßen rauchend und schweigsam an den beiden Tischen; sie hatten die Hüte abgenommen und lehnten sich rückwärts gegen die Wand oder vornüber auf den Tisch. Draußen hörte man von Zeit zu Zeit ein scharfes Glockengeklirr, wenn die Pferde vor den Holzschlitten die Köpfe hin- und herwarfen.

George und Nick waren glücklich. Sie mochten einander gern. Sie wussten, dass sie noch die Abfahrt nach Hause vor sich hatten.

»Wann musst du wieder in die Schule?«, fragte Nick.

»Heute Abend«, antwortete George. »Ich muss den 10 Uhr 40 von Montreux kriegen.«

»Ich wünschte, du könntest bleiben, und wir könnten morgen den Dent du Lys machen.«

»Muss mich bilden«, sagte George. »Gott, Nick, wär's nicht herrlich, wenn wir einfach so rumstrolchen könnten? Unsere Skier nehmen und uns auf die Bahn setzen und aussteigen, wo's 'ne gute Abfahrt gibt, und dann weiter, in Kneipen kampieren und durchs ganze Oberland wandern und das Valais rauf und durchs ganze Engadin und nur Reparaturzeug und Reservesweater und Pyjamas in unseren Rucksäcken mitnehmen und uns den Teufel um die ganze Schule oder sonst was kümmern.«

»Ja, und dann so durch den Schwarzwald laufen. Mensch, all die tollen Orte.«

»Da warst du vorigen Sommer angeln, nicht wahr?«

»Ja.«

Sie aßen den Strudel und tranken den Wein aus.

George lehnte sich gegen die Wand zurück und schloss die Augen. »Vom Wein fühl ich mich immer so«, sagte er.

»Fühlst du dich schlecht?«, fragte Nick.

»Nein, gut, aber komisch.«

»Ich weiß«, sagte Nick.

»Sicher«, sagte George.

»Wollen wir noch 'ne Flasche bestellen?«, fragte Nick.

»Nicht für mich«, sagte George.

Sie saßen da, Nick hatte die Ellbogen auf den Tisch gestützt, und George flätzte sich gegen die Wand.

»Erwartet Helen ein Baby?«, fragte George und kippte von der Wand an den Tisch zurück.

»Ja.«

»Wann?«

»Im Spätsommer.«

»Freust du dich?«

»Ja, jetzt ja.«

»Wirst du nach Amerika zurückgehen?«

»Wahrscheinlich.«

»Möchtest du?«

»Nein.«

»Möchte Helen?«

»Nein.«

George saß schweigend da. Er sah auf die leere Flasche und die leeren Gläser.

»Zu gemein, nicht?«, sagte er.

»Nein, doch nicht ganz«, sagte Nick.

»Wieso nicht?«

»Ich weiß nicht«, sagte Nick.

»Ob ihr je in Amerika zusammen Ski laufen werdet?«, sagte George.

»Ich weiß nicht«, sagte Nick.

»Die Berge taugen nicht viel«, sagte George.

»Nein«, sagte Nick, »sie sind zu felsig. Es gibt zu viel Wald, und sie sind zu weit weg.«

»Ja«, sagte George, »genauso ist es in Kalifornien.«

»Ja«, sagte Nick, »so ist es eigentlich überall, wo ich war.«

»Ja«, sagte George, »das stimmt.«

Die Schweizer standen auf, zahlten und gingen hinaus.

»Ich wünschte, wir wären Schweizer«, sagte George.

»Die haben alle Kröpfe«, sagte Nick.

»Das glaube ich nicht«, sagte George.

»Ich auch nicht«, sagte Nick.

Sie lachten.

»Kann sein, dass wir nie wieder zusammen Ski laufen werden, Nick«, sagte George.

»Wir müssen, unbedingt«, sagte Nick. »Ohne lohnt ja das Ganze nicht.«

»Wir werden, bestimmt«, sagte George.

»Ja, wir müssen«, stimmte Nick zu.

»Ich wünschte, wir könnten einen Eid darauf ablegen«, sagte George.

Nick stand auf. Er zog den Gürtel seiner Windjacke fest zu. Er beugte sich über George und nahm die beiden Skistöcke von der Wand. Den einen Stock stieß er in den Fußboden.

»Hat keinen Sinn, einen Eid abzulegen«, sagte er.

Sie öffneten die Tür und gingen hinaus. Es war sehr kalt. Der Schnee war stark verharscht. Die Landstraße führte den Hügel hinauf in den Tannenwald.

Sie nahmen ihre Skier, die gegen die Mauer des Gasthauses lehnten. Nick zog seine Handschuhe an. George ging schon mit den Skiern auf der Schulter die Straße hinauf. Jetzt hatten sie noch die gemeinsame Abfahrt nach Hause vor sich.

F. Scott Fitzgerald

Atemberaubend

Dick radelte langsam nach Montreux hinein und sah dabei, auch wenn die immer wieder kurz durch die Zufahrten der Uferhotels schimmernde Wasserfläche des Sees ihn blendete, so oft wie möglich zum Dent du Jaman auf.

Er trug eine kurze Lederhose, ein Militärhemd, Bergschuhe. Im Rucksack hatte er einen Anzug aus Baumwolle und einmal Unterwäsche zum Wechseln. An der Bergbahn von Glion gab er sein Fahrrad auf, trank auf der Terrasse des Bahnhofsrestaurants ein kleines Bier und sah zu, wie der Krabbelkäfer den Achtzig-Grad-Hang des Berges herunterkroch. Im Ohr hatte er angetrocknetes Blut von La-Tour-de-Peilz, wo er in dem Irrglauben, ein trainierter Athlet zu sein, einen Sprint eingelegt hatte. Er ließ sich Alkohol bringen und säuberte die Ohrmuschel, während die Standseilbahn in die Talstation glitt. Er sah zu, wie sein Fahrrad verstaut wurde, warf seinen Rucksack in das untere Abteil und stieg ein.

Bergbahnen sind auf Steilhänge gebaut, die man mit der Hutkrempe eines Mannes vergleichen könnte, der unerkannt bleiben will. Dick sah das Wasser aus dem Tank unter dem Wagen schießen und bestaunte das Geniale dieser Idee. Der Gegenzug nahm jetzt am Gipfel Bergwasser auf und würde dann, sobald die Bremsen gelöst waren, den leichter gewordenen Wagen mit Hilfe der Schwerkraft nach oben ziehen – ein wahrhaft großer Wurf. Auf der Bank gegenüber sprachen zwei Engländer über das Standseil.

»Die Seile, die sie in England machen, halten immer fünf oder sechs Jahre. Vor zwei Jahren haben die Deutschen uns unterboten, und jetzt raten Sie mal, wie lange ihr Drahtseil gehalten hat.«

»Na?«

»Ein Jahr und zehn Monate. Dann haben die Schweizer es an die Italiener verkauft, die haben dort keine strengen Inspektionen für Drahtseile.«

»Wäre ja auch sehr peinlich für die Schweiz, wenn ein Drahtseil reißen würde.«

Der Wagenführer schloss eine Tür, telefonierte mit seinem Kollegen aus der Zunft der Funikulari, und mit einem Ruck wurde der Wagen nach oben gezogen, einem Stecknadelkopf auf einem smaragdfarbenen Berg entgegen. Nachdem er die niedrigen Dächer hinter sich gelassen hatte, waren die Himmel vom Waadtland, Wallis, Savoyen und Genf wie ein Zyklorama um die Fahrgäste hingebreitet. Mitten im See, gekühlt von der eiskalten Strömung der Rhône, lag der wahre Kern der westlichen Welt. Dort wiegten sich Schwäne gleich Booten und Boote gleich Schwänen, verloren im Nichts der herzlosen Schönheit. Es war ein heiterer Tag, die Sonne glitzerte unten auf dem begrünten Ufer und den weißen Tennisplätzen des Kursaals. Die Gestalten auf den Plätzen warfen keinen Schatten.

Als Chillon und das Inselschloss von Salagnon in Sicht kamen, wandte Dick den Blick nach innen. Die Seilbahn befand sich jetzt über den höchsten Häusern des Ufers, an beiden Seiten steigerte sich das Geschlinge aus Blättern und Blüten immer wieder zu einem Rausch von Farben. Es war ein wahrer Garten dort am Bahnrand, und im Wagen mahnte ein Schild: *Défence de cueillir les fleurs.*

Auch wenn das Blumenpflücken während der Fahrt verboten war – die Blumen kamen von selbst zu den Fahrgästen hinein. Dorothy-Perkins-Rosen streiften beharrlich durch die Abteile, um schließlich doch wieder hinauszuschnellen und zu ihrem rosig leuchtenden Busch zurückzukehren. Immer wieder fanden die Zweige ihren Weg in den Wagen.

In dem Abteil über und vor Dick war eine Gruppe von Engländern aufgestanden, um geräuschvoll den spektakulären Himmel zu bewundern, unvermittelt aber geriet sie in Bewegung, teilte sich und ließ zwei junge Leute passieren, die unter Entschuldigungen in das hintere Abteil hinüberkletterten, in dem Dick saß. Der junge Mann, ein Südländer, hatte Augen wie ein ausgestopftes Reh, die junge Frau war Nicole.

Die beiden schnappten nach ihrer Anstrengung zunächst nach Luft, dann setzten sie sich lachend hin, wobei sie die Engländer in die Ecken drängten, und Nicole sagte »Hallo!«. Sie war bezaubernd anzusehen. Dick erkannte sofort, dass sie verändert war, und gleich darauf auch, woran es lag. Das feine Haar war wie bei Irene Castle zu einem Bubikopf geschnitten und weich gelockt. Sie trug einen taubenblauen Pullover und einen weißen Tennisrock, war frisch wie ein junger Maimorgen und frei von jedem Klinikmakel.

»Puh«, stöhnte sie. »Dieser Schaffner! Beim nächsten

Halt nehmen sie uns bestimmt fest! Dr. Diver – der Conte di Marmora. Menschenskind!« Schwer atmend betastete sie ihre neue Frisur. »Meine liebe Schwester hat Fahrkarten für die erste Klasse gekauft, darunter tut sie's nicht.« Sie wechselte einen Blick mit Marmora und schmetterte: »Dann haben wir gemerkt, dass die erste Klasse der Katafalk hinter dem Wagenführer ist, mit Vorhängen für Regentage, so dass man überhaupt nichts sieht. Aber Schwesterlein ist eben ganz Würde …« Wieder lachten Nicole und Marmora in jugendlichem Einverständnis.

»Wohin wollen Sie?«, fragte Dick.

»Nach Caux. Sie auch?« Nicole besah sich seine Kleidung. »Ist das Ihr Fahrrad da vorn?«

»Ja. Ich will am Montag damit ins Tal fahren.«

»Mit mir auf der Lenkstange? Nein, im Ernst – machen Sie das? Es wäre ein toller Spaß.«

»Aber nein, ich trage Sie auf meinen Armen herunter«, widersprach Marmora voller Inbrunst. »Oder ich ziehe Ihnen Rollschuhe an. Oder ich werfe Sie in die Tiefe, und Sie werden sacht fallen wie eine Feder.«

Nicoles Gesicht leuchtete beglückt auf: Wieder eine Feder zu sein statt eines Bleigewichts, zu schweben, statt am Boden zu schleifen! Sie war anzusehen wie ein Karnevalszug – mal schüchtern spröde, dann wieder mit großer Pose grimassierend und gestikulierend; hin und wieder senkte sich der Schatten über sie, und der Ernst alten Grams erfüllte sie bis in die Fingerspitzen. Dick wünschte sich weit weg, vor Angst, er könne sie an eine Welt erinnern, die sie hinter sich gelassen hatte. Er beschloss, in das andere Hotel zu gehen.

Als die Standseilbahn zum Stillstand kam, wurden diejenigen, die nicht mit ihr vertraut waren, unruhig angesichts dieses Schwebezustands zwischen dem Blau zweier Himmel, doch hatte man nur zu einem geheimnisvollen Wortwechsel zwischen den Wagenführern der bergwärts und der talwärts fahrenden Kabine haltgemacht. Dann ging es weiter nach oben, über einen Waldweg und eine Schlucht und dann einen Hang hoch, der bis hinauf in den Himmel mit Narzissen bedeckt war. Die Tennisspieler auf den Plätzen am Ufer von Montreux waren jetzt nur noch Stecknadelköpfe. Etwas Neues lag in der Luft, eine Frische, die als Musik Gestalt annahm, als der Wagen nach Glion hineinglitt und sie die Band im Hotelgarten hörten.

Als sie in die Bergbahn umstiegen, ertranken die Klänge im Rauschen des Wassers, das aus dem Ballasttank abgelassen wurde. Fast senkrecht über ihnen lag Caux, wo die tausend Fenster eines Hotels in der Abendsonne loderten.

Hier aber gestaltete die Zufahrt sich anders. Eine geräuschvolle Lokomotive schob die Fahrgäste spiralförmig bergan. Sie tuckerten durch tiefhängende Wolken, und einen Augenblick verlor Dick Nicoles Gesicht in dem sprühenden Dampf der schrägstehenden kleinen Lok aus den Augen. Sie streiften eine verirrte Windbö, und mit jeder bewältigten Kurve wurde das Hotel größer, bis sie sich höchst verwundert über dem Sonnenschein wiederfanden.

In dem Durcheinander der Ankunft war, während Dick seinen Rucksack schulterte und nach vorn ging, um sein Fahrrad zu holen, plötzlich Nicole neben ihm.

»Sind Sie nicht in unserem Hotel?«, fragte sie.

»Ich muss sparen.«

»Kommen Sie doch zum Abendessen herunter.« Es gab einiges Hin und Her um das Gepäck. »Das ist meine Schwester – Dr. Diver aus Zürich.«

Dick verbeugte sich vor einer hochgewachsenen, selbstbewussten Fünfundzwanzigjährigen. Furchteinflößend und verletzlich zugleich, befand er und erinnerte sich an andere Frauen mit blütengleichem Mund zwischen scharfen Unmutsfalten.

»Ich komme nach dem Dinner«, versprach er. »Erst muss ich mich akklimatisieren.«

Als er sein Fahrrad wegschob, spürte er Nicoles Blick, spürte ihre hilflose erste Liebe, die ihm das Herz umdrehte. Er stieg die dreihundert Meter den Hang hoch zu dem anderen Hotel, nahm ein Zimmer, wusch sich und merkte dabei, dass ihm an die dazwischenliegenden zehn Minuten keinerlei Erinnerung geblieben war bis auf eine Art trunkener Taumel, durchdrungen von Stimmen, unwichtigen Stimmen, die nichts davon wussten, wie sehr er geliebt wurde.

Er wurde schon erwartet – sie brauchten ihn zur Vervollständigung ihrer Runde. Auch hier war er das unberechenbare Element. Miss Warren und der junge Italiener trugen ihre Erwartung nicht weniger offenkundig zur Schau als Nicole. Der wegen seiner Akustik berühmte Saal des Hotels war zum Tanzen leergeräumt, aber auf einer kleinen Galerie hatten sich etliche nicht mehr ganz taufrische Engländerinnen mit Halsbändern, gefärbtem Haar und rosagrau gepuderten Gesichtern und einige nicht mehr ganz taufrische Amerikanerinnen mit schneeweißen Perücken, schwarzen Kleidern und kirschroten Lippen zusammengefunden. Miss Warren und Marmora saßen an einem Ecktisch, Nicole stand ihnen in vierzig Meter Entfernung schräg gegenüber, und als Dick eintraf, hörte er sie sagen:

»*Könnt ihr mich verstehen? Ich spreche ganz normal.*«

»Klar und deutlich.«

»*Hallo, Dr. Diver.*«

»Was machen Sie denn da?«

»Die Leute auf der Tanzfläche können nicht hören, was ich sage, aber Sie schon. Lustig, nicht?«

»Das hat uns ein Kellner verraten«, sagte Miss Warren. »Von einer Ecke zur anderen – wie drahtloser Funkverkehr.«

Es war aufregend hier oben auf dem Berg, wie auf hoher See. Wenig später kamen Marmoras Eltern dazu. Sie begegneten den Warrens mit Respekt – Dick entnahm dem Gespräch, dass ihr Vermögen etwas mit einer Bank in Mailand zu tun hatte, die ihrerseits etwas mit dem Vermögen der Warrens zu tun hatte. Baby Warren aber versuchte sofort, Dick ins Gespräch zu ziehen – mit dem gleichen Eifer, der sie unterschiedslos auf alle neuen Männer zuschnellen ließ, als hinge sie hechelnd an einer zu kurzen, unflexiblen Leine. Sie schlug – eine typische Angewohnheit hochgewachsener nervöser Jungfern – die Beine mal nach der einen, mal nach der anderen Seite übereinander.

»Nicole hat mir erzählt, dass Sie sich um sie gekümmert und viel dazu beigetragen haben, dass sie wieder gesund geworden ist. Unklar ist mir nur, was jetzt von *uns* erwartet wird, im Sanatorium haben sie nur drum herumgeredet. Wichtig sei, dass sie sich ganz normal benimmt, dass sie fröhlich ist, hat man uns gesagt. Weil ich wusste, dass die Marmoras hier oben sind, hatte ich Tino an die Seilbahn bestellt, und Sie wissen ja, was dann passiert ist: Prompt hat Nicole ihn dazu angestiftet, wie verrückt durch sämtliche Abteile zu toben.«

»Das ist völlig normal«, lachte Dick, »und ein gutes Zeichen, würde ich sagen. Sie wollten sich voreinander wichtig machen.«

»Aber wie soll ich das erkennen? Ehe ich wusste, wie mir geschah, praktisch vor meinen Augen, hat sie sich in Zürich die Haare abschneiden lassen, nur wegen eines Fotos in *Vanity Fair.*«

»Das geht schon in Ordnung. Sie ist schizoid veranlagt, daran kann man nichts ändern.«

»Was bedeutet das?«

»Sie ist ein wenig überspannt.«

»Und woran merkt man, wann sie überspannt ist und wann verrückt?«

»Keine Angst, Nicole ist nicht mehr verrückt, sie ist geheilt und glücklich.«

Baby bewegte unruhig die Knie – sie vereinte in sich alle Eigenschaften jener unbefriedigten Frauen, die vor hundert Jahren für Byron geschwärmt hatten, dennoch hatte sie trotz der tragischen Affäre mit dem Gardeoffizier etwas Hölzernes, Onanistisches an sich.

»Die Verantwortung will ich gern tragen«, erläuterte sie, »aber ich tappe ständig im Dunkeln, und das stört mich. In unserer Familie ist so was noch nie vorgekommen. Wir wissen, dass Nicole einen Schock erlitten hat, und ich denke, dass da ein Junge im Spiel war, aber richtig dahintergekommen sind wir nicht, sonst, sagt Vater, hätte er den Kerl über den Haufen geschossen.«

Die Band spielte *Poor Butterfly,* ein Stück, das ihnen allen mehr oder weniger neu war. Der junge Marmora tanzte mit seiner Mutter. Dick hörte zu, und während Nicole mit Marmora senior plauderte, dessen Haar breite weiße Streifen hatte wie die Tastatur eines Klaviers, betrachtete er Nicoles Schultern und dachte an die Rundungen einer Geige, und dann dachte er an die Schande, das Geheimnis. *Oh, butterfly … the moments pass into hours …*

»Also, ich habe da einen Plan«, fuhr Baby entschuldigend, aber entschlossen fort. »Vielleicht finden Sie ihn ja völlig unbrauchbar, aber angeblich benötigt Nicole noch etliche Jahre Betreuung. Ich weiß nicht, ob Sie Chicago kennen …«

»Nein.«

»In Chicago gibt es eine North Side und eine South Side, und die sind mehr oder weniger strikt getrennt. Die North Side ist schick und so weiter, wir leben schon immer dort, seit vielen Jahren jedenfalls, aber viele alte Familien, seit jeher in Chicago ansässige Familien – Sie wissen schon, wie ich es meine –, leben nach wie vor auf der South Side, da ist auch die Universität. Manche Leute finden es spießig, aber anders als auf der North Side ist es allemal. Ich weiß nicht, ob Sie mich verstehen …«

Er nickte. Mit einiger Mühe hatte er ihr folgen können.

»Natürlich haben wir jede Menge Verbindungen dorthin – Vater finanziert diverse Lehrstühle und Stipendien und dergleichen an der Hochschule, und ich habe mir gedacht, wenn wir Nicole mit nach drüben nehmen und sie mit diesen Leuten zusammenbringen … sie ist schließlich sehr musikalisch und spricht so viele Sprachen … was könnte ihr, so wie die Dinge liegen, Besseres passieren, als wenn sie sich in einen guten Arzt verlieben würde …«

Dick hätte am liebsten laut losgelacht. Die Warrens wollten Nicole einen Arzt kaufen. Haben Sie einen netten Doktor für uns auf Lager? Wozu sich noch um Nicole sorgen, wenn die Familie es sich leisten konnte, ihr einen netten jungen frischgebackenen Doktor zu kaufen?

»Und wie soll das mit dem Arzt gehen?«, fragte er automatisch.

»Da gibt es bestimmt viele, die sofort zugreifen würden.«

Die Tänzer waren wieder da, aber Baby flüsterte hastig: »Genau das meine ich! Wo steckt Nicole nun schon wieder? Spurlos verschwunden! Ist sie oben auf ihrem Zimmer? Was soll ich bloß machen? Ich weiß nie, ob die Sache harmlos ist oder ob ich sie suchen muss.«

»Vielleicht möchte sie nur ein bisschen für sich sein. Wer allein lebt, gewöhnt sich an die Einsamkeit.« Er merkte, dass Miss Warren gar nicht zuhörte. »Ich sehe mich mal um«, versprach er.

Die nebelverhangene Natur da draußen kam ihm vor wie Frühling bei zugezogenen Vorhängen. Alles Leben hatte sich in unmittelbarer Nähe des Hotels konzentriert. Dick ging an Kellerfenstern vorbei, hinter denen Hotelpagen auf Stockbetten saßen, einen Liter spanischen Wein neben sich, und Karten spielten. Als er zur Promenade kam, traten hinter den weißen Gipfeln der Alpen die Sterne hervor. Auf dem hufeisenförmigen Spazierweg mit Blick auf den See zeichnete sich Nicole als regungslose Gestalt zwischen zwei Laternenpfählen ab, und er ging über den Rasen lautlos auf sie zu. Da bist du ja endlich, sagte ihr Gesicht, als sie sich ihm zuwandte. Einen Augenblick bereute er, dass er gekommen war.

»Ihre Schwester hat sich Gedanken gemacht.«

»Ah ja.« Sie war es gewohnt, bewacht zu werden, und mühte sich um eine Erklärung. »Manchmal ist mir ein bisschen … wird es mir ein bisschen viel. Ich habe ein so ruhiges Leben geführt. Heute war mir die Musik zu viel. Ich hätte am liebsten geweint …«

»Ich verstehe.«

»Es war ein unheimlich aufregender Tag.«

»Ich weiß.«

»Ich will nicht ungesellig sein – ich hab allen schon genug Ärger gemacht –, aber heute Abend wollte ich einfach weg.«

Dick kam jählings der Gedanke – so wie einem Sterbenden der Gedanke kommen mag, dass er vergessen hat zu hinterlassen, wo sein Testament verwahrt ist –, dass Nicole von Dohmler und den geisterhaften Generationen vor ihm »umerzogen« worden war und dass es vieles gab, was man ihr würde sagen müssen. Nachdem er aber bei sich diese Erkenntnis registriert hatte, kapitulierte er vor dem Druck der äußeren Umstände und sagte:

»Sie sind schon in Ordnung. Vertrauen Sie in allem, was Ihre Person betrifft, nur weiter auf Ihr eigenes Urteil.«

»Mögen Sie mich?«

»Selbstverständlich.«

»Würden Sie …« Langsam gingen sie die zweihundert

Meter bis zu dem dunklen Ende des Hufeisens. »Wenn ich nicht krank gewesen wäre, würden Sie ... ich meine, wäre ich die Art von Mädchen gewesen, die Sie vielleicht ... ach Mist, Sie wissen genau, was ich meine.«

Jetzt war es passiert. Alle Vernunft drohte ihn zu verlassen. Sie war ihm so nah, dass er schneller atmete, aber dank seiner Ausbildung konnte er sich in ein jungenhaftes Lachen und eine banale Bemerkung retten.

»Sie machen sich etwas vor, Nicole. Ich kannte mal einen, der hatte sich in seine Krankenschwester verliebt ...« Das Geschichtchen plätscherte weiter, untermalt von ihren Schritten. Plötzlich fuhr Nicole, hier ganz ein Kind Chicagos, dazwischen: »Bullshit!«

»Das ist ein sehr ordinärer Ausdruck.«

»Na und?«, brauste sie auf. »Sie glauben, ich hätte keinen Funken Verstand. Vor meiner Krankheit stimmte das vielleicht, aber jetzt nicht mehr. Und wenn Sie meinen, ich wüsste nicht, dass Sie der attraktivste Mann sind, dem ich je begegnet bin, müssen Sie denken, dass ich noch immer total daneben bin. Mein Pech, zugegeben – aber tun Sie nicht so, als wenn ich keine Ahnung hätte. Ich weiß alles über Sie und mich.«

Dick war zusätzlich im Nachteil dadurch, dass ihm in diesem Moment die Bemerkung der älteren Miss Warren über die jungen Ärzte in den Sinn kam, die auf dem intellektuellen Viehmarkt der Chicagoer South Side zu haben waren, und einen Augenblick verhärtete sich sein Herz. »Sie sind ein reizendes Kind, aber verlieben könnte ich mich nicht.«

»Sie geben mir ja keine Chance.«

»Was?«

Er war fassungslos über die Dreistigkeit, mit der sie sich das Recht zum Angriff nahm. Da er derlei anarchische Methoden nicht billigte, sah er keine Chance, die Nicole Warren verdient hätte.

»Wollen Sie mir nicht jetzt meine Chance geben?«

Die Stimme wurde leise, versank in ihrer Brust und spannte das enge Oberteil über ihrem Herzen, als sie nah an ihn herantrat. Er spürte die jungen Lippen, spürte, wie sie sich erleichtert ausatmend seinem Arm anvertraute, der kräftiger zugriff, um sie zu halten. Und nun verlief alles so ungeplant, als hätte Dick mutwillig ein unauflösliches Gemisch aus miteinander verbundenen, untrennbaren Atomen zustande gebracht, ein Gemisch, das man wohl würde wegwerfen, nie wieder aber in einzelne Atome aufspalten können. Während er sie hielt und schmeckte, während sie sich immer enger an ihn schmiegte und ihre Lippen, ihr selbst so fremd, in Liebe ertranken und sich von der Liebe verschlingen ließen, getröstet und triumphierend zugleich, konnte er von Glück sagen, dass er überhaupt noch da war – und sei es nur als Spiegelbild in ihren nassen Augen.

»Donnerwetter«, stieß er keuchend hervor. »Es macht Spaß, dich zu küssen.«

Das war Gerede, aber Nicole hatte ihn jetzt fest im Griff. Sie wurde kokett und entfernte sich, so dass er in der Luft hing wie nachmittags in der Standseilbahn.

Ödön von Horváth

Der große und der kleine Berg

Als einst der große Berg, der vor lauter Erhabenheit schon schneeweiß geworden war, dem kleinen Berge gebot:

»Staune ob meiner Größe!«

antwortete jener Felsenzwerg schnippisch nur dies:

»Wieso?«

Da reckte sich der Riese und sein Scheitel berührte die Wolken, als stünde Goliath in einer niederen Bauernstube – – – und durch seine drohende Stimme lief das Grollen der Lawinen:

»Ich bin der Größere!!«

Doch der kleine Berg ließ sich nicht einschüchtern:

»Aber ich bin der Stärkere!«

Wie lachte da der große Berg!

Doch der Kleine wiederholte stolz:

»Ich bin der Stärkere, denn ich bin der Schwierigere! Du wirst bei unseren Feinden, den Bergsteigerkreisen, nur als leicht belächelt, ich hingegen werde als sehr schwierig geachtet und gefürchtet. Mich ersteigen jährlich höchstens sieben! Und dich – – –? Blättere nur mal nach in deinem Gipfelbuch, dort steht der Unterschied unverfälschbar!«

Auf das sichere Auftreten des bisher (über die Achsel) Angesehenen hin wurd der Große doch etwas stutzig und blätterte stirnrunzelnd in seinem Gipfelbuche und – – – oh, Graus!

–: Namen, Namen, zehntausende! und was für Namen!! fünfjährige Kinder und achtzigjährige Lehrerinnen!!

Er zitterte.

Da bröckelten Steine aus seiner Krone und wurden als Steinschlag eines Bergsteigers Tod, der, wenn er seinen Namen in ein Gipfelbuch schrieb, immer nur dies dachte:

»Berge! staunet ob meiner Größe!«

Und als dies der große Berg erfuhr, sagte er nur:

»Wehe mir!«

Francesco Petrarca

Die Besteigung des Mont Ventoux

An Francesco Dionigi
von Borgo San Sepolcro in Paris

Den höchsten Berg dieser Gegend, den man nicht unverdientermaßen Ventosus, den Windigen, nennt, habe ich am heutigen Tage bestiegen. Dabei trieb mich einzig die Begierde, die ungewöhnliche Höhe dieses Flecks Erde durch Augenschein kennenzulernen. Viele Jahre lang hatte dieses Unternehmen mir im Sinne gelegen; habe ich doch in der hiesigen Gegend, wie du weißt, seit meiner Kindheit geweilt, wie eben das Schicksal die menschlichen Dinge fügt. Dieser Berg aber, der von allen Seiten weithin sichtbar ist, steht mir fast immer vor Augen.

Nun aber fasste ich den Entschluss, endlich einmal auszuführen, was ich täglich hatte ausführen wollen, besonders nachdem mir tags zuvor, als ich römische Geschichte beim Livius nachlas, zufällig jene Stelle vor Augen gekommen war, wo Philipp der Macedonierkönig – derselbe, der mit dem Römischen Volke Krieg geführt hat – den Berg Hämus in Thessalien besteigt. Denn er hatte der Fabel Glauben geschenkt, man könne von seinem Gipfel zwei Meere schauen: das Adriatische und das Schwarze Meer. Ob zu Recht oder zu Unrecht, habe ich nicht genügend ergründen können; denn die Sache wird dadurch unsicher, dass der Berg von unserer Welt so weit entfernt ist und die Schriftsteller verschiedener Meinung sind. Um deswegen nicht alle nachzuschlagen: der Kosmograph Pomponius Mela berichtet, ohne Anstand zu nehmen, dass es so sei, Titus Livius hält die Fabel für falsch. Wäre es aber für mich so leicht, jenen Berg zu erkunden, wie diesen hier, so würde ich nicht lange im Zweifel lassen, wie die Sache sich verhält.

Um übrigens jenen fernen Berg zu lassen und zu diesem zu gelangen: Mir schien für einen Jüngling ohne Anteil am Staatsleben entschuldbar zu sein, was man ja an einem greisen König nicht tadelt. Als ich aber wegen eines Begleiters mit mir zu Rate ging, erschien mir, so merkwürdig es klingt, kaum einer meiner Freunde dazu geeignet: so selten ist selbst unter teuren Freunden jener vollkommenste Zusammenklang aller Wünsche und Gewohnheiten. Der eine war mir zu saumselig, der andere zu unermüdlich, der zu langsam, jener zu rasch, der zu schwerblütig, jener zu fröhlich, der endlich zu stumpfen Sinnes, jener gescheiter als mir lieb. Beim einen schreckte mich seine Schweigsamkeit, beim anderen sein lautes Wesen, beim einen seine Schwere und Wohlbeleibtheit, beim anderen Schmächtigkeit und Körperschwäche. Beim einen machte mich kalte Gleichgültigkeit bedenklich, bei einem anderen wieder gar zu heißes Anteilnehmen. All das, so schwerwiegend es ist, erträgt man daheim – erträgt die Liebe doch alles, und vor keiner Belastung scheut sich die Freundschaft. Schwerer jedoch wird alles dies unterwegs. So wog mein empfindliches Gemüt, das auf eine anständige Vergnügung sann, umsichtig alle Einzelheiten gegeneinander ab, ohne damit irgendein Freundschaftsgefühl zu verletzen. Schweigend vielmehr verdammte es alles, wovon nur irgend vorauszusehen war, dass es auf der ins Auge gefassten Reise lästig werden könne. Was glaubst du wohl? Schließlich wende ich mich um Beistand an den, der mir zunächst steht, und eröffne die Sache meinem jüngeren, meinem einzigen Bruder, den du ja gut kennst. Frohere Botschaft hätte er nicht hören können, und er dankte mir freudig, dass er bei mir gleichzeitig die Stelle eines Freundes und eines Bruders hätte.

Am festgesetzten Tage gingen wir fort von Haus und kamen gegen Abend nach Malaucène – das ist ein Ort am Fuße des Berges, nach Norden gewandt. Wir verweilten dort einen Tag und bestiegen heute endlich, jeder mit einem Bedienten, den Berg, nicht ohne viel Beschwerde. Er ist nämlich eine jäh abstürzende, fast unersteigliche Felsmasse. Indessen gut hat der Dichter gesagt: *Verwegnes Mühen alles zwingt.*

Ein langer Tag, schmeichelnde Luft, Lebensfeuer der Gemüter, Kraft und Gewandtheit der Leiber und was es sonst dergleichen geben mag, stand uns beim Wandern zur Seite; einzig widerstand uns die Natur des Ortes. Einen uralten Hirten trafen wir an den Hängen des Berges, der sich mit viel Worten bemühte, uns von der Besteigung abzubringen. Dieser sagte, er habe vor 50 Jahren in ebensolchem Ansturme jugendlichen Feuers den höchsten Gipfel erstiegen, indessen nichts von da heimgebracht als Reue und Mühe und von Felskanten und spitzem Dorngestrüpp zerrissenen Leib und Rock, und es sei weder vor noch nach jener Zeit je bei ihnen davon gehört worden, dass irgendwer Ähnliches gewagt habe. Da jener dies uns zuschrie, wuchs uns am Verbote das Verlangen – denn jugendliche Herzen schenken ja Warnern nur ungern Glauben. Infolgedessen ging der Greis, als er sah, dass er sich vergebens mühe, etwas mit vorwärts und wies uns zwischen den Felsen einen steilen Pfad mit dem Finger, wobei er vielerlei zu erinnern wusste und viel hinter uns her seufzte, als wir schon davongegangen waren.

Wir lassen bei ihm all das zurück, was irgend an Kleidungsstücken oder sonstiger Ausrüstung hinderlich sein könnte, schicken uns einzig und allein zur Besteigung an und klettern munter los. Aber wie es meist geschieht, folgt dem ungeheuren Unterfangen geschwind die Ermattung. Wir halten also nicht weit von dort auf einem Felsen sogleich wieder an. Von da brechen wir von neuem auf und rücken weiter vor, aber schon langsamer. Und besonders ich legte den Weg am Berghang mit schon bescheideneren Schritten zurück. Mein Bruder strebte freilich auf einem Abkürzungspfade geradeswegs auf das Bergjoch zu zur Höhe, ich dagegen, der ich weichlicher bin, wendete mich nach unten. Als er mich zurückrief und mir den richtigeren Weg wies, gab ich zur Antwort, ich hoffte, auf der anderen Seite einen leichteren Anstieg zu finden, und scheute den längeren Weg nicht, da ich auf ihm glatter vorwärts schreiten könne. Mit dieser Entschuldigung wollte ich meine Feigheit beschönigen, und als die andern schon die Höhe hielten, irrte ich durch die Täler, während nirgendwo sich ein gelinderer Anstieg eröffnete, vielmehr der Weg sich streckte und zugleich die unnütze Mühe sich verschlimmerte.

Erst als ich vom Überdruss erschöpft war und mich mein

Irrtum reute, beschloss ich, geradeswegs die Höhe zu erklimmen. So holte ich den wartenden und durch langes Ausruhen erfrischten Bruder ermattet und ärgerlich ein, und wir zogen nun etliche Zeit gleichen Schrittes weiter. Kaum dass wir aber jenen Hügel hinter uns gelassen, siehe, da lasse ich mich wiederum nach unten drängen und gedenke nicht mehr des Umwegs von vorhin, und wiederum gerate ich beim Durchwandern der Talgründe, während ich einen Weg von bequemer Länge suche, auf einen langen, unbequemen Weg. Allerdings schob ich so die Last des Steigens auf, aber durch Menschengeist wird die Natur der Dinge nicht aufgehoben, und es kann nun einmal nicht geschehen, dass irgendein körperliches Wesen durch Hinabsteigen zur Höhe gelangt.

Doch wozu viele Worte! So erging es mir zu meiner Entrüstung mindestens dreimal innerhalb weniger Stunden, und mein Bruder lachte darob nicht wenig. So hatte ich mich denn, oft enttäuscht, in einem Tal niedergelassen. Dort schwang ich mich auf Gedankenflügeln vom Körperlichen zum Unkörperlichen hinüber und wies mich selbst etwa mit den folgenden Worten zurecht: »Was du heute so oft bei Besteigung dieses Berges hast erfahren müssen, wisse, genau das tritt an dich und an viele heran, die da Zutritt suchen zum seligen Leben. Aber es wird deswegen nicht leicht von den Menschen richtig gewogen, weil die Bewegungen des Körpers zutage liegen, die der Seele jedoch unsichtbar sind und verborgen. Wohl aber liegt das Leben, das wir das selige nennen, auf hohem Gipfel, und ein schmaler Pfad, so sagt man, führt zu ihm empor. Es steigen auch viele Hügel zwischendurch auf, und von Tugend zu Tugend muss man weiterschreiten mit erhabenen Schritten. Auf dem Gipfel ist das Ende aller Dinge und des Weges Ziel, darauf unsere Pilgerfahrt gerichtet ist. Dorthin gelangen wollen zwar alle, aber, wie Ovid sagt: *Wollen, das reicht nicht aus, Verlangen erst führt dich zum Ziele.* Du allerdings – wenn du dich nicht hierin wie in vielen Dingen täuschst –, du willst nicht bloß, du verlangst auch. Was hält dich also ab? Doch wahrhaftig nichts weiter, als dass der Weg durch die irdischen und allerniedrigsten Gelüste ebener ist und, wie es auf den ersten Blick scheinen möchte, bequemer. Gleichwohl musst du nach langer Irrfahrt unter der Last des zum Unheil aufgeschobenen Weges hinansteigen zum Gipfel des seligen Lebens selber oder in den Talgründen deiner Sünden säumig erliegen; und wenn dich dort – was nur heraufzubeschwören mir graut – *Finsternis und Schatten* des Todes finden, so musst du die ewige Nacht unter beständigen Qualen verbringen.«

Es ist nicht zu glauben, wie sehr diese Überlegung mir zu dem, was noch zu tun verblieb, Geist und Körper aufrichtete. Ach könnte ich doch ebenso mit dem Geist jene Wanderung vollführen, nach der ich Tag und Nacht schmachte, wie ich nach endlich überwundenen Schwierigkeiten die heutige Wanderung mit leiblichen Füßen vollführt habe! Aber bei weitem leichter müsste doch wohl jene Wanderung sein, die durch die bewegliche unsterbliche Seele selbst ohne jede Fortbewegung *im Nu des Augenwinks* geschehen kann, als diese, die im zeitlichen Verlauf durch den Dienst des sterblichen und hinfälligen Körpers und unter der schweren Last der Glieder ausgeführt werden muss.

Ein Gipfel ist da, der höchste von allen, den nennen die

Waldleute »das Söhnlein« – warum, weiß ich nicht. Ich vermute aber, dass es wie manches andere nach dem Prinzip des Gegensatzes gesagt wird; denn in Wahrheit scheint er aller benachbarten Berge Vater zu sein. Auf seinem Scheitel ist eine kleine Hochfläche. Dort ließen wir uns ermüdet endlich zur Ruhe nieder.

Und da du nun gehört hast, was für Sorgen beim Aufsteigen mir ins Herz emporgestiegen sind, so höre, mein Vater, auch das Übrige, und wende eine von deinen Stunden daran, die Taten eines meiner Tage nachzulesen.

Zuerst stand ich, durch einen ungewohnten Hauch der Luft und durch einen ganz freien Rundblick bewegt, einem Betäubten gleich. Ich schaute zurück nach unten: Wolken lagerten zu meinen Füßen, und schon sind mir Athos und Olymp minder unglaublich geworden, da ich das, was ich über sie gelesen und gehört, auf einem Berge von geringerem Rufe zu sehen bekomme. Ich richte nunmehr meine Augen nach der Seite, wo Italien liegt, nach dort, wohin mein Geist sich so sehr gezogen fühlt. Die Alpen selber – eisstarrend und schneebedeckt –, über die einst der wilde Feind des Römernamens hinüberzog, der, wenn wir dem Gerücht Glauben schenken wollen, die Felsen mit Essig sprengte – sie erschienen mir greifbar nahe, obwohl sie durch einen weiten Zwischenraum getrennt sind. Ich seufzte, ich gestehe es, nach italischer Luft, die mehr vor dem Geist als vor den Augen erstand, und ein nicht zu erstickender, glühender Drang beseelte mich, so Freund als Vaterland wiederzusehen; so jedoch, dass ich zuerst an beiden Regungen ihre noch unmännliche Weiblichkeit tadelte, obwohl mir für keine eine Entschuldigung fehlen würde. Sie könnte sich ja auf berühmte Zeugen als Beistand stützen.

Dann ergriff eine andere Überlegung Besitz von meinem Geist und brachte mich von der Betrachtung des Raumes auf die der Zeit. Ich sagte nämlich zu mir selbst: »Heute erfüllt sich das zehnte Jahr, seit du nach Abschluss der kindlichen Studien aus Bologna auszogst, und – o unsterblicher Gott! o unwandelbare Weisheit! – wie vielen und wie großen Wandel deiner Sitten hat doch die Zwischenzeit gesehen!« Dabei übergehe ich, was noch unabgeschlossen ist. Denn noch bin ich nicht im Hafen, dass ich in Sicherheit vergangener Stürme gedenken dürfte. Vielleicht wird die Zeit einmal kommen, wo ich alles in genau der Folge, in der es sich abgespielt, erzählen kann, und zwar mit folgenden Worten deines Augustin als Vorrede: *Vergegenwärtigen will ich mir meine vergangenen Abscheulichkeiten und meiner Seele fleischliche Verderbnis, nicht als ob ich diese liebte, sondern auf dass ich dich liebe, mein Gott.*

Mir bleibt allerdings noch viel Zweifelhaftes, Beschwerliches zu tun. Was ich zu lieben pflegte, schon liebe ich es nicht mehr. Doch – ich lüge ja: ich liebe, aber minder heftig. – Schon wieder habe ich gelogen: ich liebe, aber bescheidener und zugleich trauriger. Nun endlich habe ich die Wahrheit gesagt. Denn so ist es: ich liebe, aber das, was ich lieber nicht liebte, das, was ich zu hassen wünschte. Und dennoch liebe ich, aber wider Willen, gezwungen, betrübt und voll Trauer, und an mir selbst erprobe ich Armer den Sinn jenes so berühmten Sprüchleins: *Hassen – soweit ich kann, sonst liebe ich wider Willen.* Es ist noch nicht das dritte Jahr verflossen, seit sich jenem verkehrten und nichtsnutzigen Willen, der mich ganz besaß und der im Palaste meines Herzens ohne Widersacher herrschte, ein anderer Wille als Aufrührer und Rebell entgegengestellt hat. Zwischen diesen beiden wird auf dem Schlachtfeld meiner Gedanken schon lange eine höchst mühselige und auch jetzt noch unentschiedene Schlacht geschlagen, darüber, wer herrschen soll von den beiden Menschen in mir.

So trieb es mich in Gedanken durch das vollendete Jahrzehnt. Da ließ ich meine Sorgen ums Vergangene fahren und befragte mich selbst: »Wenn es dir vielleicht gelingen sollte, durch zwei fernere Lustren dies unstete flüchtige Leben weiterzuführen und im Verhältnis zur Zeitdauer ebenso viel zur Tugend fortzuschreiten, wie du in diesen zwei Jahren durch das Anstürmen des neuen Willens gegen den alten von der ursprünglichen Verstocktheit losgekommen bist, könntest du dann nicht, wenn auch nicht gesichert, so doch in Hoffnung, im vierzigsten Lebensjahre dem Tode entgegengehen und den Überschuss des ins Greisenalter hinabsteigenden Lebens leichten Herzens preisgeben?«

Diese und ähnliche Betrachtungen, mein Vater, kehrten in meiner Brust immer wieder. Ich freute mich über meinen Fortschritt, beweinte, was ich noch unvollendet gelassen, und bejammerte die allgemeine Wandelbarkeit des menschlichen Tuns; und so schien ich gewissermaßen vergessen zu haben, an welch einen Ort ich gekommen sei und zu welchem Zweck. Endlich aber verabschiedete ich meine Sorgen, für die ja ein anderer Ort passender sein mochte, schaute um mich und sah nun wirklich das, was zu sehen ich hergekommen war. Man mahnte mich, die Zeit dränge zum Abmarsche, denn schon neige sich die Sonne und der Bergesschatten wachse in die Länge, und nun wandte ich mich, gleichsam erwacht, um und blickte zurück gen Westen.

Der Grenzwall der gallischen Lande und Hispaniens, der Grat des Pyrenäengebirges, ist von dort nicht zu sehen, nicht dass meines Wissens irgendein Hindernis dazwischenträte – nein, nur infolge der Gebrechlichkeit des menschlichen Sehvermögens. Hingegen sah ich sehr klar zur Rechten die Gebirge der Provinz von Lyon, zur Linken sogar den Golf von Marseille, und den, der gegen Aigues-Mortes brandet, wo doch all dies einige Tagereisen entfernt ist. Die Rhone lag mir geradezu vor Augen. Dieweil ich dieses eins ums andere bestaunte und jetzt Irdisches genoss, dann nach dem Beispiel des Leibes auch die Seele zum Höheren erhob, schien mir gut, in das Buch der Bekenntnisse des Augustin hineinzusehen, eine Gabe, die ich deiner Liebe verdanke und die ich bewahre, zum Gedenken an den Urheber wie an den Geber, und die ich stets in Händen habe.

Das faustfüllende Bändchen allerwinzigsten Formats, aber unbegrenzter Süße voll, öffne ich, um zu lesen, was mir entgegentreten würde. Was anderes als Frommes und Demütiges konnte mir wohl entgegentreten? Zufällig aber bot sich mir das zehnte Buch dieses Werkes dar. Mein Bruder stand in der Erwartung, aus meinem Munde etwas von Augustin zu hören, mit weitgeöffneten Ohren da. Ich rufe Gott zu Zeugen an und ihn eben, der dabei war, dass dort, wo ich die Augen zuerst hinheftete, geschrieben stand: *Und es gehen die Menschen, zu bestaunen die Gipfel der Berge und die ungeheuren Fluten des Meeres und die weit dahinfließenden Ströme und den Saum des Ozeans und die Kreisbahnen der Gestirne, und haben nicht acht ihrer selbst.*

Ich war wie betäubt, ich gestehe es, und ich bat meinen Bruder, der weiter zu hören begierig war, mir nicht lästig zu fallen, und schloss das Buch im Zorne mit mir selbst darüber, dass ich noch jetzt Irdisches bewunderte. Hätte ich doch schon zuvor – selbst von den Philosophen der Heiden – lernen müssen, dass nichts bewundernswert ist außer der Seele: Neben ihrer Größe ist nichts groß. Da beschied ich mich, genug von dem Berge gesehen zu haben, und wandte das innere Auge auf mich selbst, und von Stund an hat niemand mich reden hören, bis wir unten ankamen. Genügend Beschäftigung hatte mir jenes Wort gebracht, und ich konnte nicht glauben, dass dies sich zufällig so gefügt hätte – nein, das dort Gelesene, glaubte ich, sei für mich und für niemanden anderen gesagt. Ich rief mir dabei ins Gedächtnis zurück, dass genau das Gleiche einst Augustin betreffs seiner selbst vermutet hätte, als ihm nämlich bei der Lektüre der Apostelbriefe, wie er selbst berichtet, Folgendes entgegentrat: *Nicht in Fressen und Saufen, nicht in Kammern und Unzucht, nicht in Hader und Neid; sondern ziehet an den Herrn Jesus Christus und wartet des Leibes, doch also, dass er nicht geil werde.*

Dasselbe war ja schon vorher einmal, wie sein Biograph Athanasius berichtet, dem Antonius geschehen, der sich dem Dienst des Herrn weihte, als er das Evangelium gehört hatte, gleichsam als sei seinetwegen die Schrift verlesen worden, die Stelle nämlich, an der geschrieben steht: *Willst du vollkommen sein, so gehe hin, verkaufe, was du hast, und gib's den Armen, so wirst du einen Schatz im Himmel haben.*

Und wie Antonius, nachdem er dies gehört hatte, nach nichts anderem mehr suchte, und wie Augustin, nachdem er jenes gelesen, nicht mehr weiter fortfuhr, so war auch für mich mit den wenigen Worten, die ich eben angeführt habe, das Lesen schon ganz erledigt, und schweigend bedachte ich, wie groß der Mangel an Einsicht bei den Sterblichen sei, sodass sie unter Nichtachtung ihres edelsten Teils sich im Vielerlei verlieren und in leeren Schauspielen sich verzetteln und außerhalb suchen, was innen zu finden gewesen wäre. Und ich bewunderte, wie adlig unsere Seele sei, wenn sie nicht aus eigenem Antriebe entartet, abgeirrt wäre von dem Uranfange ihrer Herkunft, und wenn sie nicht das, was Gott ihr zu ihrer Ehre gegeben hat, selbst in Schmach verwandelt hätte.

Wie oft, glaubst du, habe ich an diesem denkwürdigen Tage, auf dem Rückwege umblickend, den Gipfel des Berges betrachtet, und er schien mir kaum die Höhe einer Elle zu haben gegenüber der Höhe menschlicher Betrachtung, wollte man sie nur nicht in den Schmutz der irdischen Abscheulichkeit versenken. Und auch das kam mir Schritt für Schritt in den Sinn: Wenn es einen nicht reut, so viel Schweiß und Mühe auf sich zu nehmen, damit der Leib, ein klein weniges dem Himmel näher komme, welches Kreuz, welche Kerkerqual, welcher Marterstahl dürfte dann die Seele schrecken, die da Gott sich naht und die dabei die aufgeschwollene Bergeskuppe der Überhebung und die

Geschicke der Sterblichkeit unter die Füße tritt? Und auch dies: Wie vielen wird es dann überhaupt beschieden sein, dass sie von dieser Straße aus Furcht vor Hartem oder aus Gier nach Weichem nicht abschweifen? Oh, überglücklich ist ein solcher Mensch – wenn es jemals einen gibt. Von ihm, glaube ich, hat es der Dichter empfunden:

Glücklich, wer den Grund der Dinge durfte
erkennen,
Wer die Schrecken des Tods und das unerbittliche
Schicksal
Seinem Fuß unterwarf – und des geizigen Acheron
Toben!

Ach, mit welch einem Eifer müssten wir uns mühen, nicht um eine Höhe der Erde unter den Fuß zu bekommen, sondern die von irdischen Trieben geblähten Begierden!

Unter solchen Bewegungen der aufgewühlten Brust gelangte ich in tiefer Nacht, ohne vom steinigen Weg etwas zu fühlen, zurück zu der bäuerlichen Herberge, von wo ich vor Tageslicht aufgebrochen; und die mondhelle Nacht gewährte uns beim Gehen willkommenen Beistand. Inzwischen begab ich mich also, dieweil die Sorge um die Bereitung des Mahles die Dienerschaft beschäftigte, allein in einen abgelegenen Teil des Hauses, um dir dies hier in Eile und aus dem Stegreif zu schreiben, damit nicht, wenn ich es aufschöbe, durch Ortsveränderung etwa die Gemütsbewegung sich wandele und so der Vorsatz zum Schreiben verbrause.

Siehe also, liebevollster Vater, wie ich so ganz und gar

nichts in mir vor deinen Augen verborgen wissen will, da ich dir nicht nur mein ganzes Leben, nein jeden einzelnen Gedanken so sorgfältig eröffne. Für diese Gedanken bete – ich flehe dich an –: da sie so lange unstet und unbeständig waren, möchten sie endlich einmal verweilen, und da sie so viel unnütz umhergeschleudert worden sind, möchten sie nun zu dem einen Guten, Wahren, Sicheren, Dauernden kehren.

Lebe wohl.

Am 26. April zu Malaucène

Ludwig Steub

Auf dem Berg

Es ist ein wesentlicher Bestandteil eines Aufenthaltes im Hochlande, einmal etwas Apartes, Mühseliges, Abenteuerliches zu unternehmen. Die Feinsten besuchen wenigstens eine nahe Sennhütte und lächeln nach ihrer Rückkehr schelmisch, wenn sie gar über Nacht ausgeblieben sind. Die Rüstigsten tragen einen schweren Kugelstutzen nebst großem Büchsenranzen hinauf in die Schneehöhe und sofort wieder herunter und sagen dann, sie seien auf der Gämsenjagd gewesen. Jene aber, denen die Sennhütten zu nah, die Schneehöhen aber zu entlegen sind, lösen ihre Aufgabe in gesellschaftlichen Partien auf ein schönes Berghorn, dessen Spitze etwa ein Belvedere ist, wie es die Badegäste von Partenkirchen mit dem Krotenkopf und die von Rosenheim mit dem Wendelstein zu machen pflegen. Da geht es denn familienweise hinaus in die tauigen Wiesen, im Angesicht der Morgenröte, die umso überraschender wirkt, je länger man sie nicht mehr gesehen hat. Bald beginnt das Steigen, und nun entwickelt sich der Knäuel. Der Papa in seinem Reisehemd, gleichsam der Hauptmann der liebenswürdigen Bande – wie schwer war er zu gewinnen –, und die Mütter, die schon leichter mithalten, bleiben keuchend mehr und mehr zurück; die Münchner Fräulein und die jungen scheinkranken Badeherren hüpfen wie die Zicklein voraus. Die Jungen tragen sich phantastisch, sodass die Spielhahnfeder auf dem grünen Hütchen und die graue Joppe mit den grünen Aufschlägen nicht leicht fehlen; die Mädchen, unter dem Einflusse der idyllischen Umgebungen, dichten ebenfalls an ihrer Tracht, und wenn sich die Jünglinge am liebsten als Jäger darstellen, so liegt den Damen am nächsten der Aufzug der arkadischen Hirtinnen, wie sie im Ballette erscheinen. Es ist ein gar erheiternder Anblick, wie das junge Volk, in allen Farben spielend, lachend und schäkernd, unter den schwarzen Tannen sich hinaufwindet, nun über den Felsenvorsprung klimmt, nun in langer, ängstlicher Zeile am Rande eines Abgrunds hintrippelt. Dort ruht ein Pärchen aus, um neugestärkt wieder nachzueilen, da werden Alpenrosen gesucht und unter bedeutsamen Winken verschenkt. Die Alten sehen sich auch zuweilen an, aber mit den Blicken der düstern Resignation, denn zum Steigen sind die Berge schrecklich hoch.

Endlich ist der Vortrab auf dem Gipfel; die Herren jodeln und rufen hallo, die Damen schwenken die Taschentücher zur Aneiferung für die Nachkommenden, und dann wird das Feuer aufgemacht. Nach und nach hat sich alles eingefunden und steht in schönen Gruppen auf der freien Höhe, hinabzusehen ins unendliche Blachland, auf Hügel und Täler, Wälder und Felder, Seen und Ströme, Städte und Dörfer. Die Mädchen sind gar liebreizend, wie sie dastehen, herrlich rot im Gesichte vom Steigen in der reinen Alpenluft, seligen, träumerischen Blicks hinunterstarrend in die Tiefe, während der frische Morgenwind in ihren Locken wühlt. Ist ein Norddeutscher dabei, was jetzt kaum mehr fehlen kann, so benützt dieser den Augenblick, stellt sich in die Mitte und deklamiert etwas, zum großen Verdruss eines andern, der die Erreichung des Zieles mit einem Sturme auf der Gitarre feiern wollte, die ihm über den Rücken hängt, und zum nicht mindern Ärger eines Dritten, der ein Flageolett bei sich hat. Die Verse aber hat der Poet gestern Abend noch zusammengestoppelt, als er wegen erdichteter Übelkeit schon um neun Uhr auf seine Stube ging, und die Reime klappern wunderbar schön. Die Jugend klatscht begeistert Beifall, er hat ihren Gefühlen Worte gegeben; die Mütter nicken einander zu, als wollten sie sagen: der kann's. Papa aber, der Unbestechliche, macht ein Gesicht, das nicht viel mehr ausspricht als: Für so 'nen jungen Menschen ist's gut genug. Unterdessen hat der Dichter das langhaarige Haupt verschämt geneigt und die Rechte dankend aufs Herz gelegt, damit aber auch zu gleicher Zeit aus der Seitentasche ein Album gezogen, das er herumgeben will, mit der Bitte, einen Gedanken hineinzuschreiben und zur ewigen Erinnerung an diesen unbezahlbaren Moment. Dies dämpft den Jubel etwas, denn die wenigsten sind so vorsichtig, immer einen Stammbuchvers im Hinterhalt zu haben; doch fasst und findet man sich bald. ›Auf den Bergen ist Freiheit‹ und so weiter, das würde jeder am liebsten schreiben, wenn nicht schon der Allererste so satanisch boshaft gewesen wäre, diese Verse der ganzen Gesellschaft wegzuschnappen. So ist's denn kein Wunder, wenn der Löwe des Tags mit gewöhnlichen Sinnsprüchen, wie zum Beispiel ›Ehrlich währt am längsten‹ oder ›Bleib zu Hause und nähr dich redlich‹, vorliebnehmen muss.

Endlich ist die peinliche Feierlichkeit vorüber und das Album wieder in seinem Loch. Papa sitzt schon lange auf seinem Tragstuhl und bläst den Knasterdampf vergnügt über die Wälder hin, die von unten herauf rauschen; die Mütter kauern malerisch auf den Felsblöcken umher und stricken. Das Feuer brennt lustig, die Töpfe mit Wasser und Milch fangen nachgerade an zu sieden. Nun geht's ernstlich an die Vorbereitungen zum Frühstück. Da zeigt sich erst, mit wie viel Umsicht der Plan zu diesem Unternehmen entworfen und wie passend die Rollen ausgeteilt worden. Vor allem wird der große Reisesack aufgetan, den der Führer heraufgetragen und aus welchem nun Kalbskeulen und Schinken springen, wobei die Messer und Gabeln, die auch in seinem Bauche liegen, kampflustig erklingen. Nun erschließen sich auch die Reticules der Schönen, und wer hätte es diesen zierlichen Täschchen, die den ganzen Weg herauf so gleichgültig mitbaumelten, angesehen, dass sie heute als Vorratskammern für die feingebildete Gourmandise der bergsteigenden Hauptstädter eingerichtet seien? Und doch ist's nicht anders! Aus der einen Tasche steigt vielversprechend eine edle Wurst von Welschland, aus der andern ein Senftopf; andere Fräulein stellen anderes auf, geräucherte Zungen, gebratene Hühner. Jetzt zeigen aber auch die Paladine, dass sie nicht umsonst dabei sind. Ihre Aufgabe war's, den Wein zu liefern, und nun treten die Vertreter sämtlicher Rebenhügel von Würzburg bis Bordeaux aus den Rocktaschen. Das wird aber für jetzt alles nur beiseitegestellt, geordnet, und was zerlegbar ist, zerlegt; denn der Kaffee ist fertig, und die Mädchen machen lächelnd die Honneurs. Während man schlürft, wäscht der Führer in der nahen Quelle die Salathäupter, die er mitgebracht, und übergibt sie dann zerblättert und gesäubert in großer irdener Schüssel den Schönen. Man nähert sich dem nahrhaftern Teile des Frühstücks. Einzelne Vorläufer machen schon die Runde, die Kernspeisen dringen unwiderstehlich nach. Am meisten haben wieder die Mädchen zu tun, die frischen, heitern, rosigen Mädchen, die jetzt, in der Glorie der Alpenluft strahlend, wie dienende Engel hin und her eilen, voll Leben und Lust, die nun spielend alle Reize deutscher Häuslichkeit entfalten, welche uns hier oben auf der grünen Bergmatte, in der hellen Sommersonne, mehrere tausend Fuß hoch über dem Meere noch vieltausendmal einnehmender erscheinen als unten im langweiligen Abendzirkel beim trüben Lampenschimmer. Und wenn nun die Gläser erklingen, da klingen alle Herzen mit, und wenn die Champagnerpfröpfe knallend in die Luft fliegen, dann fliegen auch die letzten Grillen still ins Tal hinunter. Die Freude tritt immer königlicher auf, der Jubel wird immer lauter; der Norddeutsche deklamiert wieder, der andere fällt mit der Gitarre rauschend in den Lärm, der Dritte spielt sein Flageolett, und dann ertönen – alles schweigt – die Almenlieder, diese herrlichen, himmelansteigenden Gesänge, die keiner vergessen kann, der sie je in ihrer milden Kraft gehört hat, die in jedem die Sehnsucht nach den Alpen wecken, der sie draußen wieder hört im ebenen Land.

Johann Wolfgang Goethe

Schweizer Berge

Wir ließen Salenche in einem schönen, offenen Tale hinter uns, der Himmel hatte sich, während unsrer Mittagsrast, mit weißen Schäfchen überzogen, von denen ich hier eine besondre Anmerkung machen muss: Wir haben sie so schön und noch schöner an einem heitern Tag von den Berner Eisbergen aufsteigen sehen, auch hier schien es uns wieder so, als wenn die Sonne die leisesten Ausdünstungen von den höchsten Schneegebirgen gegen sich aufzöge, und diese ganz feinen Dünste von einer leichten Luft, wie eine Schaumwolle, durch die Atmosphäre gekämmt würden. Ich erinnre mich nie in den höchsten Sommertagen, bei uns, wo dergleichen ähnliche Lufterscheinungen vorfallen, etwas so Durchsichtiges, Leichtgewobenes gesehen zu haben. Schon sahen wir die Schneegebirge, von denen sie aufsteigen, vor uns, das Tal fing an zu stocken, die Arve schoss aus einer Felskluft hervor, wir mussten einen Berg hinan und wanden uns, die Schneegebirge rechts vor uns, immer höher. Abwechselnde Berge, alte Fichtenwälder zeigten sich uns rechts, teils in der Tiefe, teils uns gleich. Links über uns waren die Gipfel des Bergs kahl und spitzig. Wir fühlten, dass wir einem stärkern und mächtigern Satz von Bergen immer näher rückten. Wir kamen über ein breites trocknes Beet von Kieseln und Steinen, das die Wasserfluten die Länge des Berges hinab zerreißen und wieder füllen. Von da in ein sehr angenehmes, eingenommnes, flaches Tal, worin das Dörfchen Serves liegt, von da geht der Weg, um einige sehr bunte Felsen, wieder gegen die Arve. Wenn man über sie weg ist, steigt man einen Berg hinan, die Massen werden hier immer größer, die Natur hat hier mit sachter Hand das Ungeheure zu bereiten angefangen. Es wurde dunkler, wir kamen dem Tale Chamouni näher und endlich darein. Nur die großen Massen waren uns sichtbar, die Sterne gingen nacheinander auf, und wir bemerkten über den Gipfeln der Berge, rechts vor uns, ein Licht, das wir nicht erklären konnten, hell, ohne Glanz wie die Milchstraße, doch dichter, fast wie die Plejaden, nur größer, unterhielt es lang unsre Aufmerksamkeit, bis es endlich, da wir unsern Standpunkt änderten, wie eine Pyramide, von einem innern, geheimnisvollen Lichte durchzogen, das dem Schein eines Johanniswurms am besten verglichen werden kann, über den Gipfeln aller Berge hervorragte und uns gewiss machte, dass es der Gipfel des Montblanc war. Es war die Schönheit dieses Anblicks ganz außerordentlich, denn, da er mit den Sternen, die um ihn herumstunden, zwar nicht in gleich raschem Licht, doch in einer breitern zusammenhängenden Masse leuchtete, so schien er den Augen zu jener höhern Sphäre zu gehören, und man hatte Müh', in Gedanken seine Wurzeln wieder an die Erde zu befestigen. Vor ihm sahen wir eine Reihe von Schneegebirgen, dämmernder auf den Rücken von schwarzen Fichtenbergen liegen, und wir sahen ungeheure Gletscher zwischen den schwarzen Wäldern herunter ins Tal steigen.

In einem kleinen bretternen Haus, wo wir von sehr braven Leuten gar freundlich aufgenommen worden, sitzen wir in einer schmalen und niedrigen Stube, und ich will sehen, wie viel von unserer heutigen sehr interessanten Tour durch Worte mitzuteilen ist. Von Seyters stiegen wir heute früh drei Stunden lang einen Berg herauf, nachdem wir vorher Steinen und Kies Felder, Wiesen und Gärten, die denn nach und nach kümmerlich, wenn es allenfalls noch möglich ist, von den Leuten wiederhergestellt und nach ein paar Generationen vielleicht wieder verschüttet werden. Wir hatten einen grauen Tag mit abwechselnden Sonnenblicken. Es ist nicht zu beschreiben, wie mannigfaltig auch hier das Wallis wieder wird; mit jedem Augenblick biegt und verändert sich die Landschaft. Es scheint alles sehr nah beisammen zu liegen, und man ist doch durch große Schluchten und Berge getrennt. Wir hatten bisher noch meist das offene Wallistal rechts neben uns gehabt, als sich auf einmal ein schöner Anblick ins Gebirg vor uns auftat.

Ich muss, um anschaulicher zu machen, was ich beschreiben will, etwas von der geographischen Lage der Gegend, wo wir uns befinden, sagen. Wir waren nun schon drei Stunden aufwärts in das ungeheure Gebirg gestiegen, das Wallis von Bern trennet. Es ist eben der Stock von Bergen, der in einem fort vom Genfersee bis auf den Gotthard läuft und auf dem sich in dem Berner Gebiet die großen Eis- und Schnee-Massen eingenistet haben. Hier sind oben und unten relative Worte des Augenblicks. Ich sage, unter mir auf einer Fläche liegt ein Dorf, und eben diese Fläche liegt vielleicht wieder an einem Abgrund, der viel höher ist als mein

Verhältnis zu ihr. Wir sahen, als wir um eine Ecke herumkamen und bei einem Heiligenstock ausruhten, unter uns am Ende einer schönen grünen Matte, die an einem ungeheuren Felsschlund herging, das Dorf Inden mit einer weißen Kirche ganz am Hange des Felsens in der Mitte von der Landschaft liegen. Über der Schlucht drüben gingen wieder Matten und Tannenwälder aufwärts, gleich hinter dem Dorfe stieg eine große Kluft von Felsen in die Höhe, die Berge von der linken Seite schlossen sich bis zu uns an, die von der rechten setzten auch ihre Rücken weiter fort, so dass das Dörfchen mit seiner weißen Kirche gleichsam wie im Brennpunkt von so viel zusammenlaufenden Felsen und Klüften dastand. Der Weg nach Inden ist in die steile Felswand gehauen, die dieses Amphitheater von der linken Seite, im Hingehen gerechnet, einschließt. Es ist dieses kein gefährlicher, aber doch sehr fürchterlich aussehender Weg. Er geht auf den Lagen einer schroffen Felswand hinunter, an der rechten Seite mit einer geringen Planke von dem Abgrunde gesondert.

Ein Kerl, der mit einem Maulesel neben uns hinabstieg, fasste sein Tier, wenn es an gefährliche Stellen kam, beim Schweife, um ihm einige Hilfe zu geben, wenn es gar zu steil vor sich hinunter in den Felsen hinein musste. Endlich kamen wir in Inden an, und da unser Bote wohlbekannt war, so fiel es uns leicht, von einer willigen Frau ein gut Glas roten Wein und Brot zu erhalten, da sie eigentlich in dieser Gegend keine Wirtshäuser haben. Nun ging es die hohe Schlucht hinter Inden hinauf, wo wir denn bald den so schrecklich beschriebenen Gemmiberg vor uns sahen, und das Leukerbad an seinem Fuß, zwischen andern hohen, unwegsamen und mit Schnee bedeckten Gebirgen, gleichsam wie in einer hohlen Hand liegen fanden. Es war gegen drei, als wir ankamen; unser Führer schaffte uns bald Quartier. Es ist zwar kein Gasthof hier, aber alle Leute sind so ziemlich, wegen der vielen Badegäste, die hieherkommen, eingerichtet. Unsere Wirtin liegt seit gestern in den Wochen, und ihr Mann macht mit einer alten Mutter und der Magd ganz artig die Ehre des Hauses. Wir bestellten etwas zu essen und ließen uns die warmen Quellen zeigen, die an verschiedenen Orten sehr stark aus der Erde hervorkommen und reinlich eingefasst sind. Außer dem Dorfe, gegen das Gebirg zu, sollen noch einige stärkere sein. Es hat dieses Wasser nicht den mindesten schwefelichten Geruch, setzt wo es quillt und wo es durchfließt nicht den mindesten Oker noch sonst irgendetwas Mineralisches oder Irdisches an, sondern lässt wie ein anderes reines Wasser keine Spur zurück. Es ist, wenn es aus der Erde kommt, sehr heiß und wegen seiner guten Kräfte berühmt. Wir hatten noch Zeit zu einem Spaziergang gegen den Fuß des Gemmi, der uns ganz nah zu liegen schien. Ich muss hier wieder bemerken, was schon so oft vorgekommen, dass wenn man mit Gebirgen umschlossen ist, einem alle Gegenstände so außerordentlich nahe scheinen. Wir hatten eine starke Stunde über heruntergestürzte Felsstücke und dazwischen geschwemmten Kies hinaufzusteigen, bis wir uns an dem Fuß des ungeheuren Gemmibergs, wo der Weg an steilen Klippen aufwärtsgeht, befanden. Es ist dies der Übergang ins Berner Gebiet, wo alle Kranken sich müssen in Sänften heruntertragen lassen. Hieß uns die Jahreszeit nicht eilen, so würde wahrscheinlicher Weise morgen ein Versuch gemacht werden, diesen so merkwürdigen Berg zu besteigen: So aber werden wir uns mit der bloßen Ansicht für dies Mal begnügen müssen. Wie wir zurückgingen, sahen wir dem Gebäude der Wolken zu, das in der jetzigen Jahreszeit in diesen Gegenden äußerst interessant ist. Über das schöne Wetter haben wir bisher ganz vergessen, dass wir im November leben; es ist auch, wie man uns im Bernschen voraussagte, hier der Herbst sehr gefällig. Die frühen Abende und Schnee verkündende Wolken erinnern uns aber doch manchmal, dass wir tief in der Jahreszeit sind. Das wunderbare Wehen, das sie heute Abend verführten, war außerordentlich schön. Als wir vom Fuß des Gemmiberges zurückkamen, sahen wir, aus der Schlucht von Inden herauf, leichte Nebelwolken sich mit großer Schnelligkeit bewegen. Sie wechselten bald rückwärts bald vorwärts, und kamen endlich aufsteigend dem Leukerbad so nah, dass wir wohl sahen, wir mussten unsere Schritte verdoppeln, um bei hereinbrechender Nacht nicht in Wolken eingewickelt zu werden. Wir kamen auch glücklich zu Hause an, und während ich dieses hinschreibe, legen sich wirklich die Wolken ganz ernstlich in einen kleinen artigen Schnee auseinander. Es ist dieser der erste, den wir haben, und, wenn wir auf unsere gestrige warme Reise von Martinach nach Sion, auf die noch ziemlich belaubten Rebengeländer zurückdenken, eine sehr schnelle Abwechslung. Ich bin in die Türe getreten, ich habe dem Wesen der Wolken eine Weile zugesehen, das über alle Beschreibung schön ist.

Eigentlich ist es noch nicht Nacht, aber sie verhüllen abwechselnd den Himmel und machen dunkel. Aus den tiefen Felsschluchten steigen sie herauf, bis sie an die höchsten Gipfel der Berge reichen; von diesen angezogen, scheinen sie sich zu verdicken und von der Kälte gepackt in Gestalt des Schnees niederzufallen. Es ist eine unaussprechliche Einsamkeit hier oben, in so großer Höhe doch noch wie in einem Brunnen zu sein, wo man nur vorwärts durch die Abgründe einen Fußpfad hinaus vermutet. Die Wolken, die sich hier in diesem Sacke stoßen, die ungeheuren Felsen bald zudecken und in eine undurchdringliche öde Dämmerung verschlingen, bald Teile davon wieder als Gespenster sehen lassen, geben dem Zustand ein trauriges Leben. Man ist voller Ahnung bei diesen Wirkungen der Natur. Die Wolken, eine dem Menschen von Jugend auf so merkwürdige Lufterscheinung, ist man in dem platten Lande doch nur als etwas Fremdes, Überirdisches anzusehen gewohnt. Man betrachtet sie nur als Gäste, als Streichvögel, die, unter einem andern Himmel geboren, von dieser oder jener Gegend bei uns augenblicklich vorbeigezogen kommen; als prächtige Teppiche, womit die Götter ihre Herrlichkeit vor unsern Augen verschließen. Hier aber ist man von ihnen, selbst wie sie sich erzeugen, eingehüllt, und die ewige innerliche Kraft der Natur fühlt man sich ahnungsvoll durch jede Nerve bewegen. Auf die Nebel, die bei uns eben diese Wirkungen hervorbringen, gibt man weniger acht; auch weil sie uns weniger vors Auge gedrängt sind, ist ihre Wirtschaft schwerer zu beobachten. Bei allen diesen Gegenständen wünscht man nur, länger sich verweilen und an solchen Orten mehrere Tage zubringen zu können; ja ist man ein Liebhaber von dergleichen Betrachtungen, so wird der Wunsch immer lebhafter, wenn man bedenkt, dass jede

Jahreszeit, Tageszeit und Witterung neue Erscheinungen, die man gar nicht erwartet, hervorbringen muss. Und wie in jedem Menschen, auch selbst dem gemeinen, sonderbare Spuren übrig bleiben, wenn er bei großen ungewöhnlichen Handlungen etwa einmal gegenwärtig gewesen ist; wie er sich von diesem einen Flecke gleichsam größer fühlt, unermüdlich eben dasselbe erzählend wiederholt, und so, auf jene Weise, einen Schatz für sein ganzes Leben gewonnen hat: so ist es auch dem Menschen, der solche große Gegenstände der Natur gesehen und mit ihnen vertraut geworden ist. Er hat, wenn er diese Eindrücke zu bewahren, sie mit andern Empfindungen und Gedanken, die in ihm entstehen, zu verbinden weiß, gewiss einen Vorrat von Gewürz, womit er den unschmackhaften Teil des Lebens verbessern und seinem ganzen Wesen einen durchziehenden guten Geschmack geben kann.

Ich bemerke, dass ich in meinem Schreiben der Menschen wenig erwähne; sie sind auch unter diesen großen Gegenständen der Natur, besonders im Vorbeigehen, minder merkwürdig. Ich zweifle nicht, dass man bei längerm Aufenthalt gar interessante und gute Leute finden würde. Eins glaub' ich überall zu bemerken: Je weiter man von der Landstraße und dem größern Gewerbe der Menschen abkömmt, je mehr in den Gebirgen die Menschen beschränkt, abgeschnitten und auf die allerersten Bedürfnisse des Lebens zurückgewiesen sind, je mehr sie sich von einem einfachen, langsamen, unveränderlichen Erwerbe nähren; desto besser, willfähriger, freundlicher, uneigennütziger, gastfreier bei ihrer Armut hab' ich sie gefunden.

Friedrich Nietzsche

Wanderer und Bergsteiger

Um Mitternacht war es, da nahm Zarathustra seinen Weg über den Rücken der Insel, dass er mit dem frühen Morgen an das andre Gestade käme: denn dort wollte er zu Schiff steigen. Es gab nämlich allda eine gute Reede, an der auch fremde Schiffe gern vor Anker gingen; die nahmen manchen mit sich, der von den glückseligen Inseln über das Meer wollte. Als nun Zarathustra so den Berg hinanstieg, gedachte er unterwegs des vielen einsamen Wanderns von Jugend an, und wie viele Berge und Rücken und Gipfel er schon gestiegen sei.

Ich bin ein Wanderer und ein Bergsteiger, sagte er zu seinem Herzen, ich liebe die Ebenen nicht, und es scheint, ich kann nicht lange stillsitzen.

Und was mir nun auch noch als Schicksal und Erlebnis komme – ein Wandern wird darin sein und ein Bergsteigen: man erlebt endlich nur noch sich selber.

Die Zeit ist abgeflossen, wo mir noch Zufälle begegnen durften; und was *könnte* jetzt noch zu mir fallen, was nicht schon mein Eigen wäre!

Es kehrt nur zurück, es kommt mir endlich heim – mein eigen Selbst, und was von ihm lange in der Fremde war und zerstreut unter alle Dinge und Zufälle.

Und noch eins weiß ich: Ich stehe jetzt vor meinem letzten Gipfel und vor dem, was mir am längsten aufgespart war. Ach, meinen härtesten Weg muss ich hinan! Ach, ich begann meine einsamste Wanderung!

Wer aber meiner Art ist, der entgeht einer solchen Stunde nicht: der Stunde, die zu ihm redet: »Jetzo erst gehst du deinen Weg der Größe! Gipfel und Abgrund – das ist jetzt in eins beschlossen!

Du gehst deinen Weg der Größe: nun ist deine letzte Zuflucht worden, was bisher deine letzte Gefahr hieß!

Du gehst deinen Weg der Größe: das muss nun dein bester Mut sein, dass es hinter dir keinen Weg mehr gibt!

Du gehst deinen Weg der Größe; hier soll dir keiner nachschleichen! Dein Fuß selber löschte hinter dir den Weg aus, und über ihm steht geschrieben: Unmöglichkeit.

Und wenn dir nunmehr alle Leitern fehlen, so musst du verstehen, noch auf deinen eigenen Kopf zu steigen: wie wolltest du anders aufwärtssteigen?

Auf deinen eigenen Kopf und hinweg über dein eigenes Herz! Jetzt muss das Mildeste an dir noch zum Härtesten werden.

Wer sich stets viel geschont hat, der kränkelt zuletzt an seiner vielen Schonung. Gelobt sei, was hart macht! Ich lobe das Land nicht, wo Butter und Honig – fließt!

Von sich *absehn* lernen ist nötig, um viel zu sehn – diese Härte tut jedem Berge-Steigenden not.

Wer aber mit den Augen zudringlich ist als Erkennender, wie sollte der von allen Dingen mehr als ihre vorderen Gründe sehn!

Du aber, o Zarathustra, wolltest aller Dinge Grund schaun und Hintergrund: so musst du schon über dich selber steigen – hinan, hinauf, bis du auch deine Sterne noch *unter* dir hast!

Ja! Hinab auf mich selber sehn und noch auf meine Sterne: das erst hieße mir mein *Gipfel,* das blieb mir noch zurück als mein *letzter* Gipfel! –

Also sprach Zarathustra im Steigen zu sich, mit harten Sprüchlein sein Herz tröstend: denn er war wund am Herzen wie noch niemals zuvor. Und als er auf die Höhe des Bergrückens kam, siehe, da lag das andere Meer vor ihm ausgebreitet: und er stand still und schwieg lange. Die Nacht aber war kalt in dieser Höhe und klar und hellgestirnt.

Ich erkenne mein Los, sagte er endlich mit Trauer. Wohlan! Ich bin bereit. Eben begann meine letzte Einsamkeit.

Ach, diese schwarze traurige See unter mir! Ach, diese schwangere nächtliche Verdrossenheit! Ach, Schicksal und See! Zu euch muss ich nun *hinab*steigen!

Vor meinem höchsten Berge stehe ich und vor meiner längsten Wanderung: darum muss ich erst tiefer hinab als ich jemals stieg:

– tiefer hinab in den Schmerz, als ich jemals stieg, bis hinein in seine schwärzeste Flut! So will es mein Schicksal: Wohlan! Ich bin bereit.

Woher kommen die höchsten Berge?, so fragte ich einst. Da lernte ich, dass sie aus dem Meere kommen.

Dies Zeugnis ist in ihr Gestein geschrieben und in die Wände ihrer Gipfel. Aus dem Tiefsten muss das Höchste zu seiner Höhe kommen.

Heinrich Heine

Die Harzreise

Die Sonne ging auf. Die Nebel flohen, wie Gespenster beim dritten Hahnenschrei. Ich stieg bergauf und bergab, und vor mir schwebte die schöne Sonne, immer neue Schönheiten beleuchtend. Der Geist des Gebirges begünstigte mich ganz offenbar; er wusste wohl, dass so ein Dichtermensch viel Hübsches wiedererzählen kann, und er ließ mich diesen Morgen seinen Harz sehen, wie ihn gewiss nicht jeder sah. Aber auch mich sah der Harz, wie mich nur wenige gesehen, in meinen Augenwimpern flimmerten ebenso kostbare Perlen, wie in den Gräsern des Tals, Morgentau der Liebe feuchtete meine Wangen, die rauschenden Tannen verstanden mich, ihre Zweige taten sich voneinander, bewegten sich herauf und herab, gleich stummen Menschen, die mit den Händen ihre Freude bezeigen, und in der Ferne klang's wunderbar geheimnisvoll, wie Glockengeläute einer verlornen Waldkirche. Man sagt, das seien die Herdenglöckchen, die im Harz so lieblich, klar und rein gestimmt sind.

Nach dem Stand der Sonne war es Mittag, als ich auf eine solche Herde stieß, und der Hirt, ein freundlich blonder junger Mensch, sagte mir: der große Berg, an dessen Fuß ich stände, sei der alte, weltberühmte Brocken. Viele Stunden ringsum liegt kein Haus, und ich war froh genug, dass mich der junge Mensch einlud, mit ihm zu essen. Wir setzten uns nieder zu einem Déjeuner dînatoire, das aus Käse und Brot bestand; die Schäfchen erhaschten die Krumen, die lieben, blanken Kühlein sprangen um uns herum und klingelten schelmisch mit ihren Glöckchen und lachten uns an mit ihren großen, vergnügten Augen. Wir tafelten recht königlich.

Wir nahmen freundschaftlich Abschied, und fröhlich stieg ich den Berg hinauf. Bald empfing mich eine Waldung himmelhoher Tannen, für die ich, in jeder Hinsicht, Respekt habe. Diesen Bäumen ist nämlich das Wachsen nicht so ganz leicht gemacht worden, und sie haben es sich in der Jugend sauer werden lassen. Der Berg ist hier mit vielen großen Granitblöcken übersät, und die meisten Bäume mussten mit ihren Wurzeln diese Steine umranken oder sprengen und mühsam den Boden suchen, woraus sie Nahrung schöpfen können. Hier und da liegen die Steine, gleichsam ein Tor bildend, übereinander, und oben darauf stehen die Bäume, die nackten Wurzeln über jene Steinpforte hinziehend und erst am Fuße derselben den Boden erfassend, so dass sie in der freien Luft zu wachsen scheinen. Und doch haben sie sich zu jener gewaltigen Höhe emporgeschwungen, und mit den umklammerten Steinen wie zusammengewachsen, stehen sie fester als ihre bequemen Kollegen im zahmen Forstboden des flachen Landes. So stehen auch im Leben jene großen Männer, die durch das Überwinden früher Hemmungen und Hindernisse sich erst recht gestärkt und befestigt haben. Auf den Zweigen der Tannen kletterten Eichhörnchen und unter denselben spazierten die gelben Hirsche. Wenn ich solch ein liebes, edles Tier sehe, so kann ich nicht begreifen, wie gebildete Leute Vergnügen daran finden, es zu hetzen und zu töten. Solch ein Tier war barmherziger als die Menschen und säugte den schmachtenden Schmerzenreich der heiligen Genoveva.

Allerliebst schossen die goldenen Sonnenlichter durch das dichte Tannengrün. Eine natürliche Treppe bildeten die Baumwurzeln. Überall schwellende Moosbänke; denn die Steine sind fußhoch von den schönsten Moosarten, wie mit hellgrünen Sammetpolstern, bewachsen. Liebliche Kühle und träumerisches Quellengemurmel. Hier und da sieht man, wie das Wasser unter den Steinen silberhell hinrieselt und die nackten Baumwurzeln und Fasern bespült. Wenn man sich nach diesem Treiben hinabbeugt, so belauscht man gleichsam die geheime Bildungsgeschichte der Pflanzen und das ruhige Herzklopfen des Berges. An manchen Orten sprudelt das Wasser aus den Steinen und Wurzeln stärker hervor und bildet kleine Kaskaden. Da lässt sich gut sitzen. Es murmelt und rauscht so wunderbar, die Vögel singen abgebrochene Sehnsuchtslaute, die Bäume flüstern wie mit tausend Mädchenzungen, wie mit tausend Mädchenaugen schauen uns an die seltsamen Bergblumen, sie strecken nach uns aus die wundersam breiten, drollig gezackten Blätter, spielend flimmern hin und her die lustigen Sonnenstrahlen, die sinnigen Kräutlein erzählen sich grüne Märchen, es ist alles wie verzaubert, es wird immer heimlicher und heimlicher, ein uralter Traum wird lebendig, die Geliebte erscheint – ach, dass sie so schnell wieder verschwindet!

Je höher man den Berg hinaufsteigt, desto kürzer, zwerghafter werden die Tannen, sie scheinen immer mehr und mehr zusammenzuschrumpfen, bis nur Heidelbeer- und Rotbeersträuche und Bergkräuter übrigbleiben. Da wird es auch schon fühlbar kälter. Die wunderlichen Gruppen der Granitblöcke werden hier erst recht sichtbar; diese sind oft von erstaunlicher Größe. Das mögen wohl die Spielbälle sein, die sich die bösen Geister einander zuwerfen in der Walpurgisnacht, wenn hier die Hexen auf Besenstielen und Mistgabeln einhergeritten kommen, und die abenteuerlich verruchte Lust beginnt, wie die glaubhafte Amme es erzählt, und wie es zu schauen ist auf den hübschen Faustbildern des Meister Retzsch. Ja, ein junger Dichter, der auf einer Reise von Berlin nach Göttingen in der ersten Mainacht am Brocken vorbeiritt, bemerkte sogar, wie einige belletristische Damen auf einer Bergecke ihre ästhetische Teegesellschaft hielten, sich gemütlich die *Abendzeitung* vorlasen, ihre poetischen Ziegenböckchen, die meckernd den Teetisch umhüpften, als Universalgenies priesen und über alle Erscheinungen in der deutschen Literatur ihr Endurteil fällten; doch, als sie auch auf den ›Ratcliff‹ und ›Almansor‹ gerieten und dem Verfasser alle Frömmigkeit und Christlichkeit absprachen, da sträubte sich das Haar des jungen Mannes, Entsetzen ergriff ihn – ich gab dem Pferde die Sporen und jagte vorüber.

In der Tat, wenn man die obere Hälfte des Brockens besteigt, kann man sich nicht erwehren, an die ergötzlichen Blocksbergsgeschichten zu denken, und besonders an die große, mystische deutsche Nationaltragödie vom Doktor Faust. Mir war immer, als ob der Pferdefuß neben mir hinaufklettere und jemand humoristisch Atem schöpfe. Und ich glaube, auch Mephisto muss mit Mühe Atem holen, wenn er seinen Lieblingsberg ersteigt; es ist ein äußerst erschöpfender Weg, und ich war froh, als ich endlich das langersehnte Brockenhaus zu Gesicht bekam.

Dieses Haus, das, wie durch vielfache Abbildungen bekannt ist, bloß aus einem Rez-de-chaussée besteht und auf der Spitze des Berges liegt, wurde erst 1800 vom Grafen Stolberg-Wernigerode erbaut, für dessen Rechnung es auch, als Wirtshaus, verwaltet wird. Die Mauern sind erstaunlich dick, wegen des Windes und der Kälte im Winter: Das Dach ist niedrig, in der Mitte desselben steht eine turmartige Warte, und bei dem Hause liegen noch zwei kleine Nebengebäude, wovon das eine, in früheren Zeiten, den Brockenbesuchern zum Obdach diente.

Der Eintritt in das Brockenhaus erregte bei mir eine etwas ungewöhnliche, märchenhafte Empfindung. Man ist nach einem langen, einsamen Umhersteigen durch Tannen und Klippen plötzlich in ein Wolkenhaus versetzt; Städte, Berge und Wälder blieben unten liegen, und oben findet man eine wunderlich zusammengesetzte, fremde Gesellschaft, von welcher man, wie es an dergleichen Orten natürlich ist, fast wie ein erwarteter Genosse, halb neugierig und halb gleichgültig, empfangen wird. Ich fand das Haus voller Gäste, und wie es einem klugen Manne geziemt, dachte ich schon an die Nacht, an die Unbehaglichkeit eines Strohlagers; mit hinsterbender Stimme verlangte ich gleich Tee, und der Herr Brockenwirt war vernünftig genug, einzusehen, dass ich kranker Mensch für die Nacht ein ordentliches Bett haben müsse. Dieses verschaffte er mir in einem engen Zimmerchen, wo schon ein junger Kaufmann, ein langes Brechpulver in einem braunen Oberrock, sich etabliert hatte.

In der Wirtsstube fand ich lauter Leben und Bewegung. Studenten von verschiedenen Universitäten. Die einen sind kurz vorher angekommen und restaurieren sich, andere bereiten sich zum Abmarsch, schnüren ihre Ranzen, schreiben ihre Namen ins Gedächtnisbuch, erhalten Brockensträuße von den Hausmädchen: da wird in die Wangen gekniffen, gesungen, gesprungen, gejohlt, man fragt, man antwortet, gut Wetter, Fußweg, Prosit, Adieu. Einige der Abgehenden sind auch etwas angesoffen, und diese haben von der schönen Aussicht einen doppelten Genuss, da ein Betrunkener alles doppelt sieht.

Nachdem ich mich ziemlich rekreiert, bestieg ich die Turmwarte und fand daselbst einen kleinen Herrn mit zwei Damen, einer jungen und einer ältlichen. Die junge Dame war sehr schön. Eine herrliche Gestalt, auf dem lockigen Haupte ein helmartiger, schwarzer Atlashut, mit dessen weißen Federn die Winde spielten, die schlanken Glieder von einem schwarzseidenen Mantel so fest umschlossen, dass die edlen Formen hervortraten, und das freie, große Auge ruhig hinabschauend in die freie, große Welt.

Als ich noch ein Knabe war, dachte ich an nichts als an Zauber- und Wundergeschichten, und jede schöne Dame, die Straußfedern auf dem Kopfe trug, hielt ich für eine Elfenkönigin, und bemerkte ich gar, dass die Schleppe ihres Kleides nass war, so hielt ich sie für eine Wassernixe. Jetzt denke ich anders, seit ich aus der Naturgeschichte weiß, dass jene symbolischen Federn von dem dümmsten Vogel herkommen, und dass die Schleppe eines Damenkleides auf sehr natürliche Weise nass werden kann. Hätte ich mit jenen Knabenaugen die erwähnte junge Schöne, in erwähnter Stellung, auf dem Brocken gesehen, so würde ich sicher gedacht haben: Das ist die Fee des Berges, und sie hat eben den Zauber ausgesprochen, wodurch dort unten alles so wunderbar erscheint. Ja, in hohem Grade wunderbar erscheint uns alles beim ersten Hinabschauen vom Brocken, alle Seiten unseres Geistes empfangen neue Eindrücke, und diese, meistens verschiedenartig, sogar sich widersprechend, verbinden sich in unserer Seele zu einem großen, noch unentworrenen, unverstandenen Gefühl. Gelingt es uns, dieses Gefühl in seinem Begriffe zu erfassen, so erkennen wir den Charakter des Berges. Dieser Charakter ist ganz deutsch, sowohl in Hinsicht seiner Fehler als auch seiner Vorzüge. Der Brocken ist ein Deutscher. Mit deutscher Gründlichkeit zeigt er uns, klar und deutlich, wie ein Riesenpanorama, die vielen hundert Städte, Städtchen und Dörfer, die meistens nördlich liegen, und ringsum alle Berge, Wälder, Flüsse, Flächen, unendlich weit. Aber eben dadurch erscheint alles wie eine scharfgezeichnete, rein illuminierte Spezialkarte, nirgends wird das Auge durch eigentlich schöne Landschaften erfreut; wie es denn immer geschieht, dass wir deutschen Kompilatoren, wegen der ehrlichen Genauigkeit, womit wir alles und alles hingeben wollen, nie daran denken können, das Einzelne auf eine schöne Weise zu geben. Der Berg hat auch so etwas Deutschruhiges, Verständiges, Tolerantes; eben weil er die Dinge so weit und klar überschauen kann. Und wenn solch ein Berg seine Riesenaugen öffnet, mag er wohl noch etwas mehr sehen als wir Zwerge, die wir mit unsern blöden Äuglein auf ihm herumklettern. Viele wollen zwar behaupten, der Brocken sei sehr philiströse, und Claudius sang: »Der Blocksberg ist der lange Herr Philister!« Aber das ist Irrtum. Durch seinen Kahlkopf, den er zuweilen mit einer weißen Nebelkappe bedeckt, gibt er sich zwar einen Anstrich von Philiströsität; aber, wie bei manchen andern großen Deutschen, geschieht es aus purer Ironie. Es ist sogar notorisch, dass der Brocken seine burschikosen, phantastischen Zeiten hat, z. B. die erste Mainacht. Dann wirft er seine Nebelkappe jubelnd in die Lüfte und wird, ebenso gut wie wir übrigen, recht echtdeutsch romantisch verrückt.

Ich suchte gleich die schöne Dame in ein Gespräch zu verflechten: Denn Naturschönheiten genießt man erst recht, wenn man sich auf der Stelle darüber aussprechen kann. Sie war nicht geistreich, aber aufmerksam sinnig. Wahrhaft vornehme Formen. Ich meine nicht die gewöhnliche, steife, negative Vornehmheit, die genau weiß, was unterlassen werden muss; sondern jene seltnere, freie, positive Vornehmheit, die uns genau sagt, was wir tun dürfen, und die uns, bei aller Unbefangenheit, die höchste gesellige Sicherheit gibt. Ich entwickelte, zu meiner eigenen Verwunderung, viele geographische Kenntnisse, nannte der wissbegierigen Schönen alle Namen der Städte, die vor uns lagen, suchte und zeigte ihr dieselben auf meiner Landkarte, die ich über den Steintisch, der in der Mitte der Turmplatte steht, mit echter Dozentenmiene ausbreitete. Manche Stadt konnte ich nicht finden, vielleicht weil ich mehr mit den Fingern suchte als mit den Augen, die sich unterdessen auf dem Gesichte der holden Dame orientierten, und dort schönere Partien fanden als ›Schierke‹ und ›Elend‹. Dieses Gesicht gehörte zu denen, die nie reizen, selten entzücken, und immer gefallen. Ich liebe solche Gesichter, weil sie mein schlimmbewegtes Herz zur Ruhe lächeln.

In welchem Verhältnis der kleine Herr, der die Damen begleitete, zu denselben stehen mochte, konnte ich nicht erraten. Es war eine dünne, merkwürdige Figur. Ein Köpfchen, sparsam bedeckt mit grauen Härchen, die über die kurze Stirn bis an die grünlichen Libellenaugen reichten, die runde Nase weit hervortretend, dagegen Mund und Kinn sich wieder ängstlich nach den Ohren zurückziehend. Dieses Gesichtchen schien aus einem zarten, gelblichen Tone zu bestehen, woraus die Bildhauer ihre ersten Modelle kneten; und wenn die schmalen Lippen zusammenkniffen, zogen sich über die Wangen einige tausend halbkreisartige, feine Fältchen. Der kleine Mann sprach kein Wort, und nur dann und wann, wenn die ältere Dame ihm etwas Freundliches zuflüsterte, lächelte er wie ein Mops, der den Schnupfen hat.

Jene ältere Dame war die Mutter der jüngeren, und auch sie besaß die vornehmsten Formen. Ihr Auge verriet einen krankhaft schwärmerischen Tiefsinn, um ihren Mund lag strenge Frömmigkeit, doch schien mir's, als ob er einst sehr schön gewesen sei und viel gelacht und viele Küsse empfangen und viele erwidert habe. Ihr Gesicht glich einem Codex palimpsestus, wo, unter der neuschwarzen Mönchsschrift eines Kirchenvatertextes, die halberloschenen Verse eines altgriechischen Liebesdichters hervorlauschen. Beide Damen waren mit ihrem Begleiter dieses Jahr in Italien gewesen, und erzählten mir allerlei Schönes von Rom, Florenz und Venedig. Die Mutter erzählte viel von den Raffael'schen Bildern in der Peterskirche; die Tochter sprach mehr von der Oper im Theater Fenice.

Derweilen wir sprachen, begann es zu dämmern: Die Luft wurde noch kälter, die Sonne neigte sich tiefer, und die Turmplatte füllte sich mit Studenten, Handwerksburschen und einigen ehrsamen Bürgerleuten, samt deren Ehefrauen und Töchtern, die alle den Sonnenuntergang sehen wollten. Es ist ein erhabener Anblick, der die Seele zum Gebet stimmt. Wohl eine Viertelstunde standen alle ernsthaft schweigend und sahen, wie der schöne Feuerball im Westen allmählich versank; die Gesichter wurden vom Abendrot angestrahlt, die Hände falteten sich unwillkürlich; es war, als ständen wir, eine stille Gemeinde, im Schiffe eines Riesendoms, und der Priester erhöhe jetzt den Leib des Herrn, und von der Orgel herab ergösse sich Palestrinas ewiger Choral.

Während ich so in Andacht versunken stehe, höre ich, dass neben mir jemand ausruft: »Wie ist die Natur doch im Allgemeinen so schön!«

Thomas Mann

Höhenluft

Jetzt pass auf!« waren seine ersten Worte, als Joachim morgens in sein Zimmer trat. »Ich sehe, dass es mit mir nicht so weitergeht. Ich habe die horizontale Lebensweise nun satt – das Blut schläft einem ja dabei ein. Mit dir ist es selbstverständlich was anderes, du bist Patient, dich will ich durchaus nicht verführen. Aber ich will nun mal gleich nach dem Frühstück einen ordentlichen Spaziergang unternehmen, wenn du es mir nicht übelnimmst, so ein paar Stunden aufs Geratewohl in die Welt hinein. Ich stecke mir einen Bissen zum Frühstück in die Tasche, dann bin ich unabhängig. Wir wollen doch sehen, ob ich nicht ein anderer Kerl bin, wenn ich nach Hause komme.«

»Schön!«, sagte Joachim, da er sah, dass es dem anderen ernst war mit seinem Begehren und Vorsatz. »Aber übertreibe es nicht, das rate ich dir. Es ist hier anders als wie zu Hause. Und dann sei pünktlich zum Vortrag zurück!«

In Wirklichkeit waren es noch andere Gründe als nur der körperliche, die dem jungen Hans Castorp sein Vorhaben eingegeben hatten. Ihm war, als ob an seinem hitzigen Kopf, dem schlechten Geschmack, den er meistens im Mund hatte, und dem willkürlichen Klopfen seines Herzens viel weniger die Schwierigkeiten der Akklimatisation schuld seien, als solche Dinge wie das Treiben des russischen Ehepaares nebenan, die Reden der kranken und dummen Frau Stöhr bei Tische, des Herrenreiters weicher Husten, den er täglich auf den Korridoren vernahm, die Äußerungen Herrn Albins, die Eindrücke, die er von den Verkehrssitten der leidenden Jugend empfangen hatte, der Gesichtsausdruck Joachims, wenn er Marusja betrachtete, und dergleichen Wahrnehmungen mehr. Er dachte, es müsse gut sein, dem Bannkreise des Berghofes einmal zu entkommen, im Freien tief aufzuatmen und sich tüchtig zu rühren, um, wenn man abends müde war, doch wenigstens zu wissen, warum. Und so trennte er sich denn unternehmend von Joachim, als dieser nach dem Frühstück seinen dienstlich abgemessenen Lustwandel nach der Bank an der Wasserrinne antrat, und marschierte stockschwenkend die Fahrstraße hinab seine eigenen Wege.

Es war ein kühler, bedeckter Morgen – gegen halb neun Uhr. Wie er es sich vorgenommen, atmete Hans Castorp tief die reine Frühluft, diese frische und leichte Atmosphäre, die mühelos einging und ohne Feuchtigkeitsduft, ohne Gehalt, ohne Erinnerungen war ... Er überschritt den Wasserlauf und das Schmalspurgeleise, gelangte auf die unregelmäßig bebaute Straße, verließ sie gleich wieder und schlug einen Wiesenpfad ein, der nur ein kurzes Stück zu ebener Erde lief und dann schräg hin und ziemlich steil den rechtsseitigen Hang emporführte. Das Steigen freute Hans Castorp, seine Brust weitete sich, er schob mit der Stockkrücke den Hut aus der Stirn, und als er, aus einiger Höhe zurückblickend, in der Ferne den Spiegel des Sees gewahrte, an dem er auf der Herreise vorübergekommen war, begann er zu singen.

Er sang die Stücke, über die er eben verfügte, allerlei volkstümlich empfindsame Lieder, wie sie in Kommers- und Turnliederbüchern stehen, unter anderem eines, worin die Zeilen vorkamen:

> Die Barden sollen Lieb' und Wein,
> Doch öfter Tugend preisen –

sang sie anfangs leise und summend, dann laut und aus ganzer Kraft. Sein Bariton war spröde, aber heute fand er ihn schön, und das Singen begeisterte ihn mehr und mehr. Hatte er zu hoch eingesetzt, so verlegte er sich auf fistelnde Kopftöne, und auch diese erschienen ihm schön. Wenn sein Gedächtnis ihn im Stiche ließ, so half er sich damit, dass er der Melodie irgendwelche sinnlose Silben und Worte unterlegte, die er nach Art der Kunstsänger formenden Mundes und mit prunkendem Gaumen-r in die Lüfte sandte, und ging schließlich dazu über, sowohl was den Text als auch was die Töne betraf, nur noch zu phantasieren und seine Produktion sogar mit opernhaften Armbewegungen zu begleiten. Da es sehr anstrengend ist, zugleich zu steigen und zu singen, so wurde ihm bald der Atem knapp und fehlte ihm immer mehr. Aber aus Idealismus, um der Schönheit des Gesanges willen, bezwang er die Not und gab unter häufigen Seufzern sein Letztes her, bis er sich endlich in äußerster Kurzluftigkeit, blind, nur ein farbiges Flimmern vor Augen und mit fliegenden Pulsen unter einer dicken Kiefer niedersinken ließ – nach so großer Erhebung plötzlich die Beute durchgreifender Verstimmung, eines Katzenjammers, der an Verzweiflung grenzte.

Als er mit leidlich wieder befestigten Nerven sich aufmachte, um seinen Spaziergang fortzusetzen, zitterte sein Genick sehr lebhaft, sodass er bei so jungen Jahren genau auf dieselbe Weise mit dem Kopfe wackelte, wie der alte Hans Lorenz Castorp es dereinst getan hatte. Er selbst fand sich durch die Erscheinung an seinen verstorbenen Großvater herzlich erinnert, und ohne sie als widerwärtig zu empfinden, gefiel er sich darin, die ehrwürdige Kinnstütze nachzuahmen, womit der Alte dem Kopfzittern zu steuern gesucht und die dem Knaben einst so zugesagt hatte.

Er stieg noch höher, in Serpentinen. Kuhglockengeläut zog ihn an, und er fand auch die Herde; sie graste in der Nähe einer Blockhütte, deren Dach mit Steinen beschwert war. Zwei bärtige Männer kamen ihm entgegen, mit Äxten auf den Schultern, und trennten sich, als sie nahe herangekommen. »Nun, so leb' wohl und hab' Dank!«, sagte der eine zum andern mit tiefer, gaumiger Stimme, legte seine Axt auf die andere Schulter und begann ohne Weg und mit knackenden Tritten zwischen den Fichten zu Tal zu schreiten. Es hatte so sonderbar in der Einsamkeit geklungen, dieses »Leb' wohl und hab' Dank«, und träumerisch Hans Castorps vom Steigen und Singen benommenen Sinn berührt. Er sprach es leise nach, indem er sich bemühte, die gutturale und feierlich-unbeholfene Mundart des Gebirglers nachzuahmen, und stieg noch ein Stück über die Almhütte hinaus, da es ihm darum zu tun war, die Baumgrenze zu erreichen; doch ließ er nach einem Blick auf die Uhr von diesem Vorhaben ab.

Er folgte linkshin, in der Richtung gegen den Ort, einem Pfade, der eben lief und dann abwärts führte. Hochstämmiger Nadelwald nahm ihn auf, und indem er ihn durchwanderte, begann er sogar wieder ein wenig zu singen, wenn auch mit Vorsicht und obgleich seine Knie beim Abstiege noch befremdlicher zitterten als vorher. Aber aus dem Gehölz hervortretend, stand er überrascht vor einer prächtigen Szenerie, die sich ihm öffnete, einer intim geschlossenen Landschaft von friedlich-großartiger Bildmäßigkeit.

In flachem, steinigem Bett kam ein Bergwasser die rechtsseitige Höhe herab, ergoss sich schäumend über terrassenförmig gelagerte Blöcke und floss dann ruhiger gegen das Tal hin weiter, von einem Stege mit schlicht gezimmertem Geländer malerisch überbrückt. Der Grund war blau von den Glockenblüten einer staudenartigen Pflanze, die überall wucherte. Ernste Fichten, riesig und ebenmäßig von Wuchs, standen einzeln und in Gruppen auf dem Boden der Schlucht sowie die Höhen hinan, und eine davon, zur Seite des Wildbaches schräg im Gehänge wurzelnd, ragte schief und bizarr in das Bild hinein. Rauschende Abgeschiedenheit waltete über dem schönen, einsamen Ort. Jenseits des Baches bemerkte Hans Castorp eine Ruhebank.

Er überschritt den Steg und setzte sich, um sich vom Anblick des Wassersturzes, des treibenden Schaums unterhalten zu lassen, dem idyllisch gesprächigen, einförmigen und doch innerlich abwechslungsvollen Geräusche zu lauschen; denn rauschendes Wasser liebte Hans Castorp ebenso sehr wie Musik, ja vielleicht noch mehr. Aber kaum hatte er sich's bequem gemacht, als ein Nasenbluten ihn so plötzlich befiel, dass er seinen Anzug nicht ganz vor Verunreinigung schützen konnte. Die Blutung war heftig, hartnäckig und machte ihm wohl eine halbe Stunde lang zu schaffen, indem sie ihn zwang, beständig zwischen Bach und Bank hin und her zu laufen, sein Schnupftuch zu spülen, Wasser aufzuschnauben und sich wieder flach auf den Brettersitz hinzustrecken, das feuchte Tuch auf der Nase. So blieb er liegen, als endlich das Blut versiegte – lag still, die Hände hinter dem Kopf verschränkt, mit hochgezogenen Knien, die Augen geschlossen, die Ohren erfüllt vom Rauschen, nicht unwohl, eher besänftigt vom reichlichen Aderlass und in einem Zustande sonderbar herabgesetzter Lebenstätigkeit; denn wenn er ausgeatmet hatte, fühlte er lange kein Bedürfnis, neue Luft einzuholen, sondern ließ mit stillgestelltem Leibe ruhig sein Herz eine Reihe von Schlägen tun, bis er spät und träge wieder einen oberflächlichen Atemzug aufnahm.

Marcel Proust

Leibhaftige Gegenwart

Wir haben uns im Engadin geliebt, in einem einsamen Dorf mit zweifach zärtlichem Namen: er ließ das verträumte Raunen deutscher Laute in der Sinnlichkeit italienischer Silben aufgehen. Ringsum lagen drei Seen, deren ungeahntes Grün sich vor Tannenwäldern ausbreitete. Gletscher und Bergspitzen schlossen den Horizont ab. Am Abend steigerte die Vielfalt der Landschaft den Liebreiz des Lichts. Werden wir jemals die Spaziergänge am Ufer des Sees von Sils-Maria vergessen, wenn der Nachmittag sich neigte, um sechs Uhr? Die Lärchen in ihrer tiefschwarzen Gelassenheit am Rande des blendenden Schnees reckten ihre zartgrün leuchtenden Äste dem blassblauen, fast malvenfarbenen Wasser entgegen. An einem dieser Abende war uns die Stunde besonders gewogen: innerhalb weniger Augenblicke ließ die untergehende Sonne das Wasser alle Tönungen und unsere Seele alle Wonnen auskosten. Unvermittelt wandten wir uns zum Ufer, wo wir soeben einen kleinen rosa Schmetterling erblickt hatten, dann zwei, dann fünf, die die Blumen verließen und über dem See herumflatterten. Bald schienen sie wie feiner rosa Staub davongetragen zu werden, dann schwebten sie auf die Blumen am gegenüberliegenden Ufer zu, kehrten zurück, setzten sanft zu einer erneuten wagemutigen Überquerung an und hielten bisweilen wie verzaubert inne über diesem kostbar getönten See, der einer großen welkenden Blüte glich. Es war unfasslich, und unsere Augen füllten sich mit Tränen. Mit ihrem Dahinschweben über den See glitten diese kleinen Schmetterlinge über unsere von so viel Schönheit ergriffene Seele, deren Saiten zu erklingen bereit waren, wie ein wollüstiger Bogen hin und zurück. Ihr zartes Flattern streifte das Wasser nicht, berührte aber unsere Augen, unsere Herzen, und mit jedem Schlag ihrer kleinen rosa Flügel schwanden uns beinahe die Sinne. Als wir sie vom anderen Ufer zurückkommen sahen und gewahr wurden, dass ihre freie Bewegung über dem Wasser ein Spiel war, erklang für uns eine köstliche Harmonie; sie aber kehrten derweil auf tausend kapriziösen Umwegen zurück, die den schlichten Gleichklang variierten und eine Melodie von bezaubernder Phantasie entwarfen. Unsere Seele, die nun mitschwang, vernahm in ihrem lautlosen Flug eine Musik voller Verzauberung und Freiheit, und all die sanften und kräftigen Harmonien des Sees, der Wälder, des Himmels und unseres eigenen Lebens begleiteten sie mit einer magischen Zärtlichkeit, die uns in Tränen ausbrechen ließ.

Ich hatte nie mit dir gesprochen, und du warst meinen Augen sogar sehr fern in jenem Jahr. Aber was haben wir uns damals im Engadin geliebt! Nie hatte ich genug von dir, nie ließ ich dich daheim zurück. Du begleitetest mich auf meinen Wanderungen, aßest an meinem Tisch, schliefst in meinem Bett, träumtest in meiner Seele. Eines Tages – kann es sein, dass ein sicherer Instinkt, dieser geheimnisvolle Bote, dir nichts verraten haben sollte von diesen Kindereien, in die du so eng verwickelt warst, die du erlebt hast, wirklich miterlebt, so sehr warst du in mir »leibhaftige Gegenwart«? – eines Tages (beide hatten wir Italien noch nie gesehen) erlagen wir der Faszination dessen, was man von Alp Grüm sagt: »Von dort aus kann man bis nach Italien blicken.« Wir brachen nach Alp Grüm auf und stellten uns vor, dass in dem Panorama, das sich vor dem Gipfel ausbreitet, die wirkliche und harte Landschaft dort, wo Italien anfängt, plötzlich enden und in traumhafter Tiefe ein ganz blaues Tal sich öffnen würde. Unterwegs riefen wir uns in Erinnerung, dass eine Grenze den Boden nicht ändert, und selbst wenn er sich veränderte, dann jedenfalls so unmerklich, dass wir es nicht in dieser Weise, nicht auf den ersten Blick bemerken würden. Wir waren ein wenig enttäuscht, lachten aber darüber, eben noch so kindisch gewesen zu sein.

Doch als wir am Gipfel anlangten, waren wir wie geblendet. Unsere kindliche Vorstellung wurde vor unseren Augen wahr. Neben uns funkelten Gletscher. Zu unseren Füßen durchzogen Gebirgsbäche die zerklüftete Landschaft des Engadin mit dunklem Grün. Dann ein etwas geheimnisvoller Hügel, hinter dem malvenfarbene Hänge den Blick auf einen wirklich blauen Landstrich abwechselnd freigaben und wieder schlossen, wie auf eine gleißende Prachtstraße nach Italien. Die Namen waren hier nicht mehr die gleichen und fügten sich sogleich in diese neue Sanftheit ein. Man zeigte uns den See von Poschiavo, den Pizzo di Verona, das Violatal. Dann kamen wir in eine überaus schroffe und einsame Gegend, in der die abweisende Natur und die Gewissheit, für jedermann unnahbar und zugleich unsichtbar, ja unbesiegbar zu sein, die Lust, sich dort zu lieben, zum Delirium hätte steigern können. Nun überkam mich vollends die Trauer, dich nicht in körperlicher Gestalt bei mir zu haben, leibhaftiger als nur im Gewand meiner Sehnsucht, in der Realität meines Verlangens. Ich stieg ein wenig hinab bis zu jener noch immer recht hoch gelegenen Stelle, die die Reisenden aufsuchen, um den Ausblick zu genießen. Dort liegt in einer abgelegenen Berghütte ein Buch aus, in das sie ihre Namen schreiben. Ich trug meinen ein und setzte eine Kombination von Buchstaben daneben, die eine Anspielung auf den deinen ist, denn ich konnte in diesem Augenblick nicht umhin, einen greifbaren Beweis für die Wirklichkeit deiner geistigen Nähe zu hinterlassen. Ein wenig von dir in dieses Buch zu setzen erschien mir, als befreite ich mich damit um ebenso viel von der erdrückenden Last, mit der du meine Seele ersticktest. Auch hatte ich die vermessene Hoffnung, dich eines Tages dorthin führen zu können und diese Zeile lesen zu lassen; anschließend würdest du mit mir noch höher hinaufsteigen, um mich für all diese Traurigkeit zu entschädigen. Ohne dir etwas sagen zu müssen, hättest du alles verstanden oder dich vielmehr an alles erinnert; beim Aufstieg hättest du dich hingegeben, dich ein wenig auf mich gestützt, um mich deutlicher spüren zu lassen, dass du diesmal wahrhaftig da warst, und ich würde zwischen deinen Lippen, die den leichten Duft deiner Orientzigaretten bewahren, das absolute Vergessen finden. Wir würden lauthals sinnlose Worte rufen, im Hochgefühl, zu schreien, ohne dass uns jemand aus der Ferne würde hören können; allein die kurzen Gräser hätten im leichten Höhenwind gezittert. Der Aufstieg hätte deine Schritte verlangsamt, dich schwerer atmen lassen, und mein

Gesicht würde sich dir nähern, um deinen Atem zu spüren: wir wären von Sinnen. Wir würden auch dorthin gehen, wo ein weißer See gleich neben einem anmutigen schwarzen See liegt wie eine weiße Perle neben einer schwarzen. Was hätten wir uns in einem abgelegenen Nest im Engadin geliebt! Nur die Bergführer hätten wir in unsere Nähe kommen lassen, diese so großen Männer, deren Augen etwas anderes widerspiegeln als die Augen der übrigen Menschen, als wären auch sie aus einem anderen »Wasser«. Aber ich kümmere mich schon nicht mehr um dich. Die Sättigung ist dem Besitz zuvorgekommen. Auch der platonischen Liebe sind Erfüllung und Überdruss nicht fremd. Ich möchte dich nicht mehr in dieses Land entführen, das du mir, ohne es zu begreifen oder auch nur zu kennen, mit einer so bewegenden Genauigkeit in Erinnerung rufst. Dein Anblick hat für mich nur noch einen Zauber, nämlich den, mich sogleich an diese Namen von eigenartiger – deutscher und italienischer – Sanftmut zu erinnern: Sils-Maria, Silva Plana, Crestalta, Samaden, Celerina, Julierpass, Violatal.

Max Frisch

Über die Alpen

Als ich vor einer Woche meinen Rucksack packte und nach dem Glarnerland aufbrach, habe ich kaum gedacht, dass ich die Alpen überwandern und bis Locarno kommen würde –

Nun, ich habe wirklich Glück gehabt: sechs wolkenlose Tage, und dagegen zählt das kleine Missgeschick wenig, das ich schon am ersten Wandertag habe, im obersten Sandtal gerade am Fuße des Tödi, wo ich einmal in den Bach plumpste, und zwar bis zur Hüfte. Das kommt vor. Man trocknet eben die Hosen und Strümpfe wieder. Aber wie, wenn die liebe Sonne gerade im gleichen Augenblick hinter den Bergen versinkt? Ich will nicht in nassen Kleidern im Freien übernachten, ich renne barfuß den nächsten Hang empor, um nochmals die Sonne einzuholen, was mir denn auch gelingt. Aber jedes Mal, wenn ich meine tropfenden Kleider ausgelegt habe, kommen auch die verteufelten Schatten wieder und jagen mich immer noch weiter, und so wird es denn ein verzweifelter Wettlauf mit dem sinkenden Tag, den ich natürlich verliere. Denn ich lasse mich von diesen Schatten nicht auf den Tödi hetzen, dazu barfuß und geradezu über die Nordwand; das sind mir meine Socken nicht wert, und so bleibe ich endlich auf einem Felsen stehen, freue mich nun an einem Murmeltier, das mich offenbar noch nicht gehört hat und kaum fünf Schritte vor mir sitzt, und erst als es mit einem entsetzten Pfiff verschwindet, da schlüpfe ich wieder in mein nasskaltes Zeug.

Inzwischen ist das ganze Sandtal in Schatten getaucht, und in der Tiefe ballen sich auch schon die grauen Nebel, immer neue; als habe man den Deckel von einer Pfanne genommen, wo eben Kartoffeln gesotten werden.

Dann ist es übrigens merkwürdig: Je abendlicher es wird, umso lieber kehren wir auf die sicheren Pfade zurück, die wir eben noch in jugendlichem Eigensinn verschmäht haben, weil sie allgemein und ausgetrottet sind; ja, am Ende ist man zufrieden, wenn man sie überhaupt noch findet, und benützt nun dankbar die Brücken, die schon da sind …

Um sechs Uhr ist alles eingenebelt, ein Weitergehen nicht anzuraten, und so schlage ich denn mein Zelt auf, wo ich eben stehe. Das ist auf zweitausend Metern, wo man die Pflöcke nur mühsam in den steinigen Boden bringt. Aber nach einer Viertelstunde ist alles aufgebaut und behaglich eingerichtet; ich schlüpfe hinein, und als auch der Tee schon leise summt, sind die Nebel auf einmal wieder weg, und es wird noch ein klarer und herrlicher Abend. Ich strecke den Kopf aus dem Geborgenen und schaue auf den nahen Gletscher und denke, dass sie nun in Zürich, wenn sie aus dem Geschäft kommen und über die Brücken gehen, auch an diese Wand sehen, die gerade vor meinem Zelt steht, an diese ungeheure Nordwand des Tödi. In Zürich haben sie um diese Stunde noch Sonne, und ich denke nicht ohne Neid daran; denn hier, wo ich in nassen Kleidern liege, schleicht schon die feuchte Nacht um mein Zelt und um den Herd, der einen zuckenden Feuerschein wirft. Als ich endlich meinen Tee geschlürft und wieder neues Wasser aufgestellt habe, falls ich in der Nacht friere und mich mit heißer Suppe unterhalten muss, da ist die Wand noch immer voll blutender Sonne, und man lässt seinen Blick nicht mehr von diesen zerschundenen Felsen, die wie gotischer Zierrat sich in den Himmel türmen, immer höher und schlanker und noch höher. Es wundert mich nicht mehr, dass es ein Pater gewesen ist, der zum ersten Male diesen Berg bestiegen hat. Aber nun wird es sehr einsam um das glühende Kliff, das noch immer aus der steigenden Schattenflut der Nacht ragt, und man möchte nicht in solcher Wand stehen, so herrlich es auch in diesem Augenblick noch sein müsste; wie Kohlen brennen die Felsen, und es ist, als wolle der Berg sich verschmelzen. Aber das ändert ja alles sehr rasch; schon zeigt es sich, dass es nur eine Glut der Oberfläche ist, und nun scheint es, als sei der Fels verkupfert, und dann ist es bloß noch ein matter Rost …

In wenigen Atemzügen ist alles erloschen. Wie eine Schlanke steht der Berg, und aschgrau ist der ganze Kessel des Tales, wo man bloß noch das Rauschen der Wasser hört, die über Felsen stürzen, ein Rauschen ohne Ende. Am hohen und klaren Himmel aber, der seinen Glanz bloß verdunkelt und nicht verliert, sickern bereits die ersten Sterne herein, so funkelnd in dieser lichterlosen Nacht.

Am andern Tag geht es über den Sandpass, der ins Bündnerland führt, und als ich gegen Mittag den grünen und gischtenden Rhein überschreite, ist es wieder sehr heiß; aber die Bauern scheinen froh, dass es Sommer wird, und in allen Feldern arbeiten sie am Emd, das sie verzetteln oder schon auf Wagen laden, und es hat immer einen beinahe feierlichen Reiz, wenn Menschen in den Feldern stehen. Da und dort steht auch noch das blassblonde Korn, und auf der Landstraße ist es staubig, dass man nach jedem Wagen das Gesicht verdecken muss.

Auf der Greina oben, die ich in steilem Anstieg erreichte, treffe ich drei Männer, die ihre großen Säcke mit Enzianwurzeln gefüllt haben; sie erklären mir, was sie daraus machen, und lachen dabei verschmitzt. Dann gehen sie weiter auf dem verwegenen Felsweg, der über eine herrliche Schlucht führt, und der Staub, den ihre Schuhe aufwirbeln, schleiert über den Abgrund hinaus, wo er in der Abendsonne manchmal wie glühender Rauch ausschaut. Im Tal von Somvix ist schon der graublaue Schattendunst, und darüber wird der Raum so klar; wieder sehe ich den fernen Tödi, nun von der andern Seite, und dann ist es immer erfreulich, wenn man auf einer Höhe steht und sehen kann, dass man vorwärtskommt …

Viele kleine Schritte machen eben dennoch einen großen Weg, und als mich wieder ein nächster Abend überholt, da bin ich schon drunten im Tessin, da habe ich bereits vom roten Wein getrunken und einer schwarzen Donna nachgestaunt – noch lange halte ich verschämt meinen Stoppelbart und weiß nicht, ist es der Wein oder das Weib, was mich also verblüfft, oder nur mein Stoppelbart?

Es ist zwischen Olivone und Aquila, und wieder habe ich für mein Zelt einen Platz, der einem Herrenhaus nicht übel anstünde; man sehe diese grüne Terrasse über dem Fluss, die von Büschen und Erlen umstellt ist, und diesen freien Ausblick ins Tal! Ich frage den Mäher, ob er irgendwas gegen mein Zelt habe, und da nickt er heftig und will mir Milch bringen. Wir verstehen uns also nicht, aber wir sind uns einig. Ich lasse ihn später ins Zelt schauen, und er nimmt die Mütze ab, da er sich hineinbückt. Als alles getan ist, lade ich ihn zu einer Zigarette ein, sozusagen auf meine Terrasse hinaus. Aus dem Tal bimmeln die Glocken, und ich sage ihm, dass ich von Zurigo komme, und er weiß, dass Zurigo eine Stadt des Handels ist. Ein anderes Mal, als wir uns wieder nicht verstehen, lächeln wir bloß, als wollten wir sagen, es komme ja nicht auf Worte an.

Unterdessen dämmert es um die fernen und harten Berge, deren Farbe nun einem Pfirsich gleicht; es ist, als verlören sie ihr körperliches Gewicht und seien nur noch auf den Himmel gemalt, auf die tiefe und violette Nacht, wo nun auch der Vollmond erschient; silberblass und groß und einsam schwebt er über das Tal hinaus. In den Erlen rieselt das Laub wie ein glänzender Schleier. Endlich spicken wir unsere Zigaretten weg, die noch einmal aufglimmen und verlöschen in der Nacht …

Am andern Tag, es ist gerade Sonntag, komme ich durch ein Dorf, wo offenbar ein großes Fest ist; in Blumenschrift hängt es über der Straße: Ave Maria. Es ist mit einer kindlichen und rührenden Mühe geflochten. Auch alle Fenster sind bekränzt, die Steinplatten vor den Türen ausgelegt mit Moos, ein dunkelgrüner Teppich, wo es wieder mit weißen Blumen heißt: Ave Regina Salve. Und von andern Dörfern kommen die Bäuerinnen, ganze Gruppen, mit ihren Kindern im Arm. Es ist ein glühender und windloser Mittag, schlaff hängen die Fahnen vom schlanken Campanile. Sogar der Brunnen, wo ich trinke, ist festlich verziert, und man freut sich, wie alle, auch die ärmsten Häuser, mitmachen.

Es ist dunkel, als ich in Bellinzona aus der Bahn steige und wieder weiterwandere; wie ein weißer Kreidestrich führt meine Straße in die große Ebene hinaus, und in den Sümpfen pfeifen die Brachvögel, in den Wiesen zirpen die Grillen, und so surrt und singt die ganze Sommernacht, und dieses Mal steht der Mond über hohen und weiten Maisfeldern, deren Flut ganz leise wogt und glänzt …

Es ist meine letzte Nacht im Freien. Wie bedaure ich das; denn im Freien, wo dich die vielgenannten Hähne wecken oder das erste Licht, das den Nebel über der Wiese wieder grau macht, ist immer ein gutes und gesundes Erwachen, ein dankbares Erwachen. Da gibt es nicht die trostlose Frage: Wozu wieder aufstehen, wozu dies alles? Denn alles ist froh, dass wieder ein Tag geschenkt ist, und alles hat wieder eine frische Farbe, und auch der Wanderer ist guten Mutes, der um diese Stunde aufbricht, wenn es sich in den Bauernhöfen rührt und die Sonne langsam ihre ersten Strahlen schickt. Eben treffen sie die Ebene wie ein schräges Bündel gläserner Speere.

Gegen acht Uhr erreichte ich Locarno. – Nun bin ich eine Woche nicht mehr aus den Kleidern gekommen, und wie gerne werfe ich mich nun in den glitzernden See, in dieses klare, weiche und immer frische Gewand des Wassers, das unsere schwimmenden Glieder so kantenlos umfängt! Noch kann ich es kaum fassen, dass es ein Dasein ohne Rucksack gibt, und mich dünkt, noch nie habe ich das Baden so genossen wie eben jetzt, da es die lange Sehnsucht heißer Wandertage erfüllt.

Patricia Highsmith

Nichts Auffallendes

Helene war keine auffallende Erscheinung. Sie war ein bisschen größer als der weibliche Durchschnitt, einsneunundsechzig, und vielleicht auch attraktiver, aber außergewöhnlich war sie nicht. Ihre Augen wirkten manchmal blau und manchmal grau. Das dunkle, rötlich-braune Haar trug sie in der Mitte gescheitelt und im Nacken zu einem kleinen Knoten geschlungen, der freilich höchstens fünf Minuten hielt, wenn sie sich morgens oder nach dem Bad vor dem Abendessen frisiert hatte. Ihre Lippen waren ein wenig dünn, doch wenn sie lächelte, ließen die stark aufwärts gebogenen Mundwinkel das Lächeln strahlender erscheinen. Ihre Nase war schmal und gerade bis zur Spitze, die jäh nach oben strebte. Helene fand ihre Nase grotesk und hielt sie für ihren größten Makel. Sie war weder gertenschlank noch pummelig, und ihr Gang wirkte ein bisschen steif, was von einer leichten Neigung zur X-Beinigkeit herrührte. Sie war fünfundvierzig Jahre alt.

Sie hatte nichts Ungewöhnliches an sich, als sie an einem Mittwochnachmittag im Januar im Hotel Waldhaus in Alpenbach eintraf. In Latexhosen, schwarzen Stiefeln mit weißem Pelzbesatz und einer grünen Lodenjacke stand sie am Empfang, um sich einzutragen, und doch – kaum dass sie mit zurückgelegtem Kopf und einem zufriedenen Lächeln des Wiedererkennens im Gesicht einen ersten wohlgefälligen Blick durch die schlichte, grün-weiße Halle schweifen ließ, schien jedermanns Auge von ihr angezogen. Ihr Knoten war halb aufgelöst, und während der Schlittenfahrt vom Bahnhof zum Hotel hatte sich ihr Lippenstift verwischt. Sie hatte feine Krähenfüße unter den Augen und zwei Querfalten auf der Stirn. Sie wirkte nicht annähernd so glamourös wie die meisten Frauen, die im Waldhaus abstiegen, und doch wandten alle – die Pagen (zwei junge Burschen in Lodengrün, die sich erwartungsvoll am Empfang bereithielten), der hochgewachsene Portier im zweireihigen grünen Gehrock mit Silberknöpfen, der Hoteldirektor im Cut und mit Eckenkragen, ja selbst die beiden Gäste nebst der Gattin des einen, die gerade durch die Halle gingen – einmütig die Köpfe nach Helene und ließen ihre Blicke auf ihr ruhen.

»Entschuldigung, jetzt hab ich mich verschrieben«, sagte Helene und lachte. Sie sprach englisch mit Wiener Akzent.

»Madam haben gewiss kalte Hände. Es ist sehr kalt heute.« Der Manager nutzte die Gelegenheit, sein Englisch aufzupolieren, obwohl er wusste, dass sie aus München kam. Das Hotel und die meisten seiner Gäste sprachen vorzugsweise deutsch, aber Französisch, Italienisch und Englisch oder auch ein Gemisch all dieser Sprachen waren oft zu hören und eher die Regel als die Ausnahme.

Helene korrigierte den Fehler, der ihr beim Datum unterlaufen war, und folgte dann dem kleinen Pagen, der mit ihrem abgewetzten Antilopenlederkoffer voranging. Während sie im Lift in den dritten Stock hinauffuhren, blickte der Junge immer wieder verstohlen zu ihr hoch. »Habt ihr zurzeit viele Gäste?«, fragte Helene. Der Junge war kaum älter als ihr Sohn Klaus.

»Och … es geht«, antwortete der Page. Dann schluckte er und fragte hastig: »Bleiben Sie lange?« Es klang, als hätte er sich damit schon zu viel herausgenommen.

»Ein paar Tage«, sagte Helene und lächelte ihn an, als sie aus dem Aufzug trat.

Ihr Zimmer war ein großer, quadratischer Raum mit weißgetünchten Wänden, einem grünen Teppich und grünen, rotbestickten Vorhängen. Die Fenster gingen auf einen verschneiten Hang hinaus, auf dem sich ein paar Skiläufer tummelten. Sie gab dem Jungen zehn Schilling Trinkgeld, und er schielte verstohlen nach dem Schein, bevor er die Augen wieder zu Helene aufschlug. Mit einem gemurmelten Dankeschön entfernte er sich rückwärts aus dem Zimmer.

Helene hängte ein paar von ihren Sachen auf und bestellte sich eine halbe Flasche Champagner aufs Zimmer. Während sie in kleinen Schlucken ein Glas davon trank, ruhte ihr Blick auf der wunderbar makellosen Welt vor ihren Fenstern. Sie öffnete eines, stützte sich auf den Sims und bewegte die Zehen in den dicken Wollsocken. Ihre Füße waren wieder warm geworden. Sie war sehr zufrieden mit dem Ort, den sie sich ausgesucht hatte – Alpenbach. Sie war schon einmal mit ihrem Mann und einem Ehepaar aus Wien hier gewesen, allerdings vor so vielen Jahren, dass sie von dem Dorf nur noch eine verschwommene Vorstellung hatte. Sie erinnerte sich lediglich, dass es recht hübsch war. Und genau das hatte sie gesucht, etwas recht Hübsches, an dem keine besonderen Erinnerungen hingen.

Sie schlüpfte wieder in Stiefel und Walkjanker, setzte eine Skimütze auf und ging spazieren. Die Straße vom Hotel führte hinunter ins Dorf, das knapp einen Kilometer entfernt lag. Helene zögerte, wandte sich dann in die andere Richtung und schlug den Fußweg ein, der bergan führte.

»Guten Tag … Bonjour«, grüßte sie die heimkehrenden Skifahrer zurück, die ihr entgegenkamen.

Sie merkte nicht, dass die Leute sich mit einem »Wer ist das?« nach ihr umdrehten.

Der Wind hatte den körnigen Schnee von den Höhen fortgeblasen und hie und da winzige Blümchen freigelegt, die im Schutz der Felsen wuchsen. Die Mehrzahl hatte kunstvoll geformte blaue Blütenkelche, aber es gab auch rosarote, gelbe und weiße. Zusammengenommen bildeten sie ein Muster, wie in einem Kaleidoskop. Wieder andere, die vereinzelt abseits standen, erinnerten an die filigranen Knospen in den Glaskugeln viktorianischer Briefbeschwerer. Helene beugte sich tief mal zu dieser, mal zu jener hinunter und bestaunte die zarten Farben, die die weiß verkrustete Schneedecke ringsum zum Leuchten brachten. Lange Erfahrung und Anpassungsfähigkeit, dachte sie, hatten diese kleinen Blumen schneetauglich gemacht. Wenn ihre Zeit gekommen war, öffneten sie in anmutig heiterem Trotz ihre winzigen Blütenkelche mit der gleichen Leichtigkeit, mit der ein Zauberer ein Kunststück aus dem Handgelenk schüttelte. Helene hörte leise knirschende Schritte hinter sich und sah, als sie sich umwandte, einen blonden Jüngling in pelzbesetzter Jacke auf sich zustapfen.

»Guten Tag! Wollen Sie bis ganz nach oben?«, fragte er auf Deutsch.

Helene blickte zum Gipfel hinauf und sah dann wieder den jungen Mann an. »Ich weiß nicht. Wohl kaum.« Der ungebetene Begleiter irritierte sie, aber nur flüchtig. Im Grund war das doch alles unwichtig.

Sie gingen im Gleichschritt nebeneinanderher; der Pfad war gerade breit genug für zwei.

»Ich bin Gert von Böchlein«, sagte der junge Mann. »Sie sind erst heute angekommen, nicht wahr?«

Er hatte ein offenes Gesicht, ein gewinnendes Lächeln, er war nicht älter als zwanzig, und, dachte Helene, er sieht nicht aus wie einer, der eine reifere Frau ansprechen würde, ohne ihr vorgestellt worden zu sein.

»Vor etwa einer Stunde bin ich eingetroffen, ja«, sagte Helene und strich sich ein paar Haarsträhnen aus dem Gesicht. »Puh! Ich weiß nicht, ob ich Lust habe, bis ganz da rauf zu kraxeln.«

»Das kann ich mir auch nicht vorstellen! Wissen Sie, dass man acht Kilometer zu laufen hat bis zum Gipfel?« Er lachte. »Andererseits …«

»Andererseits?«

»… sollten wir vielleicht doch noch ein Stückchen weitergehen. Von dem Felsen da hat man nämlich eine sehr schöne Aussicht.« Er zeigte auf einen mächtigen schwarzen Felsen ein paar hundert Meter oberhalb.

Sie setzten ihren Weg fort, und er sah alle paar Schritte zu ihr hin. »Sie kommen aus Wien?«

»Ja. Aber ich lebe schon seit vielen Jahren in München.«

»Trotzdem haben Sie noch ganz den wienerischen Stil.« Seine Hand, die in einem dicken Schaffell-Fäustling steckte, vollführte eine lässig-elegante Geste. »Meine Mutter und meine Schwester sind übrigens auch hier im Hotel. Sie müssen sie unbedingt kennenlernen. Ich meine, die beiden müssen Sie kennenlernen, falls es Ihnen recht ist.« Vor Verlegenheit schoss ihm das Blut in die ohnehin rosigen Wangen. »Darf ich fragen, wie Sie heißen?«

»Helene Sacher-Hartmann.« Wieder beugte sie sich über ein Blütenmosaik, pflückte eine rosa Blume und zog den Stengel durch ein Knopfloch ihres Jankers. »Die ist so winzig, dass sie an mir gar nicht zur Geltung kommt«, sagte sie.

»O nein! Nein, das stimmt ganz und gar nicht.«

Als sie von der Felsenhöhe aufs Dorf hinabblickten, zeigte ihr der junge Mann, wo sich die beste Konditorei im Ort befand, gleich um die Ecke hinterm Kirchturm, dort, wo eben der Schlitten mit den zwei Pferden wendete. Seine Mutter und seine Schwester Hedwig – sie war erst vierzehn – kehrten dort jeden Nachmittag um vier zu heißer Schokolade und Kuchen ein.

»Und Sie gehen nicht mit?«, fragte Helene.

Gert errötete wieder. »Nein ... jedenfalls nicht heute.«

Als Helene beim Abstieg einmal ausrutschte, griff Gert rasch nach ihrer Hand, die er aber ebenso rasch wieder losließ, als ob er sich verbrannt hätte. »Pardon!«, sagte er. Und ein paar Augenblicke später: »Ich bin heute deshalb nicht mitgegangen, weil ich Sie bei Ihrer Ankunft gesehen habe, und ich ... ich wollte Sie unbedingt kennenlernen.«

»Das ist aber nett«, sagte Helene lächelnd, doch es klang zerstreut, denn sie hatte nicht wirklich zugehört. Sie konzentrierte sich vielmehr ganz auf die kalte, klare Luft in ihren Lungen, eine Köstlichkeit, wie ein kühler Schluck Wasser, wenn man durstig ist.

Der junge Mann sprach mittlerweile von seinem Studium. Er besuchte die Technische Hochschule in Graz und wollte Wasserbauingenieur werden. Beim Hotel angekommen, fragte er, und seine Stimme klang dabei fast flehentlich, ob er sie vielleicht … ob sie sich eventuell um halb acht mit ihm und seiner Familie zu einem Aperitif in der Hotelbar treffen würde.

Helene, der jedes Zeitgefühl abhandengekommen war, sah auf ihrer Armbanduhr, dass es fünf Minuten nach halb sechs war. »Ja, warum nicht? Danke für die Einladung.« Damit verabschiedete sie sich und ging auf ihr Zimmer.

Helene kam vor der vereinbarten Zeit in die Bar; das heißt, eigentlich hatte sie die Verabredung schon halb vergessen. Nachdem sie ein heißes Bad genommen und sich umgezogen hatte, betrat sie um sieben Uhr in einem dunkelgrünen Wollkostüm, mit passender Fransenstola um die Schultern, die Bar, in der bereits Hochbetrieb herrschte. Im weißen Kamin prasselte ein loderndes Feuer. Normalerweise wäre Helene ein solcher Auftritt peinlich gewesen, denn sie war ein bisschen schüchtern, doch heute stellte sie erfreut fest, dass sie keine Spur von Scheu oder Unsicherheit empfand, nicht einmal im ersten Augenblick. Dann fiel ihr Gert ein. Rasch blickte sie sich um, aber als sie ihn nirgends entdeckte, trat sie an den Tresen, wo zufällig gerade alle Plätze besetzt waren. Doch sogleich erhob sich ein Herr und bot ihr seinen Barhocker an.

»Permettez-moi, Madame.«

»Oh, danke, aber ich wollte nur etwas bestellen«, sagte Helene auf Französisch und lächelte ihn an.

»Ach nein, bitte setzen Sie sich doch. Sie sehen ja, es ist nirgends ein Tisch frei.«

»Danke sehr.« Helene bestellte ein Kirschwasser.

Der Franzose bestand darauf, es von dem Kleingeld, das er auf der Theke liegen hatte, zu bezahlen. Er war etwa Mitte vierzig, dunkelhaarig, mit einem schmalen Schnurrbart und buschigen schwarzen Augenbrauen. Er erkundigte sich, ob sie zum ersten Mal in Alpenbach sei, wie lange sie bleiben werde, und der Herr, der auf der anderen Seite neben dem nun stehenden Franzosen saß, verfolgte das Gespräch so aufmerksam, als sei er ein Bekannter von ihm, auch wenn der Franzose ihn nicht vorstellte.

Kurz darauf bat er sie, ihm beim Abendessen Gesellschaft zu leisten. Helene hatte inzwischen gemerkt, dass eines seiner grauen Augen aus Glas war. Er hatte schlanke, nervöse Hände. Er sei Cellist in einem Pariser Orchester, hatte er ihr erzählt. Helene nahm seine Einladung an. Allerdings, meinte sie, habe sie um halb acht noch eine Verabredung mit ein paar Herrschaften hier in der Bar.

»Ich weiß gar nicht, wozu ich die überhaupt noch trage«, sagte sie mit raschem Blick auf ihre Armbanduhr. »Wo ich mich doch nie nach ihr richte. Ich bin viel zu früh dran.«

»Wären Sie um halb acht gekommen«, sagte der Franzose, »dann hätte ich Sie möglicherweise nicht kennengelernt. Übrigens … ich heiße André Lemaitre. … Ach nein«, setzte er mit einem nachdenklichen Lächeln hinzu. »Irgendwie hätten wir uns bestimmt getroffen.«

Als Gert mit seinen Begleiterinnen erschien, ließ sie den Franzosen und ihr leeres Glas stehen und setzte sich zu den von Böchleins an ein Tischchen, das Gert reserviert hatte.

Seine Mutter, eine Blondine mit feingeschnittenen Zügen, wirkte anfangs ein wenig kühl, was Helene nicht im mindesten störte, doch nach fünf Minuten war Frau von Böchlein aufgetaut, und sie lachten und plauderten so angeregt miteinander, als ob sie alte Bekannte wären. Im Moment ging es um den schielenden und möglicherweise debilen Stationsvorsteher von Alpenbach, der heute eine ganze für Alpenbach bestimmte Ladung Gepäck fehlgeleitet hatte, so dass sie um ein Haar in Wien gelandet wäre. Gerts Schwester Hedwig, ein blutjunges Mädchen, das immerhin schon einen Hauch von Lippenstift aufgelegt hatte, blickte Helene unverwandt mit freundlichen, verträumten Augen an, schien jedoch wenig gesprächig. Gert war ganz Kavalier, der sich um die Getränke kümmerte und Helene gegenüber einen so besitzerstolzen Ton anschlug, als ob sie seine Eroberung wäre, was Helene amüsierte. Als man sich erhob, um zum Speisesaal hinüberzuwechseln, schien es ausgemacht, dass Helene mit den von Böchleins essen würde, und sie selbst hätte den Franzosen ganz vergessen, wäre der ihr nicht in der Halle hinterhergeeilt.

»*Madame!... Pardon, Madame,* Sie haben doch nicht vergessen, dass wir ...«

»Ach!« Helene tippte sich lachend an die Stirn. »Bitte verzeihen Sie, Frau von Böchlein ... und Sie auch, Gert, aber ich habe diesem Herrn versprochen, dass ich mit ihm essen würde.«

»Was haben Sie?« Gert schäumte, doch dann bezwang er sich. »Na ja, wenn Sie's versprochen haben ... Ich finde das allerdings sehr, sehr schade.« Und in der Tat wirkte er ganz untröstlich.

»Morgen ist auch noch ein Tag, Gert.«

»Also morgen«, nahm Gert sie beim Wort. »Zum Mittagessen? Falls Sie nicht Ski laufen wollen.«

Den Blick, den ihm seine Mutter zuwarf, bemerkte er nicht.

»Ja, morgen zum Lunch, wenn Sie möchten«, sagte Helene, an alle drei gewandt. »Und vielen Dank für den Aperitif. Hat mich gefreut, Sie kennenzulernen.«

»Ganz meinerseits«, antwortete Frau von Böchlein zuvorkommend.

Zu ihnen an den Tisch, der für vier Personen gedeckt war, gesellte sich der Mann, der schon in der Bar neben André gesessen hatte. André schien darüber nicht erfreut, stellte ihn Helene jedoch als seinen »Skikameraden« vor und schien seinen Unmut binnen weniger Minuten vergessen zu haben. Jeder der beiden unterhielt sich mit Helene, als ob der andere Luft wäre.

Gegen elf war man bereits zu acht, darunter ein italienisches Ehepaar aus Mailand. Eigentlich hatte man sich zum Kartenspielen in der Bar versammelt, aber dann wurde doch nur geredet, und Helene fand sich zu ihrem Erstaunen im Mittelpunkt des Interesses, obwohl sie – wie gewöhnlich – ihrem Eindruck nach nichts Besonderes zu sagen hatte und auch wirklich nichts Bemerkenswertes von sich gab; trotzdem hingen anscheinend alle an ihren Lippen. Man erkundigte sich nach ihrem Leben in München, und sie erzählte von dem Buch- und Schreibwarenladen, der ihr gemeinsam mit zwei anderen Frauen gehörte, und davon, wie sie sich im Verkauf abwechselten, damit jede reichlich Urlaub nehmen konnte und das Geschäft trotzdem florierte. Helene erwähnte nicht, dass sie ihren Laden nicht wiedersehen würde. Der Gedanke schmerzte sie nicht. Esther und Henriette konnten und würden ganz gut ohne sie weitermachen. Alles war bestens geregelt. Esther, die keine eigenen Möbel besaß und momentan ein ziemlich teures möbliertes Zimmer gemietet hatte, würde mit Freuden Helenes Wohnung übernehmen, die diese ihr in einem zu Hause deponierten Brief vermacht hatte. Doch davon sprach sie ebenso wenig wie von ihrem Sohn. Als man sie fragte, sagte Helene, sie sei kinderlos. Alle schienen fasziniert von dem wenigen, was sie erzählte, selbst von den kleinen Blumen im Schnee, die sie so entzückt hatten.

Es ist, als trüge ich ein zauberkräftiges Parfum, dachte Helene, das selbst die Frauen betört. Sehr merkwürdig.

In den nächsten Tagen blieb Helene, kaum, dass sie ihr Zimmer verließ, keinen Augenblick für sich allein. Die Männer reagierten gereizt, wenn andere sich hinzugesellten, wurden aber wieder versöhnlich, sobald alle gemeinsam beschlossen, einen Spaziergang zu machen, mit der Gondel zur Hütte hinaufzufahren (Helene hatte keine Lust, Ski zu laufen) oder im Dorf unten Tee zu trinken. Einzig bei Gert legte sich die Gereiztheit nicht, und eines Morgens schoss er aus einem Sessel in der Halle auf und ihr entgegen, bevor jemand anders sie ansprechen konnte, und machte ihr, kaum dass sie zur Tür hinaus waren, eine Liebeserklärung.

»Aber Gert, ich bin ja alt genug, um Ihre Mutter zu sein«, stammelte Helene verdutzt. »Mindestens!«

»Ach, machen Sie sich doch nicht lustig über mich, Helene«, flehte er. Seit zwei Tagen nannte er Helene mit ihrer

Erlaubnis beim Vornamen. »Ich ertrage es nicht, Sie umschwärmt von all diesen Männern zu sehen, denen nicht halb so viel an Ihnen liegt wie mir. Ich halte das nicht mehr aus!« Und er drückte sich Zeige- und Mittelfinger wie eine Pistole an die Schläfe.

»Aber ...« Helene hob abwehrend die Hände und wusste nicht, was sie entgegnen sollte. Sein Ausbruch amüsierte sie, was sie sich keinesfalls anmerken lassen durfte, denn dem jungen Mann war es todernst. Auf Gefühlsausbrüche hatte sie noch nie zu reagieren gewusst, warf sie sich vor.

»Wie soll ich ohne Sie weiterleben, Helene? Ich kann's nicht!«

»Unsinn, Gert! Glauben Sie mir, in einer Woche –«

»Nicht in einem Jahr, niemals. Ich schwör's. Das ist endgültig. Für immer und ewig!«

»Kommen Sie, wir gehen ein Stück spazieren.«

Sie schlugen den Bergpfad ein, auf dem er sie zuerst angesprochen hatte.

»Wissen Sie, ich gehe bald fort, und dann werden wir uns ohnehin nicht mehr sehen können«, sagte Helene.

»Wo wollen Sie denn hin? ... Und warum kann ich Sie nicht wiedersehen?«

Zurück nach München, dachte Helene unwillkürlich, doch da dies nicht der Fall war, konnte sie es auch nicht sagen. »Sie werden bald nach Graz zurückkehren.«

»Aber ich würde überallhin gehen, um bei Ihnen sein zu können«, beteuerte er. »Australien, China, egal, wohin!«

Aber nicht dorthin, wo ich hingehe, dachte sie mit dem Anflug eines nervösen Lächelns. »Ich hab Ihnen doch gesagt, dass ich verheiratet bin, Gert.«

»Ja, aber ... mir ist aufgefallen, dass Sie Ihren Mann nie erwähnen, wenn Sie von München erzählen. Wo ist er?«

»Er ist in Wien. Aber ich bin nicht geschieden.«

»Ach, was kümmert mich das – Ehe, Scheidung –, ich liebe Sie völlig losgelöst von alledem. Über alles und jenseits und unbeschadet davon.« Seine Linke, die in einem Fäustling steckte, deutete mit ausladender Geste zum Gipfel hinauf. Seine bloße Rechte hielt Helenes behandschuhte Hand.

»Ich bin vielleicht noch vier Tage hier. Warten wir also ab, wie Sie dann empfinden.« Sie sagte es so freundlich und beiläufig wie nur möglich und hatte doch ein bisschen Angst davor, wie er es aufnehmen würde.

Er entgegnete ingrimmig: »Meine Gefühle sind unwandelbar, und wenn ich Sie nicht wiedersehen kann, dann ist mir mein Leben nichts mehr wert. Das weiß ich.«

»Hallo!«, hörte man es plötzlich rufen, und der Berg warf das Echo zurück.

Auf dem Wegstück unterhalb von ihnen standen die beiden Franzosen, und André winkte mit ausgestrecktem Arm.

Gert stöhnte.

Als Helene an dem Morgen vom Frühstück zurückkam, standen Blumen auf ihrem Zimmer. Eine Karte war nicht dabei. Das Zimmermädchen hatte den Strauß in eine Vase gestellt. Langstielige rote Rosen, dazwischen ein paar kleine weiße und eine einzelne Paradiesvogelblume, vermutlich aus Nizza eingeflogen. Es klopfte. Doch als sie öffnete, stand draußen weder der Blumenkavalier noch ein Bote mit der vergessenen Karte, sondern der kleine Page, der am Ankunftstag ihr Gepäck heraufgebracht hatte. Er hielt eine rote Konfektschachtel in Händen.

»Für Sie, gnädige Frau«, sagte der Junge.

»Danke«, sagte sie und nahm die Bonbonniere entgegen. Wieder war keine Karte dabei. »Von wem?«

Der Junge wich mit schüchternem Lächeln zurück. »Das darf ich nicht sagen, gnädige Frau.«

Helene tippte auf Gert. An diesem ungestümen, romantischen Jüngling hätte Goethe seine Freude gehabt. Helene bezweifelte allerdings, dass seine Leidenschaft es mit der Werthers aufnehmen konnte. Sie aß mit den von Böchleins zu Mittag, aber Gert machte keinerlei Anspielung auf die Blumen oder das Konfekt, und als Helene sich im Speisesaal umsah und ihr Blick auf das italienische Paar fiel, das ihr lächelnd zunickte, auf die beiden Franzosen, die sie ebenfalls anlächelten, auf vier oder fünf andere Männer und Frauen, die anscheinend jedes Mal, wenn sie in ihre Richtung blickte, zu ihr hinschauten, gab sie es auf, den Blumen- und den Pralinenkavalier erraten zu wollen. Gert hatte sie inzwischen ausgeklammert. Der hätte sich etwas Kostspieligeres und Symbolträchtigeres einfallen lassen.

Später am Nachmittag, als Helene sich umgezogen und in Rock und Pullover mit einem Buch aufs Bett gelegt hatte, rief Gert an und fragte, ob er für einen Moment heraufkommen dürfe. Helene brachte es nicht übers Herz, ihn abzuweisen. Er erschien unverzüglich und überreichte ihr eine große Rubinbrosche, ein Erbstück von seiner Großmutter, wie er sagte, das fortan ihr gehören solle.

»Oh, Gert, die ist doch sicher für Ihre Braut bestimmt.« Helene lächelte ihn verwundert an.

»Du bist meine Braut«, sagte Gert mit feierlichem Ernst.

»Deine Mutter wäre sehr verärgert, lieber Junge, wenn sie wüsste, dass du mir diesen Schmuck schenken wolltest.«

»Die Brosche gehört mir, und ich kann damit tun, was ich will. Bisher habe ich sie immer bei mir getragen, sogar in den Vorlesungen. Gefällt sie Ihnen denn nicht, Helene? Willst du sie nicht?«

Helene sann auf eine Möglichkeit, wie sie den Schmuck zwar annehmen, ihm aber später zurückgeben könnte. Sie sah wohl, dass es ihn bitter kränken würde, wenn sie die Brosche von vornherein zurückwiese. »Also gut. Ich fühle mich geehrt«, sagte Helene und nahm die in zerknittertes weißes Seidenpapier eingeschlagene Brosche entgegen.

Gert lächelte strahlend. »Ich danke dir, meine Liebste.«

Er trat vor, und sie hob das Gesicht, um sich küssen zu lassen. Sie empfing einen keuschen Kuss auf die Lippen, flüchtig und seltsam, denn weder war es ein leidenschaftlicher Kuss, noch besiegelte er etwas, sann Helene, und doch schien er dem Augenblick angemessen.

»Ich lass dich jetzt ein Weilchen allein«, sagte Gert und wandte sich zum Gehen. Sein Gesicht strahlte vor Glück. Leise schloss er die Tür hinter sich.

Sie war recht froh, dass sie nicht versprochen hatte, am Abend zusammen mit den von Böchleins zu essen, denn Gerts Mutter wäre seine glückstrahlende Miene sicher aufgefallen. Was für ein törichter Junge, wie konnte er nur so felsenfest an die Unwandelbarkeit seiner Gefühle glauben! Helene war um sieben mit André in der Bar verabredet. Er hatte einen Schlitten bestellt und wollte zur Abwechslung einmal in einem Restaurant im Dorf essen.

Als Helene und André das Restaurant unten im Dorf betraten, bereitete der Oberkellner ihnen einen königlichen Empfang.

Das Lokal war klein, aber André hatte einen ganzen Raum für sie beide reservieren lassen, der mit roten Rosen und kleinen Ornamenten aus den zarten Bergblumen dekoriert war, die Helene so liebte.

»So, da wären wir. Ich hoffe, sie haben's nicht übertrieben«, sagte André ein bisschen verlegen, nachdem sie Platz genommen hatten.

Unverzüglich erschien ein Ober und brachte Champagnercocktails.

André erzählte ausführlich von Paris, von seinen Kriegserlebnissen, von der Gefangenschaft in Deutschland und davon, wie er später, zurück in Frankreich, bei der Résistance ein Auge verloren hatte. Von seiner zweijährigen Ehe, die vor zehn Jahren zerbrochen war, von seiner steinigen Laufbahn als Musiker und von seinen Erfolgen, die sich erst kürzlich eingestellt hatten. Zwischen den einzelnen Geschichten legte er lange Pausen ein, um Helene die Chance zu geben, etwas dazu zu sagen oder gegebenenfalls das Thema zu wechseln, aber sie schwieg. Sie fand seine Erlebnisse interessant und war gerührt, dass seine Zuneigung zu ihr so weit ging, dass er ihr das alles anvertraute.

»Sie finden es vielleicht eigenartig, dass ich Ihnen mein ganzes Leben erzähle«, sagte er, als sie mit dem Essen fertig waren, »aber die Sache ist die, dass ich Sie bitten möchte, meine Frau zu werden, und wenn ich das tue, dann ... na ja, ich denke, dann sollten Sie auch ein bisschen über mich Bescheid wissen. Wollen Sie mich heiraten, Helene?«

Helene war fassungslos. »Aber Sie wissen doch rein gar nichts über mich!«

»Das macht nichts. Natürlich möchte ich gern mehr über Sie erfahren«, setzte er lächelnd hinzu, »aber im Grunde ist das nicht entscheidend, denn ich weiß, Sie sind ehrlich und gut ... eine Schönheit, sollte ich sagen, schön von innen heraus. Alles Weitere hat Zeit bis später. Mir ist auch klar, dass Sie wahrscheinlich verheiratet sind. Aber selbst das ist nicht wichtig, denn ich werde warten. Wenn's sein muss, für den Rest meines Lebens, doch ich hoffe, das wird nicht nötig sein. Sie sind doch verheiratet, oder?«

»Ja.«

»Und Ihr Mann ist in München?«

»Nein, in Wien. Wir leben getrennt, und ich habe ihn seit drei Jahren nicht gesehen. Ich habe auch ein Kind«, sagte sie leise, »aber –«

»Aber?«

»Er ist zwölf. Und ... na ja, er ist seinem Vater sehr ähnlich, und ich glaube, er hat ihn lieber als mich. Jedenfalls hat Klaus entschieden, dass er lieber bei seinem Vater leben möchte. Das war vor drei Jahren. Sein Vater hat sehr viel Geld, verstehen Sie? Und der Junge hat immer die Sommerferien bei seinem Vater verbracht. Das heißt, seit seinem achten Lebensjahr. Mein Mann macht sehr viel Aufhebens um ihn, hat ihm ein Pferd gekauft und ein Boot, eine Unmenge Sachen zum Anziehen ... und zurzeit bringt er ihm das Schießen bei. Mir sind Waffen ein Greuel.«

»Ich verstehe«, sagte André.

»Meinem Sohn gefällt das alles. Ich kann nichts daran ändern, so ist er nun einmal, genau wie sein Vater eben.«

Und Helene lächelte, ließ die Gabel sinken und legte die Handflächen zusammen, als ginge es um etwas, was ihr Freude machte oder worum sie gebetet hätte … und tatsächlich hatte sie es vor Wochen, ja vor Monaten schon aufgegeben, sich zu grämen, sie hatte sich mit der Situation ausgesöhnt, und wenn sie jetzt über all das sprach, dann berührte es sie innerlich nicht mehr. Sie hatte das Gefühl, André könne das verstehen. »Ich mag Sie wirklich sehr gern, André«, sagte Helene, »aber ich will nicht wieder heiraten. Das hat nichts mit Ihnen oder sonst jemandem zu tun. Vielleicht haben wir uns einfach zur falschen Zeit kennengelernt.«

André dachte einen Moment darüber nach, dann sagte er: »Nein. Nein, bestimmt nicht, aber ich werde warten. Und ich werde es leichten Herzens tun«, versetzte er mit einem spontanen Lächeln, das sie an Gerts Lächeln erinnerte, »weil mich nach Ihnen keine andere Frau mehr reizen könnte.«

Ein paar Minuten später, sie waren inzwischen beim Brandy angelangt, sagte André: »Vermutlich werden Sie sich irgendwann von Ihrem Mann scheiden lassen.«

»Vermutlich.« Helene ließ es dabei bewenden.

»Würden Sie eventuell mit mir nach Paris kommen? Ich habe eine sehr große Wohnung. Gleich hinter dem Invalidendom. Mit einem zauberhaften Blick auf …«

Helene schüttelte lächelnd den Kopf. »Danke, das ist sehr nett, aber nein. Auch das könnte ich mir im Moment nicht vorstellen.« Bei sich dachte sie: lauter Verrückte, diese Leute im Hotel Waldhaus. Das muss an der Höhenluft liegen.

»Vielleicht erscheint Ihnen das lächerlich … in meinem Alter«, sagte André. »Ich meine, dass ich Ihnen quasi aus heiterem Himmel einen Antrag mache. Andererseits bin ich alt genug, um zu erkennen, was für mich richtig ist, wenn ich's vor mir sehe.«

Am nächsten Morgen begleitete Gert sie auf ihrem Morgenspaziergang, nachdem er ihr wie tags zuvor in einem Sessel unten in der Halle aufgelauert hatte. Doch heute lächelte er nicht und war überhaupt ziemlich verstimmt. Als sie das Hotel ein Stück weit hinter sich gelassen hatten, sagte er:

»Ich weiß, dass du gestern Abend mit dem Franzosen unten im Dorf gegessen hast. Ein sehr ausgelassenes Diner, nach dem, was mir der Page erzählt hat.«

Diese klatschsüchtigen Pagen!, dachte Helene verärgert. »Na und? Was ist schlimm daran, wenn man zur Abwechslung mal im Dorf zu Abend isst?«

»Am Abend des Tages, an dem ich dir die Brosche meiner Großmutter geschenkt habe. Und mit einem Mann, von dem jeder weiß, dass er in dich verliebt ist.« Gerts Stimme bebte vor Entrüstung.

»Er bedeutet mir nichts«, sagte Helene rasch und wie zur Entschuldigung.

»Und ich bedeute dir vielleicht auch nichts! Sag's ruhig, wenn's so ist!«

Wer kennt schon die Wahrheit? In einem Punkt freilich war sie sich sicher: Sie wollte Gert nicht verletzen. Aber sie spürte auch, dass er diese Eifersuchtsszene aus reinem Selbstschutz und also im eigenen Interesse inszenierte.

»Nein, so ist es nicht. Aber ich habe dir auch kein Versprechen gegeben, Gert. Und deine Brosche kannst du zurückhaben … Ich treibe keine Spielchen mit dir.«

»Wenn du mich nicht willst … wenn dir dieser Franzose lieber ist, dann bringe ich mich lieber um, jawohl, das tue ich!«

Sie glaubte ihm kein Wort, wollte ihn das jedoch nicht merken lassen. Sie stieg weiter den verschneiten Weg hinauf, und Gert ging neben ihr, die Augen unverwandt auf ihr Gesicht geheftet. Diese Leute saugen mich aus, dachte Helene, und da sie das Gefühl hatte, viel sei aus ihr nicht mehr herauszuholen, wunderte es sie nicht, dass sie sich so erschöpft und hilflos vorkam. Und sie suchte vergeblich nach einer probaten Methode, um mit Gert ins Reine zu kommen. Wahrscheinlich fiel ihr nichts ein, weil sie sich von derlei Dingen losgesagt hatte, bevor sie nach Alpenbach gekommen war, ja sogar schon Tage vor ihrer Abreise aus München. Plötzlich erinnerte sie sich voll schmerzlicher Wehmut an den Abschied am Bahnhof, daran, wie sehr es sie überrascht hatte, dass sogar Frau Müller, ihre Zugehfrau, mit dem Fahrrad zum Bahnhof gekommen war, um ihr Lebewohl zu sagen. Es war, als hätten alle gespürt, dass sie Helene zum letzten Mal sahen, und trotzdem waren alle besonders vergnügt und herzlich gewesen.

»Siehst du die Felsen da?«, fragte Gert und zeigte auf die zerklüfteten Zacken am Gipfel des Berges, den sie nie bestiegen hatten. »Da werde ich mich runterstürzen, es sei denn –«

»Es sei denn?«, wiederholte Helene so beiläufig, wie sie auf etwas, was sie nicht ganz mitbekommen hatte und was sie auch nicht sonderlich interessierte, mit einem höflichen »Wie bitte?« reagiert hätte. Sie hatte selber schon an diesen Gipfel gedacht, dem gegenüber sie einen ganz sonderbaren, um nicht zu sagen aberwitzigen Besitzanspruch entwickelt hatte. Gert würde das mit dem Felssturz nie wahrmachen, und dass er eben damit gedroht hatte, war bloß ein ironischer Zufall gewesen.

»Es sei denn, ich darf auch weiter mit dir zusammen sein. Es sei denn, wir können uns auf einen ... einen Pakt einigen.«

Sie wusste, was er meinte: Er wollte ihr einziger Liebhaber sein, freilich in einem sehr romantischen und wahrscheinlich platonischen Sinne. Er wollte hin und wieder zum Kaffee oder zum Essen in ihre Münchner Wohnung kommen dürfen, in der Gewissheit, dass sie das keinem anderen Mann gestattete. Irritiert schüttelte Helene den Kopf.

»Was soll das heißen?«, fragte Gert. Er verfolgte immer noch jede Regung in ihrem Gesicht.

Knirsch, knirsch ... knirsch, knirsch ächzten ihre Stiefel im Schnee, und auf einmal hielt Helene es nicht mehr aus. Sie blieb stehen, hob den Kopf und warf rasch einen Blick empor zum Gipfel des sanft ansteigenden Berghangs – der bestimmt keine acht Kilometer entfernt war, wie Gert behauptet hatte –, dann machte sie kehrt.

Doch er rührte sich nicht.

»Darf ich dich wiedersehen?«, fragte Gert eindringlich.

»Ja. Hier. Aber nicht in München«, erklärte sie kategorisch. Sie war es müde, Erklärungen abzugeben, die ohnehin sinnlos waren. Sie trat den Rückweg an.

»Dann bleibt's bei dem, was ich gesagt habe«, versetzte

Gert, der jetzt im Gehen die Arme genauso kläglich hängenließ wie den Kopf. »Aber erst schreibe ich noch ein Gedicht auf dich.«

Das, dachte Helene, ist eine gute Beschäftigung vor dem Tod. Und sie sah voraus, dass die Arbeit an seinem Gedicht Gerts Gemüt vermutlich so beruhigen würde, dass er darüber jeden Gedanken an Selbstmord vergaß. Überhaupt war sie absolut sicher, dass er sich nicht umbringen würde, auch wenn sie nicht hätte sagen können, warum. Es war einfach eine intuitive Gewissheit, wie die jähe Erkenntnis: Ich bin verliebt.

»Darf ich dich noch zu einer Tasse Tee einladen?«, fragte Gert, als sie wieder vor dem Hoteleingang standen.

Helene hatte nicht vorgehabt, so bald zurückzukommen, aber jetzt wollte sie nur noch allein sein, und das konnte sie nur in ihrem Zimmer. »Nein, Gert. Danke – aber wenn du mich entschuldigen willst, ziehe ich mich für eine Weile auf mein Zimmer zurück.«

»Wenn ich dich entschuldige!«, wiederholte Gert mit leisem Lächeln. »Aber natürlich.«

»Bye-bye«, sagte Helene, ins Englische wechselnd, tätschelte ihm flüchtig den Arm und verschwand im Hotel.

Oben in ihrem Zimmer nahm sie die Mütze ab, schlüpfte aus den Stiefeln und trug sie automatisch in das geflieste Bad, damit die paar Schneereste, die noch an den Sohlen hafteten, nicht auf dem Teppich schmelzen würden. Dann zog sie die Jacke aus und trat ans Fenster. Schwarz ragte der zerklüftete Berggipfel in den fahlen, blassblauen Himmel. Bis auf drei, vier riesige, immergrüne Tannen war der ganze Hang weiß verschneit. Skifahrer waren keine in Sicht, und als ihr das auffiel, fand sie das Panorama plötzlich einsam und melancholisch.

»Diese Leute begehren mich alle nur deshalb, weil ich sie jetzt nicht mehr brauche«, schoss es Helene durch den Kopf. »Das ist bitter, aber dann auch wieder menschlich. Sie haben das Gefühl, ich würde ihnen nichts wegnehmen, womit sie ja auch ganz richtig liegen.«

Und die Situation entbehrte nicht der Komik. Wäre sie zum Beispiel hergekommen und hätte sich in den Franzosen verliebt oder, falls sie noch jünger gewesen wäre, in Gert, und wenn sie dann versucht hätte, einen der beiden zu erobern, wäre das wahrscheinlich fehlgeschlagen. Sie war keine Schönheit. Es hatte in ihrem Leben ein paar Männer gegeben – zwei oder drei –, zu denen sie sich hingezogen fühlte, aber es war ihr nicht gelungen, sie auf sich aufmerksam zu machen. Helene lächelte auf die Landschaft vor dem Fenster hinab. Sie war wieder schön, wunderschön sogar. Auch sie selbst kam sich seltsam schön vor – und seltsam rein und schuldlos. Kein Mensch wirkt anziehender auf die Welt als der, der im Begriff steht, sie zu verlassen, dachte Helene. Und wahrscheinlich erscheint einem auch die Welt nie schöner als in diesem Augenblick, aber es ist nicht die Art Schönheit, die man begehrt, die man besitzen möchte oder der man nachtrauert, wenn man sie aufgeben muss. Sie war erfüllt von der beglückenden Gewissheit, dass die Welt weiterbestehen würde – mit allmählichen Veränderungen zwar, aber unverändert schön, wie eben jetzt.

Nachdem sie sich um elf Uhr vormittags mit solchen Gedanken getragen hatte, traf Signora Cacciaguerras seltsames Anliegen sie um halb eins folglich nicht ganz unvorbereitet. Helene war vor dem Lunch auf ein Kirschwasser heruntergekommen, doch noch auf dem Weg zur Bar fing Signora Cacciaguerra, eine eher kleine Brünette um die vierzig, gut gekleidet und sehr gepflegt, sie in der Halle ab. Die Signora bat darum, Helene einen Moment allein sprechen zu dürfen, und Helene schlug vor, in die Bar zu gehen.

Signora Cacciaguerra wirkte ziemlich fahrig, und ihre Stirn legte sich in bange Falten. »Ach bitte, würde es Ihnen etwas ausmachen, wenn wir uns in Ihrem Zimmer unterhielten?«

»Ist etwas mit Ihrem Mann?«, fragte Helene, die unwillkürlich an einen Skiunfall dachte.

»Nein, nichts dergleichen«, antwortete die Signora und deutete zum Lift hinüber. »Könnten wir –«

»Ja, natürlich.« Helene folgte ihr in den Fahrstuhl. Oben in ihrem Zimmer sagte Helene: «Wenn Sie möchten, können wir uns etwas zu trinken heraufkommen lassen.« Und als Signora Cacciaguerra stumm blieb, bestellte Helene beim Zimmerkellner ein Kirschwasser und einen Americano. »Bitte, setzen Sie sich doch, Signora«, sagte Helene schon zum zweiten Mal.

Endlich nahm Signora Cacciaguerra auf der Sesselkante Platz. »Sie finden das vielleicht sehr merkwürdig … nein, bestimmt kommt es Ihnen merkwürdig vor, dass eine Ehefrau zu Ihnen kommt, um … Aber mein Mann …« Sie suchte nach Worten, lächelte und nahm einen neuen Anlauf. »Er benimmt sich auf einmal ganz eigenartig. Nicht … ich meine, er hat nicht direkt etwas gesagt, aber er sieht Sie dauernd an, und er träumt mit offenen Augen von Ihnen. Das müssen Sie doch auch gemerkt haben.«

Helene war nichts Besonderes aufgefallen, weil Signor Cacciaguerra sie nicht öfter ansah als drei oder vier andere Männer und Frauen auch – einschließlich der Signora Cacciaguerra.

»Und er ist neuerdings auch so launenhaft – abwechselnd euphorisch und todtraurig. Dauernd starrt er aus dem Fenster. Aber nach draußen gehen mag er nicht. Das Komische daran ist, dass ich nicht eifersüchtig auf Sie bin«, sagte die Frau und lachte kurz auf. »Es mag abwegig klingen, aber ich bin gekommen, um Ihren Rat einzuholen. Wie wäre es zum Beispiel –«

»Zum Beispiel?«

»Wollen wir heute Abend zusammen essen? Vielleicht würde es helfen, wenn mein Mann Ihnen näherkommen könnte. Hin und wieder spricht er nämlich von Ihnen, und es ist gerade die Art, wie er von Ihnen spricht, die ich so sonderbar finde. Dass er sich ab und zu für andere Frauen interessiert, das bin ich schon gewohnt, glauben Sie mir, aber nicht so. Sie stellt er auf ein Podest.«

Just in dem Moment klopfte der Page, der die Getränke brachte, und Helene war froh über die Unterbrechung. Sie nahm einen Zehnschillingschein aus ihrer Handtasche, gab ihn dem Pagen und bedankte sich.

»Danke vielmals, gnädige Frau«, sagte der Junge, stellte das Tablett auf den Frisiertisch und ging.

Helene reichte Signora Cacciaguerra den Americano. »Hoffentlich schmeckt Ihnen so was.«

»Sehr sogar. In Mailand trinke ich ständig amerikanische Cocktails. *Cheers!*«

Helene prostete ihr ebenfalls auf Englisch zu. Ansonsten

hatte Signora Cacciaguerra Italienisch gesprochen und Helene Französisch, das ihr geläufiger war. An jenem Abend, als man nach dem Essen in großer Runde beisammensaß, hatten sich alle auf Französisch verständigt. »Es ist zu schön hier, um sich von Kleinigkeiten die Laune verderben zu lassen. Außerdem reise ich in ein paar Tagen ab, falls Ihnen das ein Trost ist«, erklärte Helene fröhlich.

»O nein, durchaus nicht. Und ich bedaure keineswegs, Sie kennengelernt zu haben.« Signora Cacciaguerra erwiderte Helenes Lächeln ebenso herzlich. »Wissen Sie, jetzt fühle ich mich schon viel besser. Aber was ist nun mit heute Abend? Essen wir zusammen?«

»Heute Abend bin ich schon mit Monsieur Lemaitre verabredet. Aber könnten wir nicht alle an einem Tisch sitzen?«

»Nein, das wäre Monsieur Lemaitre bestimmt nicht recht«, sagte Signora Cacciaguerra liebenswürdig. »Und genauso wenig wird es meinem Mann gefallen, dass Monsieur Lemaitre mit Ihnen zu Abend isst.« Eine Erkenntnis, die sie zum Lachen reizte.

Helene, die während des ganzen Gesprächs stehen geblieben war, lächelte dazu. Sie würde heute überhaupt nicht zu Abend essen. Sie hatte plötzlich das Gefühl, dass der heutige Abend ihr Abend war.

Signora Cacciaguerra blieb noch ein paar Minuten, trank ihren Americano aus und erzählte Helene von ihren beiden Söhnen in Mailand. Sie waren elf und dreizehn Jahre alt und sehr verschieden. Der Ältere träumte von einer Zukunft als Maler, der Jüngere wollte Ingenieur werden und Wolkenkratzer bauen. Sie waren so unterschiedlich, dass sie inzwischen getrennte Zimmer beanspruchten. »Ich würde Ihnen meine Kinder gern vorstellen«, sagte sie begeistert. »Kommen Sie gelegentlich nach Mailand?«

»Leider höchstens alle fünf Jahre einmal.«

Signora Cacciaguerra gab Helene trotzdem ihre Adresse, dann ging sie als Erste hinunter. Sie wolle nicht, sagte sie, dass ihr Mann sie zusammen sähe, weil er sonst womöglich erraten könnte, dass und worüber sie mit ihr gesprochen habe.

Helene folgte ihr ein paar Minuten später. Am Eingang zum Speisesaal traf sie André, der sie einlud, zusammen mit ihm und einem Freund, der eben aus Paris eingetroffen sei, zu Mittag zu essen.

»Das heißt, falls Sie keine Angst haben, sich zu langweilen, wenn Sie zum Abendessen schon wieder mit mir vorliebnehmen müssen«, setzte André hinzu.

Helene nahm die Einladung an.

Am Nachmittag packte Helene der Ordnung halber ihren Koffer und bat die Rezeption, ihre Rechnung fertigzumachen. Der Hoteldirektor zeigte sich überrascht, dass sie schon so bald wieder fortwollte, und Helene sagte, sie würde wahrscheinlich erst am nächsten Tag abreisen, wolle aber die Rechnung beizeiten begleichen. Sie bezahlte einen Tag extra und schob ein stattliches Trinkgeld unter die Lampe auf ihrem Nachttisch. Für Käthe, das Zimmermädchen, legte sie hundertfünfzig Schilling in ein Hotelkuvert. Gerts Brosche steckte sie ebenfalls in einen Umschlag, erwog, ein paar Zeilen dazu zu schreiben, und entschied sich dagegen. Sie adressierte den Umschlag lediglich an Gert von Böchlein. An ihren Mann oder ihren Sohn brauchte sie nicht zu schreiben, obwohl sie beiden ein freundschaftliches Lebewohl hätte senden können. Aber so ein Abschiedsbrief würde sie nur unnötig aufwühlen und ihrem Sohn später, wenn er erwachsen war, erneut weh tun, sofern ihm überhaupt je etwas weh tun konnte. Die Einzigen, von denen sie sich hatte verabschieden wollen und denen sie auch Lebewohl gesagt hatte, waren ihre fidelen Freundinnen am Münchner Hauptbahnhof am Tag ihrer Abreise nach Alpenbach.

Um sechs Uhr verließ sie in Skianzug mit Mütze und Fäustlingen das Hotel. Zu dieser Stunde nahmen die meisten Gäste ein Bad und kleideten sich für den Abend um, und sie war froh, dass ihr in der Halle niemand begegnete. Als sie den verschneiten Fußweg einschlug und sich an den Aufstieg machte, ging sie davon aus, dass sie den Gipfel erst bei völliger Dunkelheit erreichen würde. Sie bedauerte es, dem Hotel durch einen Todesfall Unannehmlichkeiten zu bereiten, aber der Tod war vermutlich immer unangenehm: Wenn man beispielsweise ins Wasser ging, würden viele Menschen tagelang nach dem Leichnam suchen müssen; und wenn die Leiche Tage oder Wochen später unverhofft am Flussufer auftauchte, würde auch das lästige Scherereien verursachen. Immerhin würde sie nicht direkt im Hotel sterben. Sie nahm an, sie würde in einer meterhohen Schneewächte landen und dort entweder erfrieren oder ersticken. Doch solche Vorstellungen erschreckten sie nicht länger, waren bedeutungslos geworden. Und was, wenn ich Gert auf dem Gipfel treffe und er das Gleiche vorhat wie ich?, dachte Helene und lachte leise, so sicher war sie, dass er sich nichts antun würde.

Als sie sich dem Gipfel näherte, konnte sie den Weg schon nicht mehr erkennen. Mit beiden Händen zog sie sich an den kahlen, zerklüfteten Felswänden empor. Oben angekommen, zögerte sie nicht länger als zehn Sekunden. Sie hielt nur inne, um ein paarmal tief Luft zu holen, dann machte sie einen Schritt nach vorn, stürzte kopfüber vom Felsrand und ließ sich ins Bodenlose fallen. Der Wind pfiff ihr durch die Mütze hindurch in die Ohren. Obwohl sie im Sturzflug hinabsauste, fühlte sie sich schwerelos, körperlos. Sie sah ihr ganzes Leben vorbeiziehen, von der blondgelockten Kindheit über ihre Studienjahre, die Ehe und deren allmähliches Scheitern bis zu den letzten Etappen ihres Lebens in München … aber alles ging so rasch, dass es eine einzige Panoramaaufnahme hätte sein können, ein Schnappschuss … *klick*! Und alles in allem, dachte sie, war das Leben gar nicht so schlecht. Das war ihr letzter Gedanke, bevor es endgültig *klick*! machte und finster wurde.

Ingrid Noll

Der Schnappschuss

Ich erinnere mich, dass bei mir nur zweimal im Leben das Glück vor der Tür stand: ein wunderbares Gefühl, das seltsamerweise in jedem der beiden Fälle durch meine Frau ausgelöst wurde.

Beim ersten Mal war es vor allem meine Nase, die das Glück witterte. Es waren Ferien, ich lag im Garten und las. Die Sitte meiner Vorfahren, am Sonntagnachmittag Kaffee und Kuchen zu genießen, habe ich stets als nicht mehr zeitgemäß abgelehnt. Schließlich essen wir Deutschen ständig zu viel, darüber hinaus neige ich zu Magengeschwüren. An jenem sonnigen Septembertag hatte sich aber meine Frau über alle Anordnungen hinweggesetzt, wohl weil sie von einer Freundin einen großen Korb voller Zwetschgen erhalten hatte.

Da mein bisheriges Leben weitgehend emotionslos verlaufen war, erschien mir erstaunlicherweise jener Geruch nach frischem Pflaumenkuchen aus lockerem Hefeteig und saftigen blauen Zwetschgen als der erste bewusst empfundene Glückszustand.

Allerdings wollte ich auf keinen Fall durch ein übertriebenes Lob erreichen, dass sich nun neue Sitten in unseren Haushalt einschlichen und Fiene am Ende jeden Sonntag backen wollte. Ich aß den köstlichen Kuchen ohne den erwarteten Beifall, den sie mir jedoch in ihrer trotzigen Art unbedingt entlocken wollte. »Schmeckt doch gut?«, lobte sie sich stattdessen selbst und sprach von schönen Erinnerungen an Kindergeburtstage, an denen es regelmäßig frischen Obst- oder Streuselkuchen gab, natürlich mit Schlagsahne. Ich mochte davon nichts hören, obwohl meine Verstellung nur bis zu einem gewissen Grad gelang. Zwar fiel ich nicht gierig über den lauwarmen Kuchen her, aber ich aß doch insgesamt vier Stücke, was sie mit einem maliziösen Lächeln zur Kenntnis nahm.

Ganz ohne Worte konnte sie stets den Eindruck erwecken, als ob sie alles besser wisse. Für dieses gemeine Grinsen hätte ich sie … Nun, lassen wir das. Als ich meine Frau kennenlernte, trug sie ein blaues Sommerkleid und hatte das goldene Haar hochgesteckt. Ein hübsches Bild, auf das ich hereinfiel, denn leider ergraute ihr helles Haar schon allzu früh. Auch ihre Fröhlichkeit, die mich anfangs verzauberte, ließ mehr und mehr nach, ihr Lachen verstummte. Es dauerte aber lange, bis mir klar wurde, dass wir uns hassten.

Im Grunde bin ich ebenso wenig ein eitler wie ein besonders gutaussehender Mann. Durchschnitt, würde ein neutraler Gutachter feststellen. Als Jugendlicher sah ich lange Zeit viel zu kindlich aus, man hielt mich noch mit Mitte zwanzig für einen Schüler, aber irgendwann war ich froh, jünger auszusehen als nach tatsächlich gelebten Jahren. Inzwischen ist mir mein Äußeres sowieso nicht mehr wichtig, aber ich möchte doch betonen, dass mein Bauch längst nicht so überlappend ist wie der mancher Altersgenossen, dass ich nie eine nachlässige Haltung angenommen habe, eine Brille nur zum Lesen brauche und mein Haar fast gar nicht schütter geworden ist. Stundenlanges Vor-dem-Spiegel-Stehen war und ist mir fremd, obwohl ich natürlich während meiner Berufstätigkeit darauf achtete, anständig gekleidet und gepflegt zum Dienst zu kommen. Abteilungsleiter haben eine gewisse Vorbildfunktion.

Noch mit Mitte vierzig hatte ich keine besonderen Probleme damit, wenn mir meine Fotos vorgelegt wurden. Es gab eine Menge Kollegen, die auf Betriebsfeiern fleißig knipsten, und im Gegensatz zu vielen anderen Mitarbeitern habe ich nie in betrunkenem Zustand junge Sekretärinnen auf den Schoß gezogen und musste mich hinterher über ein peinliches Foto schämen. Auf manchen Bildern sah ich sogar richtig gut aus.

Deswegen war es mir anfangs ein Rätsel, dass ich auf Familienfotos stets recht unerfreulich gegen meine Kinder abfiel. Nun ja, sagte ich mir, mit hübschen jungen Mädchen kann ein Mann sowieso nicht konkurrieren. Später, als unsere alte Katze überfahren wurde und die Kinder nur noch an Weihnachten oder gar nicht mehr aufkreuzten, musste meine Frau mit mir allein vorliebnehmen.

War es Zufall? Unsere Töchter hatten mich früher gehänselt, wenn ich mich über ein besonders scheußliches Abbild ärgerte: So und nicht anders sähe ich nun einmal aus.

Das hätte ich sicher hingenommen, wenn ich nicht immer wieder Fotos gesehen hätte, die das Gegenteil bewiesen. Langsam dämmerte es mir, dass meine Frau den Ehrgeiz oder sogar eine sadistische Freude hatte, mich von Mal zu Mal ekliger darzustellen. Das Wort hässlich leitet sich nicht grundlos von Hass ab. Da quoll mein Bauch, der doch im Grunde fast flach ist, auf fast unanständige Weise über die Demarkationslinie, die Adern an den Händen traten wie Regenwürmer hervor, der Hals sah aus wie bei einem schlachtreifen Truthahn, wulstige Säcke hingen unter den Augen, belanglose Fältchen wühlten sich wie tief ausgehobene Gräben durchs Gesicht. Alle diese unvorteilhaften Anzeichen des Alterns wären indes noch als natürlicher Prozess zu entschuldigen gewesen, wenn Fiene mir nicht durch optische Tricks den Ausdruck großer Beschränkt- oder Gemeinheit angedichtet hätte.

Inzwischen weiß jeder, dass die Fotografie kein objektives Kriterium ist, weil sie durch Selektion und Manipulation einen gewünschten Eindruck hinterlassen kann, der keineswegs der Wahrheit entspricht. Nun verfügte Fiene allerdings nicht über ein Fotolabor, wo sie retuschieren konnte, und von digitalen Kameras und computergesteuerten Programmen konnte erst recht nicht die Rede sein; sie musste einen sechsten Sinn dafür besitzen, in meiner Gestalt und Persönlichkeit die abstoßendste Variante zu erkennen und zum Beispiel meinen offenstehenden Mund im richtigen Moment für alle Ewigkeit zu konservieren.

Fiene besaß keine Fotoalben, sondern Aktenordner, die sie mit Jahreszahlen beschriftete und mit ihren Werken füllte. Ab ihrem fünfzigsten Lebensjahr gab es kaum mehr ein anderes Motiv für meine Frau als mich. Ihr Lebenswerk ist zu einer gigantischen Sammlung menschlicher Hässlichkeit geraten, alle am Beispiel ihres eigenen Ehemanns.

Die Fotos pflegte sie mir weder zu zeigen noch zu verbergen. Da Fiene aber seit dreißig Jahren mit einem Fotoapparat herumschlich, nahm ich im Allgemeinen keine besondere Notiz von ihren Aktivitäten. Erst als ich aus einem völlig anderen Grund – ich suchte ein lustiges Jugendfoto für eine Festschrift – einen Ordner nach dem anderen zur Hand nahm, begriff ich das Ausmaß ihrer Obsession.

Von da an konnte ich ihre Gesellschaft nur noch schwer ertragen. Zwar gab es sowieso nicht mehr viele gemeinschaftliche Unternehmungen, aber aus Mangel an Phantasie verhielten wir uns immer noch so, wie es einer langjährigen Partnerschaft zukommt: Wir schliefen im gleichen Schlafzimmer, nahmen die Mahlzeiten gemeinsam ein und machten einmal im Jahr eine Bergtour. Auch da gab es feste Gewohnheiten, die sich nie änderten, denn schon zum zwanzigsten Mal wanderten wir rund um die Cardada.

Es ist nun schon fünf Jahre her, dass meine Frau verunglückte. In jenem Sommer war es besonders heiß, so dass ich in kurzen Hosen aufbrach. Ich wusste durchaus, dass mir Shorts nicht besonders gut stehen, und befahl deshalb meiner Frau, den Fotoapparat zu Hause liegen zu lassen.

Als wir damals transpirierend und keuchend einen Gipfel erklommen hatten, hielten wir eine wohlverdiente Rast. Während ich hinter ihrem Rücken einen Schluck Grappa zu mir nahm, öffnete sie den Rucksack, um die Wasserflasche, Käsebrote und ein Pflaster für ihre wundgelaufenen Füße herauszuholen. Zufällig sah ich dabei, dass sie den Fotoapparat gegen meine Order doch mitgenommen hatte. Ich ärgerte mich so sehr, dass ich nach dem Picknick einen belastenden Beweis ihrer Bosheit erzwingen wollte.

Unrasiert, verschwitzt, mit fettigem Mund, offenem Hemd, zerzaustem Haar und krebsrotem Sonnenbrand war ich sicher ein gefundenes Fressen für ihre Perversion, aber ich wollte es noch auf die Spitze treiben. Am Rand des Abgrunds, der direkt vor unserem Rastplatz lag, pflanzte ich mich auf und urinierte hinunter. Wahrscheinlich konnte sie mich haarscharf im Profil anvisieren, und am leichten Klicken hinter mir erkannte ich, dass sie sich dieses Motiv auf keinen Fall entgehen ließ.

Du willst es so haben, dachte ich, kochend vor Wut. Ich zog das Hemd ganz aus, ließ den Hosenstall offen und kletterte nah am Abgrund herum, als wollte ich Enzian und Edelweiß pflücken. Inzwischen sah ich mit Fienes Augen, dass ich in diesem Augenblick geradezu hinreißend widerlich aussehen musste. Ohne dass ich hinzuschauen brauchte, hörte ich, wie sie aufstand und mir nachstieg. Es war nicht besonders schwer, sie näher und näher heranzulocken, bis ich mich plötzlich ruckartig umdrehte und mich drohend vor ihr aufbaute. Da ich noch niemals ähnlich reagiert hatte, erschrak sie maßlos, wich zurück und stürzte ab, ohne dass ich sie auch nur zu berühren brauchte. Zum zweiten Mal im Leben empfand ich so etwas wie reines Glück.

T. C. Boyle

Auf dem Dach der Welt

Die Leute fragten sie immer, was es für ein Gefühl sei. Sie sah ihnen von ihrem Turm aus zu, wenn sie mit ihren Baseballmützen und kleinen Rucksäcken, in Shorts und Wanderstiefeln oder Turnschuhen den Pfad entlangkamen. Die tapferen unter ihnen erkletterten auch noch die einhundertfünfzig Holzstufen, die man in den Berg gebohrt hatte, um sich dann gegen das hohe Geländer vor dem kleinen Wachtturm mit den Glaswänden zu lehnen, den sie sieben Monate im Jahr ihr Zuhause nannte. Schwitzend, Feldflasche oder Wassersack an den Lippen, in der dünnen Luft nach Atem ringend, fragten sie dann, was es für ein Gefühl sei. »Wunderschön«, sagte sie immer. »Friedlich.«

Aber das drückte es nicht annähernd aus. Es war ein unbeschwertes Schweben, als triebe man mit den Wolken dahin, geborgen in der Handfläche Gottes. In zweitausendsiebenhundertfünfzig Metern Höhe konnte sie im fernen Dunst den Rand der Welt sehen, sie sah den Mount Whitney, der sich aus dem Kräuselmeer der Sierra erhob, und sie sah Sterne, die noch nicht einmal entdeckt worden waren. Morgens war sie die Erste, für die die Sonne über den Hügeln im Osten aufging, und am Abend, wenn es unter ihr schon dunkel war, die drängenden Finger der Nacht längst alle Täler und Höhenzüge erfasst hatten, sah sie sie als Letzte. Da war der Wind in den Bäumen, das Raunen von unendlich vielen Nadeln an den zahllosen rauschenden Ästen von den Kiefern, Sequoias und Zedern, die sich unter ihr ausbreiteten wie ein Teppich. Da war der Tagesanbruch. Die Stille um drei Uhr früh. Sie konnte es nicht erklären. Sie saß auf dem Dach der Welt.

Wird es Ihnen nicht einsam da oben?, fragten die Leute. Kriegen Sie nicht einen kleinen Koller, so ganz allein?

Was sollte sie da sagen? Ja, natürlich war es einsam, aber das machte ihr nichts. Im Sommer hatte sie Todd bei sich, jede zweite Woche, und dann stellte sich die Frage sowieso nicht. Aber im September fuhr er zurück in die Stadt, zu seinem Vater, in die Schule, und die Welt drehte sich wieder etwas langsamer um ihre müde alte Achse. Um die Zeit blieben auch die Wanderer aus. Im Hochsommer, an den Wochenenden, kamen manchmal an einem einzigen Tag dreißig oder vierzig, aber jetzt, mit Einbruch des Herbstes, ließen sie sie in Ruhe – manchmal vergingen Tage, ohne dass sie eine Menschenseele sah.

Aber darum ging es ja eben, nicht wahr?

Sie machte sich gerade Frühstück – ein richtiges zur Abwechslung, Eier und Speck aus dem Propankühlschrank, frischen Filterkaffee und Toast –, als sie ihn sah: auf einer der Serpentinen tief unter ihr mühte er sich bergan. Sofort wurde sie ärgerlich. Es war noch nicht einmal sieben, und das Schild am Beginn des Pfades stellte sehr deutlich fest, dass Besucher willkommen waren, aber *nur* zwischen zehn und siebzehn Uhr. Was war los mit diesem Kerl – glaubte er, für ihn gäbe es eine Ausnahme, oder was? Dann beruhigte sie sich: vielleicht hatte er ein anderes Ziel. Die Jagdzeit war eröffnet – schon die ganze Woche über hörte sie das ferne, gedämpfte Knallen von Schüssen –, und vielleicht war er nur ein Jäger auf der Spur eines Hirschen.

Schön wär's. Als sie beim Wenden ihres Spiegeleis wieder aufblickte, die glatte Granitfläche und die steile, gewundene Holzstiege hinabstarrte, die sich an den Fels schmiegte, sah sie, dass er direkt auf ihren Turm zusteuerte. Verdammt, dachte sie, gerade als der Kessel zu pfeifen begann. Der Magen zog sich ihr zusammen. Das Frühstück war im Eimer. Jetzt würde ihr irgendein Fremder beim Essen über die Schulter glotzen und die üblichen banalen Bemerkungen machen. Die benahmen sich, als wären sie in Disneyland, dabei war es ihr Zuhause, sie wohnte hier. Wie es ihnen wohl gefallen würde, wenn sie morgens um sieben bei ihnen an der Tür klingelte?

Sie setzte sich zum Essen, mit dem Rücken zur Glastür, und hoffte, er würde weggehen, über den Grat in den Abgrund rutschen und verschwinden, sich in Rauch auflösen, als sie seine Schritte auf dem bebenden Laufsteg spürte, der rund um den Turm verlief. Immer noch drehte sie sich nicht um, sah nicht auf. Beim Essen las sie – im Lauf einer Saison schmökerte sie ganze Waggonladungen von Büchern durch –, ohne den Blick von der Seite zu heben. Sollte er doch vom Laufsteg aus hereinglotzen, durch das Fernrohr ins Tal schauen und dann wieder die Stufen hinunterpoltern, ihr war das egal. Sie war keine Fremdenführerin. Ihr Job war es, nach Rauch Ausschau zu halten, vierundzwanzig Stunden am Tag, und zu den Wanderern, die sich schwitzend und keuchend den langen Weg zu ihr heraufplagten, um sie für kurze Zeit auf dem Dach der Welt zu besuchen, freundlich zu sein – falls sie dazu in der Laune war und die Zeit hatte. Nirgendwo stand geschrieben, dass sie sie in die Hütte lassen, ihnen das Funkgerät oder die kartografische Ausrüstung erklären und den Standardvortrag darüber halten musste, wie alles funktionierte. Schon gar nicht um sieben Uhr morgens. Zum Teufel mit ihm, dachte sie, während sie das Spiegelei verschlang und versuchte, sich auf ihr Buch zu konzentrieren.

Dummerweise war sie aber darauf trainiert, etwa alle dreißig Sekunden von allem, was sie gerade tat, aufzublicken und den Horizont abzusuchen, das war ihr zum Reflex geworden. Also blickte sie auf, und da war er. Sie erschrak. Er war rundherum gegangen und stand jetzt direkt vor ihr, grinste und hielt etwas in der Hand hoch. Blumen, Wildblumen, das registrierte sie, dann aber sah sie in sein Gesicht und spürte, wie etwas in ihr zusammensank: sie kannte ihn. Er war schon einmal da gewesen.

»Lainie«, sagte er, klopfte ans Glas und wedelte mit den Blumen, »ich hab Ihnen was mitgebracht.«

Ihr Name. Er kannte ihren Namen.

Sie versuchte ein Lächeln, und ihre Miene gefror um es herum. Das Taschenbuch auf dem Tisch vor ihr stieß den Salzstreuer um und klappte mit einem leisen, wie gehauchten Seufzer von selbst zu. Sollte sie sich bedanken? Sollte sie aufstehen und den Riegel vorlegen? Sollte sie einen Notruf über Funk aussenden und sich das Küchenmesser schnappen?

»Entschuldigen Sie, dass ich beim Frühstück störe – ich

wusste nicht, wie zeitig es noch ist«, sagte er, und dabei geschah etwas mit seinem Grinsen, obwohl seine Augen – ein hartes, metallisches Blau – die ihren wie mit Zangen festhielten. Er hob die Stimme, um das Glas zu durchdringen. »Ich campe unten am Long Meadow Creek, und als ich heute früh über den Pfad gekommen bin, dachte ich mir, Sie sind vielleicht einsam, und da wollte ich Sie überraschen« – er zögerte –, »ich meine, mit einem Blumenstrauß.«

Sie war jetzt am ganzen Körper angespannt. Spinner hatte sie schon öfter oben gehabt – das war Berufsrisiko –, aber an diesem war etwas höchst Beunruhigendes; an diesen erinnerte sie sich. »Es ist zu früh«, sagte sie schließlich und half mit Zeichensprache nach, als wäre die Scheibe nicht schalldurchlässig, dann stand sie auf von dem halbgegessenen Ei und dem Speck, den sie nicht angerührt hatte, und ging zielstrebig zum Funkgerät. Es befand sich direkt unter dem Fenster, vor dem der Mann stand, und als sie das Mikro nahm und den Sprechknopf drückte, war sie einen halben Meter entfernt von ihm, getrennt durch nichts als die dünne Glasscheibe.

»Needles Lookout«, sagte sie, »hier Elaine. Zack, bist du da? Kommen.«

Zacharys Stimme meldete sich sofort. Er studierte Forstwirtschaft und löste sie zwei Tage pro Woche ab, wenn sie sich aufmachte, den Berg hinabzusteigen, um einen Tag mit ihrem Sohn zu verbringen, ein paar Einkäufe zu erledigen und abends mit Cynthia Furman, ihrer besten Freundin und Seelenverwandten, ins Kino oder etwas trinken zu gehen.

»Elaine«, sagte er durch das statische Knistern, »was gibt's? Irgendwas Komisches gesehen da draußen? Kommen.«

Sie zwang sich, aufzusehen und die Augen des Fremden zu prüfen – er grinste immer noch, aber das Grinsen war schlaff und unstet, und es lag keine Freude in der Tiefe dieser harten blauen Augen –, und sie hielt das schwarze Plastikmikrofon einen Moment länger als nötig stumm vor sich, ehe sie antwortete. »Nichts, Zack«, sagte sie. »Wollte mich nur melden.«

Seine Stimme klang blechern. »Okay«, sagte er. »Dann bis später. Ende.«

»Ende«, sagte sie.

Und was nun? Der Kerl trug ein Jagdmesser in einem Futteral am Bein. Er hatte hohle Wangen, als ob er einen Bonbon lutschte, und seine Oberlippe wurde von einem altmodischen, buschigen rötlichen Schnurrbart verborgen. Statt einer Baseballmütze trug er einen breitkrempigen Filzhut. Wyatt Earp, dachte sie, und sie wollte sich gerade vom Fenster abwenden, um ihn ganz einfach zu ignorieren, bis er den Wink endlich verstand, bis er die einhundertfünfzig hölzernen Stufen wieder hinunterstieg und im Wald und aus ihrem Leben verschwand, als er erneut an die Scheibe klopfte und fragte: »Haben Sie was zum Reinstellen für die – für die Blumen, meine ich?«

Sie wollte seine Blumen nicht. Sie wollte ihn nicht auf der Plattform. Sie wollte ihn nicht in ihr vier mal vier Meter großes Allerheiligstes einlassen, wo er ihre Sachen anfassen, herumstöbern, dumme Fragen stellen und belangloses Zeug plaudern konnte. »Hören Sie«, sagte sie schließlich, wobei sie zwar das Glas ansprach, aber an ihm vorbeiblickte, durch ihn hindurch, und die unendliche Ferne absuchte, wie sie es sich angewöhnt hatte, ganz egal, was passierte. »Ich habe hier eine Aufgabe zu erledigen, und zwischen fünf Uhr nachmittags und zehn Uhr morgens darf niemand hier oben auf die Plattform« – jetzt sah sie ihn wieder an und bemerkte, dass sein Lächeln verflogen war –, »und das müssten Sie eigentlich wissen. Es steht klar und deutlich auf dem Schild unten, wo der Pfad anfängt.« Sie sah beiseite; es war vorbei, sie war fertig mit ihm.

Sie wandte sich wieder ihrem Frühstück zu, zwang sich, auf das Buch zu starren, obwohl ihr Herz raste und die Worte keinerlei Bedeutung hatten. Als der Mann zum ersten Mal gekommen war, war Todd da gewesen. Todd war vierzehn, großgewachsen wie sein Vater, blond und schlaksig. Er war ein guter Junge, ihre letzte, allerletzte Hoffnung, und er schien die Zeit zu genießen, die er mit ihr hier oben verbrachte. Es war ein Samstagnachmittag gewesen, und seit dem Morgen waren ständig Besucher da gewesen. Todd saß in der Vorratskammer unten und schmökerte in Comics (in weiser Voraussicht hatte die Forstbehörde diesen zweiten Raum geschaffen, fünfundzwanzig Stufen tiefer, nicht nur für Vorräte, sondern auch zum Ausspannen – es war ein winzig kleiner Raum der Geborgenheit, mit einem einzigen matten Fenster hoch oben, um Licht hereinzulassen, Antithese und Gegenmittel für die nackte gläserne Kiste des Ausgucks weiter oben). Elaine war auf ihrem Posten gewesen, hatte Suppengemüse kleingeschnitten und dabei den Horizont abgesucht.

Sie hatte ihn zunächst nicht bemerkt – damals waren so

viele Besucher gekommen, dass sie nicht so konzentriert war wie in ruhigeren Zeiten. Sie fühlte sich leutselig und unbekümmert, als Gastgeberin einer netten Party. Kurz zuvor war ein Professor heraufgestiegen, ein Ornithologe, und sie hatten sich lange über Steinadler und Rotschwanzbussard unterhalten. Danach kam das Mädchen aus Merced – sie konnte nicht viel älter als siebzehn gewesen sein –, die ihr Baby auf dem Rücken trug, und die beiden dicklichen Mittsechzigerinnen, voller Stolz auf ihren Vier-Kilometer-Aufstieg und leicht benommen von der dünnen Luft und der Aufregung über die eigene Leistung. Elaine hatte den beiden eine Tasse Tee angeboten und ihnen nicht den Spaß verderben wollen, indem sie etwa darauf hinwies, dass auch der Rückweg vier Kilometer lang war.

Sie hatte seine Schritte auf der Plattform draußen gespürt und sich lächelnd zu ihm umgedreht. Er war groß, mit kräftiger Brust- und Schulterpartie, und tippte sich an den Hut, ehe er den Kopf durch die offene Tür steckte. »Schöne Aussicht hier?«, fragte er.

Etwas in seinem Blick hätte sie warnen müssen, aber sie fühlte sich gesellig und gastfreundlich, und sie spürte auch die Großzügigkeit in seinen Händen und seinem Wesen. »Nichts im Vergleich zu einem Blick auf den Ventura Freeway«, erwiderte sie lässig.

Er lachte laut, und dann stand er in der Tür, beide Hände auf dem Türrahmen. »Anscheinend hat das mönchische Leben Ihrem Humor keinen Abbruch getan« – und dann verstummte er, als wäre er zu weit gegangen. »Na ja, ›mönchisch‹ ist ja wohl das falsche Wort – gibt es eine weibliche Version davon?«

Ziemlich frech. Und zum Flirten aufgelegt. Aber sie war ebenfalls in der Stimmung dazu, sie wusste nicht, warum – vielleicht weil Todd bei ihr war, vielleicht war es nur die schiere sprudelnde Lust daran, auf dem Dach der Welt zu leben –, und immerhin ödete er sie nicht nur mit der immer gleichen Leier an, die sie an die hundertmal pro Woche über sich ergehen lassen musste: über das Alleinsein und die schöne Aussicht und Rauch am Horizont. »Kommen Sie rein«, sagte sie. »Ruhen Sie einen Augenblick aus.«

Er setzte sich auf den Bettrand und nahm den Hut ab. Seine Frisur war ein abgewandelter Punkschnitt – steife, unregelmäßige Zacken –, und das überraschte sie: irgendwie passte sie einfach uberhaupt nicht zu dem Cowboyhut. Seine Jeans waren steif und neu, die handgenähten Stiefel sahen aus wie frisch geputzt. Er betrachtete sie – sie trug khakifarbene Shorts und ein T-Shirt, in Erwartung der vielen Leute hatte sie sich am Morgen die Haare gewaschen, und ihre Beine sahen gut aus – das wusste sie –, braungebrannt und wohlgeformt durch den häufigen Auf- und Abstieg während des Sommers. Sie spürte etwas, das sie schon sehr lange nicht mehr gespürt hatte, seit Ewigkeiten nicht, und sie wusste, dass ihre Wangen sich röteten. »Heute haben Sie sicher einen Sack voll Flöhe zu hüten gehabt hier oben, was?«, sagte er, und irgendetwas stimmte nicht an der gezwungenen Lockerheit dieser Wendung, passte nicht zu seinem Akzent, so wie der Haarschnitt nicht zum Hut.

»Seit heute früh hab ich sechsundzwanzig gezählt.« Sie schnitt eine Möhre in Würfel und warf sie in die Pfanne zu den Zwiebeln und den Zucchini, die sie zuvor zerkleinert hatte.

Er starrte aus dem Fenster und bearbeitete seine Hutkrempe mit den Fingern. »Hoffentlich verübeln Sie mir nicht, was ich jetzt sage – aber das Beste an der ganzen Aussicht sind Sie. Sie sind hübsch. Wirklich hübsch.«

Das hatte sie schon gehört. Ungefähr tausendmal. Von den Ausflüglern, die den Anstieg zum Ausguck unternahmen, waren circa siebzig Prozent männlich, und wenn sie allein oder mit anderen Männern unterwegs waren, versuchten neunzig Prozent von ihnen, sie auf die eine oder andere Art anzumachen. Sie ärgerte sich darüber, konnte es ihnen aber nicht wirklich verübeln. Wahrscheinlich lag eben etwas Unwiderstehliches in der Kombination: junge Frau mit blondem Haar und schönen Beinen in einem gläsernen Turm mitten im Nirgendwo – und ganz allein. Rapunzel, lass mir dein Haar herunter. Komplimente – oder dumme Sprüche – blockte sie meistens ab, indem sie offiziell wurde und sich auf ihre Autorität als Mitarbeiterin der Forstbehörde, Regierungsangestellte und Chefin, Königin und Despotin von Needles Lookout berief. Diesmal sagte sie gar nichts. Hob nur kurz den Kopf, um den Horizont abzusuchen, ehe sie wieder auf Messer und Hackbrett hinuntersah und Frühlingszwiebeln und Koriander kleinschnitt.

Er beobachtete sie immer noch. Er saß auf ihrem großen Doppelbett, einem der wenigen leiblichen Genüsse, die die Forstbehörde einem hier oben bot. Es hatte natürlich keine Kopfstütze – es war nur eine große, flache, recht harte Matratze, die auf Fensterhöhe mit der gläsernen Wand abschloss, sodass man auch im Bett liegend seine Arbeit tun konnte. Wahrscheinlich war es ursprünglich für Paare gedacht. Als er wieder den Mund aufmachte, wusste sie, was er sagen würde, ehe die Worte heraus waren. »Schönes Bett«, sagte er.

Was hatte sie erwartet? Er war nicht anders als die anderen – warum auch? Urplötzlich fiel er ihr auf die Nerven, und als sie ihm jetzt wieder das Gesicht zuwandte, war ihre Stimme eiskalt. »Haben Sie schon durch das Fernrohr gesehen?«, fragte sie und deutete dabei auf das Bushnell-Teleskop, das am Geländer des Laufstegs montiert war – jenseits des Fensters, vor der Tür.

Er ignorierte die Aufforderung. Er erhob sich. Sechzehn Quadratmeter: für zwei zu wenig. »Ihnen muss es ja schrecklich einsam werden hier«, sagte er, und auch seine Stimme klang jetzt verändert, die gespielte Lockerheit und Jovialität waren verschwunden, »eine hübsche Frau wie Sie. Eine schöne Frau. Ihre Beine sind echt sexy, wissen Sie?«

Sie wurde rot – er konnte es sehen, da war sie sicher –, und das machte sie wütend. Sie wollte ihn gerade hinauswerfen, wollte ihm sagen, er solle ihr Haus verlassen und nicht mehr wiederkommen, verdammt noch mal, als Todd die Stufen heraufpolterte, ganz aufgeregt und gehetzt. »Mom!«, rief er atemlos, und seine Stimme klang schrill und heiser. »Da draußen tropft überall Wasser raus!«

Wasser. Es dauerte eine Weile, bis sie begriff. Wasser war wertvoll hier oben, ja unersetzlich. Einmal im Monat brachten ihr zwei bärtige Männer mit Ärmelaufnähern der Forstbehörde sechs Fünfundsiebzig-Liter-Kanister herauf – so wie früher, auf Mulis. Sie ging mit diesem Wasser so haushälterisch um, als lebten sie mitten im Negev, sparte jeden Tropfen und gestattete sich nur selten den Luxus einer kurzen Haarwäsche mit Spülung, so wie an diesem Morgen. Im nächsten Moment stürzte sie zur Tür hinaus und hastete ihrem Sohn hinterher die Stufen hinab. Unten, vor dem Lagerraum, in dem die Kanister ordentlich aufeinandergestapelt standen, sah sie sofort, dass auf dem Fels eine dünne Wasserschicht glänzte. Sie bückte sich zu dem vordersten Kanister. Aus einem feinen Spannungsriss im milchigweißen Plastik, etwa drei Zentimeter über dem Boden, leckte das Wasser. »Los, fass mit an, Todd«, sagte sie. »Wir müssen ihn umdrehen, so dass das Loch oben ist.«

Voll wog ein Kanister knapp achtzig Kilo, und dieser war fast voll. Sie legte ihr ganzes Gewicht hinein, alle Kraft ihrer trainierten, muskulösen Beine, schaffte es aber auch mit Todds Hilfe nur, das Ding auf die Seite zu drehen. Sie atmete schwer und schwitzte, hatte sich irgendwo das Bein aufgeschrammt, so dass die Haut über der Kniescheibe von lauter Blutpünktchen gerötet war. In diesem Augenblick wurde ihr bewusst, dass der Fremde direkt hinter ihr stand. Sie blickte zu ihm auf, er wurde von der Weite des Himmels eingerahmt, hatte die Sonne im Gesicht, die großen Hände in die Hüfte gestemmt. »Kann ich Ihnen unter die Arme greifen?«, fragte er.

Im Nachhinein wusste sie nicht, weshalb sie das Angebot ausgeschlagen hatte – vielleicht weil Todd den Mann so ehrfürchtig anglotzte, weil in seinem Tonfall das bekannte So-hübsch-und-ganz-allein-hier-oben-Klischee mitschwang oder weil sie das Bild der hilflosen Frau einfach hasste –, doch ehe sie lange überlegen konnte, erwiderte sie: »Ich brauche Ihre Hilfe nicht; ich schaffe es schon selbst.«

Und dann sanken seine Hände von den Hüften herab, er

trat einen Schritt zurück, und auf einmal entschuldigte er sich, wurde sanft und witzig und charmant, und es tue ihm leid, dass er ihr zu nahe getreten sei, und er wolle ja nur helfen, und er wisse sehr wohl, dass sie es auch allein schaffte, andeuten wolle er gar nichts – und ebenso abrupt verstummte er, ließ die Schultern hängen und verschwand ohne ein weiteres Wort die Stufen hinunter.

Lange sah sie ihm nach, wie er auf dem Pfad immer kleiner wurde, erst dann wandte sie sich wieder dem Wasserkanister zu. Bis sie ihn endlich gemeinsam mit Todd ganz umgedreht hatte, war er halb leer.

Tja. Und jetzt war er wieder hier, obwohl er kein Recht dazu hatte, er war ein Eindringling, und er wusste es, er war jetzt ein Irrer, der neue Ebenen des Irreseins definierte. Ein Notruf war in Sekundenschnelle durchgegeben – da würde sie nicht zögern –, und in weniger als fünf Minuten wäre ein Hubschrauber hier, so schnell waren diese Feuerwehrleute, sie hatte sie schon in Aktion erlebt. Fünf Minuten. Sie würde nicht zögern. Sie hielt den Kopf gesenkt. Sie schnitt und kaute jedes Stück Speck mit langsamer Entschlossenheit, und sie las denselben Absatz immer wieder, bis er jeden Sinn verlor. Als sie wieder aufsah, war er weg.

Danach schleppte sich der Tag dahin, als wollte er nie zu Ende gehen. Der Kerl hatte sie keine zehn Minuten lang mit seinem Söldnergrinsen und den lächerlichen Blumen belästigt, aber es war ihm gelungen, ihr die Laune zu ruinieren. Er hatte ihr Gleichgewicht gestört, und sie stellte fest, dass sie weder lesen noch zeichnen, noch an Todds Pullover weiterstricken konnte. Sie ertappte sich dabei, dass sie völlig geistlos irgendeinen Punkt am Horizont fixierte, ihren Verstand treiben ließ. Sie aß zu viel. Das Mittagessen wurde zur Zeremonie, das Abendessen zum Ritual. Besucher kamen keine, obwohl sie sich ausnahmsweise nach ihnen sehnte. Die Abenddämmerung verklang allmählich im Westen, und als die Nacht hereinbrach, gab sie sich gar nicht lange Mühe mit der Propanlampe, sondern setzte sich einfach nur auf die Ecke ihres Betts und ließ sich gefangen nehmen von der wirbelnden Weite der Konstellationen und vom Traum der Milchstraße.

Und dann konnte sie nicht einschlafen. Sie musste immer an ihn denken, an den Fremden mit den großen Händen und dem seltsamen Blick, suchte ständig den Laufsteg nach seinem plötzlichen schwarzen Schatten ab. Wenn er um sieben Uhr früh auftauchte, warum dann nicht auch um drei? Was sollte ihn daran hindern? Es war nichts zu hören, gar nichts – der Wind hatte sich gelegt, und die Nacht war klar und ohne Mondschein. Zum ersten Mal, seit sie hier war, zum ersten Mal in drei langen Sommern fühlte sie sich in ihrem Glashaus nackt und verletzlich, ausgesetzt wie ein Fisch im Aquarium. Die Nacht umfasste sie und hielt sie in ihrem Griff.

Dann dachte sie an Mike und an das Haus, in dem sie gewohnt hatten, als er nach dem Studium als Lehrbeauftragter an einer kleinen öffentlichen Uni in den schönen einsamen Bergen von Oregon anfing. Das Haus war eine dieser A-förmigen Satteldachkonstruktionen gewesen, Wohnraum mit Dachkammer darüber, mitten unter den Bäumen, wie ein Haus im Märchen. Es bestand nur aus Fenstern, und aus jedem sah man auf Bäume hinaus, die fast ins Haus wuchsen. Der Vorbesitzer, ein alter Witwer mit wässrigen Augen und gelblichen Haaren in den Ohren, hatte auf Jalousien oder Vorhänge völlig verzichtet, was Mike gar nicht gefiel – er lag ihr dauernd in den Ohren, sie solle die Fenster abmessen und dann Jalousien oder Vorhangstoff bestellen. Sie hatte aufbegehrt: Die Offenheit, das Licht, das Gefühl des Verbundenseins und des Dazugehörens machten für sie ja gerade den Reiz des Hauses aus. Sie liebten sich immer nur im Dunkeln – Mike bestand darauf –, als wäre es etwas, dessen man sich schämen musste. Und nach einer Weile war es das auch.

Dann dachte sie an die Zeit davor, an die Zeit vor Todd und dem Studium, als Mike neben ihr im Aufenthaltsraum des Studentinnenheims saß, auf dem Tisch vor dem Sofa aufgeklappte Lehrbücher, um sie herum die Hitze und das Gemurmel von einem Dutzend anderer Paare, die Münder und Körper aneinanderrieben. Man traf sich »zum Lernen«. Stundenlang klammerte sie sich an ihn, das Sofa war wie ein schlingerndes Boot in stürmischer See, quälende Lust, unbeholfene Unschuld, ein endloses Vorspiel, das sie feucht werden ließ und erregte, während der Wind hinter den hohen, zugefrorenen Fenstern heulte. Was für Gefühle. Dann, so gegen Viertel vor eins, kam der Hausmeister und machte das Licht ein paarmal aus und an, zum Zeichen, dass jetzt Schluss war, und sie fielen sich ein letztes Mal in die Arme, jeder Schritt bis zum Ausgang war in Hormone getränkt, dann ein verzweifelter Abschied, bis er irgendwann doch ging und sie den Verlust spürte wie eine Soldatenbraut. Bis zum nächsten Abend.

Irgendwann – es war gegen zwei, drei Uhr morgens, der

Große Bär stand bereits tief am Horizont, der Orion im Zenit – dachte sie wieder an den Fremden, der ihr das Frühstück verdorben hatte. Hier auf der Ecke des Betts hatte er gesessen, hinter dem Fenster hatte er mit seinem jämmerlichen Blumenstrauß gewedelt und den Himmel verfinstert. Als sie an ihn dachte, genau in diesem Moment, hörte sie draußen ein leises dumpfes Geräusch auf der Stiege, ein sachtes Rascheln, eine Bewegung, und sie konnte weder atmen noch sich rühren. Die Sekunden pochten in ihrem Schädel, und das Rascheln – es hatte geklungen wie das Fegen eines Besens – war vorbei: irgendein nächtliches Tier, eine Ratte, das flüchtige Streifen eines Eulenflügels. Sie dachte an diese Hände, die Augen, die kantigen Schultern, und sie fühlte, wie sie in die Nacht hineingezogen wurde, erleichtert und dann sogar dankbar.

Sie erwachte sehr spät, als die schrägen Sonnenstrahlen ihre Lippen berührten und ihr in die Augen schienen. Zachary brachte über Funk die Neuigkeit, dass Oakland sich den Titel im Baseball geholt hatte und dass ein Hurrikan die Ostküste heimsuchte. »Du klingst ja entsetzlich«, sagte er. »Ich hab dich doch nicht etwa aufgeweckt?«

»Hab gestern nicht einschlafen können.«

»Wieder Sterne geguckt?«

Sie versuchte für ihn zu lachen. »Stimmt«, sagte sie. Einen Augenblick herrschte Schweigen. »Meine Güte, du hast mich gerade erst abgelöst. Ich habe noch vier Tage vor mir, bevor ich wieder runterkomme.«

»Werd bloß nicht mystisch. Und lass mir diesmal genug Müsli da, ja? Falls es dir ausgeht, sag rechtzeitig Bescheid.

Wir reden hier über mein Frühstück. Und mein Mittagessen. Und manchmal, wenn ich keine Lust zum Kochen hab –«

Sie unterbrach ihn: »– dein Abendessen, ich weiß. Ich werd darauf achten.« Sie gähnte. »Also, bis später.«

»Okay. Ende.«

»Ende.«

Als sie den Kessel auf den Kocher stellte, zischte das Gas noch, aber als sie sich umdrehte, um die Butter aus dem Kühlschrank zu holen, erlosch die Flamme. Sie versuchte es mit einem zweiten Streichholz, aber es kam nichts. Das hieß, dass sie den zweiten Propantank anschließen musste: kein Problem, nur lästig. Die Tanks, die einmal im Jahr mit dem Hubschrauber gebracht wurden, befanden sich am Fuß der Stiege, einhundertfünfzig Stufen unter ihr. Es gab dort einen flachen Platz, in der Nische, die auf einer Seite über einer überhängenden, sechs Meter hohen Felswand abgeschirmt war. Auf der anderen Seite war der nächste Vorsprung erst dreihundert Meter weiter unten.

Sie zog sich Shorts an, und weil es trotz der Sonne kalt draußen war – einmal hatte es schon an einem fünften September geschneit, und jetzt war bald Oktober –, holte sie einen extra großen Pullover hervor, der früher Mike gehört hatte. Sie hatte ihn damals in dem Kissenbezug gefunden, der in der Eile des Auszugs ihr Kleiderschrank gewesen war; Mike hatte ihn nie zurückgefordert. Es war windig, und eine scharfe Bö durchfuhr sie, als sie die Tür aufriss und sich an den Abstieg machte. Mächtige flauschige Kumulusballen zogen eilig über den Himmel, schwollen an und wurden schmaler, wechselten ständig die Form, aber sie sah nichts, was dunkel genug – oder groß genug – gewesen wäre, um ein Unwetter anzuzeigen. Trotzdem, man konnte nie wissen. Der Wind kam von Norden, und im Radio hatten sie angekündigt, dass vom Pazifik her eine Front aufzog – es würde sie nicht überraschen, wenn es über Nacht schneite. Ein ordentlicher Schneefall, und die Brandgefahr wäre für diese Saison vorbei, dann konnte sie nach Hause. Vorzeitig.

Sie dachte darüber nach – an die vier Wände des Zimmers in der kleinen Selbstversorgerpension, das sie in einer öden Straße in einer öden Stadt gemietet hatte, um im Winter nahe bei Todd zu sein –, und sie hoffte, es würde nicht schneien.

Nicht jetzt schon. Noch nicht. In einem trockenen Jahr – und dies war schon ihr drittes – blieb sie manchmal bis Mitte November oben. Sie erreichte den Fuß der Stiege und beugte sich über die Propantanks, zwei riesige Stahlbehälter, die im Grün der Forstbehörde gestrichen waren, und sie fühlte sich deprimiert bei dem Gedanken an diese vier tristen Wände und an die Kälte und den Wetterumschwung, der kommen würde oder auch nicht. Sie hatte eine Gänsehaut auf den Beinen, und ihr Atem hing ringsherum in der Luft. Sie blickte einem Erdhörnchen nach, sah das hellgrau gefleckte Fell des pummligen Wesens, das auf der überhängenden Felswand entlanghuschte, und dann schraubte sie die Kupplung des leeren Tanks ab und drehte den Anschlussstutzen zu dem vollen hinüber.

»Probleme mit dem Gas?«

Die Stimme kam von hinten und etwas über ihr, und sie fuhr zusammen, wie von einem Hornissenstich. Noch bevor sie herumwirbelte, wusste sie, wem die Stimme gehörte.

»He, he, ich wollte Sie nicht erschrecken. Schon gut. Entschuldigung.« Da stand er, der fröhliche Camper, das Messer ans Bein geschnallt, direkt in ihrem Rücken und zwei Stufen über ihr. Diesmal verbargen sich seine Augen hinter einer Sonnenbrille mit Spiegelgläsern. Die Krempe des Stetsonhuts war tief ins Gesicht gezogen, und er trug einen Schafpelzmantel, den flauschigen Kragen hochgestellt.

Sie konnte ihm nicht antworten, geschweige denn ihn anlächeln oder freundlich sein. Er hatte sie außerhalb ihres Allerheiligsten überrascht, draußen im Freien, einhundertfünfzig ermüdende Stufen weit weg vom Funkgerät, dem Küchenmesser, dem harten, flachen Bett mit der Aussicht. Sie duckte sich. Er baute sich über ihr auf, seine Schultern wie aus dem Himmel geschnitzt. Todd war in der Schule. Mike – an Mike wollte sie gar nicht denken. Sie war mutterseelenallein.

Er stand reglos da, in seinem Gesicht bewegte sich nur der Schnurrbart, der sich jetzt zum Grinsen hob und die Zähne entblößte. »So was kann echt nervig sein«, sagte er, und wieder stahl sich der joviale Ton in seine Stimme, »solche Gastanks, meine ich. Gefährliche Dinger. Ich selber koche elektrisch.«

Sie hatte sich vorsichtig aus der Hocke erhoben, ihre kräftigen Beinmuskeln spannten sich an. Sie hätte es riskiert, die Stiege hinaufzurennen, alle einhundertfünfzig Stufen, hätte ihren Beinen voll vertraut, aber er blockierte die Treppe – fast als wollte er ihr zuvorkommen. Sie hatte noch kein Wort gesagt. Sie wirkte verängstigt, das wusste sie. »Campen Sie immer noch?«, fragte sie, bemühte sich darum, das Gesicht zu entspannen und sein Lächeln zu erwidern, auf dem Banalen und Normalen zu beharren, auf dem bedeutungslosen Geplänkel einer bedeutungslosen Konversation.

Er sah weg von ihr, das Licht blitzte auf den leicht konvexen Gläsern der Sonnenbrille, und er tippte eine der hölzernen Stufen mit seiner silbernen Stiefelspitze an. Dann wandte er sich wieder zu ihr um und nahm die Sonnenbrille ab. »Ja«, sagte er achselzuckend, »schon irgendwie.«

Die Antwort war unerwartet. Schon irgendwie? Was sollte das bedeuten? Er hatte sich nicht bewegt und betrachtete sie mit diesem Blick – sie kannte den Blick, kannte die Pose, kannte den Schnurrbart und den Hut, aber seinen Namen kannte sie nicht. Er kannte ihren, aber sie kannte seinen nicht, nicht mal den Vornamen. »Entschuldigung«, sagte sie, und als sie jetzt zum Schutz vor der Sonne eine Hand an die Augen führte, zitterte sie, »wie war doch gleich Ihr Name? Ich meine, ich kenne Sie, nicht nur von gestern früh, sondern auch von damals, so etwa vor einem Monat, aber …« Sie verstummte.

Er schien sie nicht gehört zu haben. Der Wind rauschte in den Bäumen. Sie blinzelte tatenlos in die Sonne – sonst konnte sie nichts tun. »Also, campen war ich eigentlich nicht«, sagte er. »Nicht dass ich die Natur nicht liebe – und ich campe schon manchmal, mit Rucksack und so –, aber ich … ich dachte, das war es, was Sie hören wollten.«

Was sie hören wollte? Wovon redete er? Sie warf rasch einen Blick auf den Ausguck, die Sonne blitzte auf den

Fenstern, hinter dem Dach türmten sich Wolken auf, und er wirkte so weit weg wie die Sterne in der Nacht. Wenn sie nur dort oben wäre, könnte sie einen Notruf durchgeben, ganz bestimmt, und innerhalb von fünf Minuten wäre Hilfe da …

»In Wirklichkeit« – und er sah jetzt beiseite, ließ die Schultern hängen, wie ein geschlagener Hund, so wie damals, als sie seine Hilfe mit dem Wasserkanister abgelehnt hatte –, »in Wirklichkeit hab ich eine Hütte in der Nähe von Cedar Slope. Ich dachte mir nur, na, dass Sie es lieber hätten, wenn ich campen würde.« Er hatte auf seine Stiefelspitzen gestarrt, aber jetzt sah er plötzlich zu ihr auf und grinste so breit, dass seine Backenzahnfüllungen in der Sonne blitzten. »Ich finde, Elaine ist ein schöner Name, hab ich Ihnen das schon gesagt?«

»Danke«, sagte sie, fast wider Willen und ganz leise, so leise, dass sie sich selbst kaum hörte. Er konnte sie hier vergewaltigen, konnte sie umbringen, alles Mögliche. Wollte er das? War es das? »Hören Sie«, sagte sie gepresst, obwohl sie sich zur Ruhe zwang, »hören Sie, ich muss zurück an die Arbeit …«

»Ich weiß, ich weiß«, sagte er und hob die massige Hand, »zurück ins Nest, was? Ich weiß, ich geh Ihnen bestimmt mordsmäßig auf die Nerven damit, und sicher bin ich nicht der Erste, der das sagt, aber Sie sehen einfach zu gut aus, als dass Sie hier an die Eichhörnchen und Kojoten verschwendet werden sollten.« Er kam die Stufen herunter, kam auf sie zu, und sie dachte in diesem Augenblick daran, an ihm vorbeizuflitzen, ein wilder Gedanke, instinktiv und verzweifelt, ein Gedanke, der sich wie mit Krallen in ihr Gehirn bohrte und dort gefror, ehe sie sich regen konnte. »Meine Güte«, sagte er, und in seiner rauen Stimme lag unerschütterliche Gewissheit, »wird's Ihnen hier denn nicht einsam?«

Und dann sah sie die Bewegung, ein Stück rechts und weiter unten: zwei rosa Jagdmützen, die den Pfad heraufkamen. Es war vorbei. So einfach. Sie konnte jetzt davongehen, die Stiege hinaufsteigen, sich im Ausguck einschließen. Aber warum raste ihr Herz immer noch, warum hatte sie das Gefühl, als hätte es noch nicht einmal angefangen? »Verdammt«, sagte sie und sah ins Tal hinab, »noch mehr Besucher. Jetzt muss ich aber wirklich zurück.«

Er folgte ihrem Blick und sah ebenfalls zu den Jägern, die abwechselnd verschwanden und wieder zu sehen waren, während sie sich den Weg hinaufarbeiteten. Sie erkannte jetzt ihre Gesichter – zwei ältere Männer, strähniges Haar unter den grellen Mützen. Unbewaffnet. Nur Fotoapparate. Er musterte die beiden einen Moment, dann sah er ihr in die Augen, ganz tief, als hätte er etwas darin verloren. Schließlich zuckte er die Achseln, drehte sich um und ging den Pfad entlang auf die Männer zu.

Sie war in guter Form, in der besten ihres Lebens. Die Stiege hatte sie schon tausendmal, zweitausendmal hinter sich gebracht, aber nie war sie schneller oben gewesen als jetzt. Sie flog die Stufen hinauf wie vom Wind getrieben, dabei hämmerte ihr das Herz in Panik gegen die Rippen, und sie roch das heraufziehende Unwetter, fühlte die Kälte bis ins Mark. Und dann war sie an der Tür, knallte sie hinter sich zu und tastete nach dem Riegel. Dann, erst dann fielen ihr die Blumen auf. Sie standen in der Mitte des Tisches, in einer Kristallglasvase, Lupinen, Kreuzkraut, Vergissmeinnicht.

Über Nacht fiel Schnee, übergroße, monströse, taumelnde Flocken, die an den Fenstern klebten und sie mit Verzweiflung erfüllten. Bei Licht hätte sie sich nur schutzlos und ausgeliefert gefühlt, und deshalb saß sie jetzt schon die zweite Nacht im Dunkeln, mit dem Küchenmesser im Schoß, und horchte auf seine Schritte auf der Stiege, während ringsherum der Himmel barst. Aber er würde nicht kommen, nicht nachts, nicht bei diesem Wetter – sie war kindisch und albern, es gab keinerlei Grund zur Sorge. Außer dem Schnee. Er bedeutete, dass ihre Saison vorbei war. Und wenn ihre Saison vorbei war, musste sie vom Berg hinunter in die wirkliche Welt, in die wirkliche Zeit steigen, zurück zu Smog, Lärm und Wirrwarr.

Sie dachte an die vier Wände, die sie erwarteten, an den jämmerlichen Job – Kellnern, Kassiererin in einem Schnellimbiss oder irgendeine ähnliche langsame Kreuzigung des Geistes –, und sie dachte an Mike, kurz bevor sie ihn verlassen hatte, sah ihn vor sich auf der schwarzen Fensterscheibe, geschlechtslos, bleich, die schmale schmetterlingsförmige Lesebrille ganz vorn auf die Nase geklemmt, auf seine Schreibmaschine einhackend, tipp-tipp, tipp-tipp, verliebt in Dryden, Swift und Pope, verliebt in tote Dichter, verliebt in den Tod selbst. Einen Monat nachdem sie ihn verlassen hatte, war sie auf einer Party einem Mann begegnet, der Mike in allem geähnelt hatte, nur dass dieser in Gliederfüßler verliebt war. Gliederfüßler. Danach hatte sie den Posten im Ausguck angenommen.

Wieder wachte sie spät auf. Als Erstes verspürte sie Erleichterung: die Sonne schien, und der Schnee – es war nur ein dünner Zuckerguss, nichts Ernstes – begann sich bereits von der nackten Felsenzinne zurückzuziehen. Sie stellte den Kessel auf und ging ans Funkgerät. »Zack«, rief sie, »hier Needle Rock. Bist du auf Empfang?«

Er war es, antwortete ihr praktisch auf Knopfdruck. »Auf Empfang. Kommen.«

»Hier oben hat's geschneit – nicht allzu viel, eigentlich ist es nur leicht angezuckert. Jetzt ist der Himmel klar.«

»Damit kommst du etwas spät – diese Information hab ich schon längst von Lewis auf Mule Peak gekriegt. Wieder verschlafen?«

»Ja, scheint so.« Sie beobachtete, wie ferne Wipfel ihre Patina aus Schnee abschüttelten. Ein Bussard segelte vor dem Fenster vorbei. Sie hielt sich das Mikro so dicht vor die Lippen, dass es ein Teil von ihr hätte sein können. »Zack ...« Sie wollte ihm von dem Verrückten erzählen, von dem Mann mit dem Stetson, von seinen Händen, wollte ihn für alle Fälle alarmieren, aber sie zögerte. Ihre Stimme klang dünn und distanziert, verloren im elektronischen Geknister von Zeit und Raum.

»Lainie?«

»Ja. Ja, ich bin noch da.«

»Es kommt noch eine Kaltfront und anschließend ein Unwetter. Könnte einiges an Schnee bringen. Die Brandwachen sind noch nicht abgesagt – Reichert sagt, so bleibt's, bis wir nennenswerte Niederschläge haben. Na, und diesmal könnte es so weit sein. Aber entscheide selber: Willst du lieber runterkommen oder oben abwarten, was passiert?«

Reichert war der Chef, fünfzig, glatzköpfig, weich wie eine Auster. Die Bergregion war wie verdorrt – eine pulvrige Schicht aus abgestorbenem Material lag fünfzehn Zentimeter dick in den Wäldern, und jeder zweite Bach war ausgetrocknet. Die Saison konnte ebenso gut bis November dauern. »Hier oben abwarten«, entschied sie.

»Okay, es liegt bei dir. Lewis bleibt auch auf dem Posten, falls dich das beruhigt. Ich setze mich in Verbindung, wenn wir hier irgendwas Neues erfahren.«

»Gut. Danke.«

»Ende.«

»Ende.«

Am späten Nachmittag ballten sich die Wolken, und der Himmel zog sich wieder über ihr zusammen. Das Thermometer fiel abrupt. Es sah schlecht aus. Für Schneefall war es noch früh, aber in dieser Höhe konnte es immer schneien, egal, welcher Monat gerade war. Jährlich gingen siebeneinhalb Meter nieder, aber sie hatte auch schon Schneestürme erlebt, bei denen ein bis anderthalb Meter auf einmal herunterkamen. Um vier sprach sie noch einmal mit Zachary, und er erzählte ihr von den eher miesen Aussichten – die Chancen für weiteren Schneefall standen bei siebzig Prozent, inzwischen bis auf neunhundert Meter hinab. »Ich lass es darauf ankommen«, sagte sie. Schlimmstenfalls hatte sie ein Paar Schneeschuhe im Lagerraum.

Eine Stunde später begann es zu schneien. Sie machte sich gerade das Abendessen – braunen Reis mit Gemüse – und hatte die Flasche Wein geöffnet, die sie mitgenommen hatte, um ihren letzten Tag zu feiern. Die Flocken waren kleine, winzige Kugeln, die zischend herabsausten, und normalerweise verhieß das einen ernsthaften Schneesturm. Die Saison war vorbei. Sie konnte ihren Wein trinken und langsam darangehen, Ofen und Kühlschrank zu putzen und ihre Sachen zu packen. Sie legte ein Holzscheit nach und knöpfte sich die Jacke zu.

Die Flasche war halb leer, und sie wollte sich gerade zum Essen setzen, als sie den Rauch bemerkte. Zuerst dachte sie, es sei ein Schabernack des Windes, der den Rauch ihres eigenen Ofens zurückwehte. Aber nein. Direkt unter dem Ausguck, keine hundertfünfzig Meter weiter unten, etwa da, wo der Pfad anfing, sah sie ein Feuer. Der Wind wehte einen Vorhang aus Schnee vor das Fenster. Es hatte nicht geblitzt – aber trotzdem brannte dort unten Feuer, sie war ganz sicher. Sie stand vom Tisch auf, nahm den Feldstecher vom Haken an der Tür und trat hinaus auf den Laufsteg, um es sich näher anzusehen.

Der Sturm raubte ihr den Atem. Das ganze Universum war bleich geworden, oben weiß und unten weiß: und sie saß hoch oben auf den Wolken, lebte in ihrem durchsichtigen, gespenstischen Inneren. Jetzt roch sie auch den Rauch, den der Wind herantrug. Sie hob den Feldstecher an die Augen, doch der Schnee bildete eine Mauer; sie versuchte es noch einmal, aber diesmal wehte ihr Haar vor die Objektive. Es dauerte eine Weile, aber da, da war es: ein Feuer, das aus dem wirbelnden Strudel des Schnees emporstieg. Ein Lagerfeuer. Oder nein, es war viel größer: umgestürzte Bäume, zu einer Pyramide geschichtet – das war ein Freudenfeuer, absichtlich aufgetürmt, es war ein Zeichen. Wieder nahm ihr der Schnee die Sicht. Ihre Finger waren taub.

Als das Feuer erneut scharf ins Bild kam, sah sie eine Bewegung, einen Schatten, der um die Flammen sprang, sie nährte und sich an ihnen labte, und sie hielt den Atem an. Dann sah sie auch die schwarze Spitze des Stetsonhutes, und da begriff sie.

Er campte tatsächlich.

Er campte. Er konnte umkommen da draußen – er war wirklich verrückt –, es konnte ohne weiteres ein Blizzard aufziehen, und dann würde es tagelang schneien. Aber er campte. Und dann wurde ihr klar: Er campte für sie.

Später, als der Ausguck einsam über dem Schneesturm aufragte und die Kohlen im Ofen glühten und die Finsternis sich um sie legte wie eine Decke, schaltete sie das Funkgerät aus und legte das Messer zurück in die Schublade, wo es hingehörte. Dann setzte sie sich im Bett auf, hoch oben über dem Abgrund, und sah seinem Feuer zu, das im kalten Herzen der Nacht brannte. Er würde wiederkommen, das wusste sie jetzt, und sie war bereit für ihn.

Otto Jägersberg

Die Alpenschieber

Als ich ein Junge war, fuhren wir jedes Jahr im Sommer in die Berge und verbrachten die Ferien auf einem Bauernhof bei Berchtesgaden. Der Bauer und seine Familie schliefen im Heu und wir in ihren Betten. Nach dem Abendessen fragte der Bauer (der Klang seiner Stimme war gewissermaßen zackig, die Worte sprangen ihm hoch und fielen wieder hin, abrupt, wie Berg und Tal): »Was darf es morgen sein, Herr Jägersberg?« Unser Vater beriet sich mit unserer Mutter und sagte: »Am Vormittag das Matterhorn, bitteschön, und den Sonnenuntergang in den Tauern.« Der Bauer verschwand und telegrafierte die Anforderung an die Zentrale der Alpenschieber nach Zürich, Bahnhofstraße 43.

Am nächsten Morgen lagen wir in Decken eingehüllt auf dem Balkon, tranken Alpenmilch und sahen zu, wie der Watzmann langsam zur Seite rückte und das Matterhorn hervorkam. Mein Vater ließ den pünktlichen Alpenschiebern eine Flasche Enzian bringen, wir spielten Karten und ›Das kaufmännische Talent‹, vertraten uns ein wenig die Beine, sangen Lieder aus der Heimat, aßen Knödel. Inzwischen waren die Tauern herangeschoben worden, und wir sahen zu, wie hinter ihnen die Sonne unterging.

So verging die Ferienzeit. Täglich zweimal wurden die Berge nach unseren Wünschen versetzt. Unsere Mutter liebte mehr die schroffen Dolomitengipfel, meine Schwester wünschte sich nur deutsche Berge, mein Vater hatte eine Vorliebe für ganze Massive wie Dachstein und Wilder Kaiser, mir war's egal, weil ich die meisten Berge doch nicht voneinander unterscheiden konnte.

Am Ende der Ferienzeit wurden wir schwermütig. Der Reiz der Ablenkung wirkte nicht mehr. »Was darf es morgen sein, Herr Jägersberg?«, fragte der Bauer, und mein Vater stöhnte: »Flachland, Weite, Horizont.« Aber das gab's nicht. Sie schoben uns Hochebenen hin, es war kein wirklicher Ersatz.

Wir nahmen den Nachtzug Richtung Norden. In der Gegend von Hamm machte mein Vater das Abteilfenster auf und rief: »Norddeutsche Tiefebene du, einzig Geliebte, ich küsse dich!«

So ging das jedes Jahr. Bis das Bergeversetzen aus der Mode kam, die Alpenschieberei aufgegeben wurde, die Mechanik einrostete, die Feriengäste selbst auf die Berge stiegen, Fahnen auf die Gipfel pflanzten, sich vor Gletscherspalten fotografieren ließen und so weiter.

Höre ich Touristen heute darüber klagen, dass der Service in den Alpen nicht mehr wie früher sei, zucke ich nur mit den Schultern.

Kurt Tucholsky

Die Liebe zu den Bergen

Ein Mann der Pyrenäen aus Luz, sagt zu einem Freund: »Sehen Sie – hier hat sich alles verändert! Die Sache ist hier ruiniert, es ist aus! Seit man vor zweiundvierzig Jahren die großen Landstraßen ins Gebirge gelegt hat...« Der Satz, im Jahre 1788 gesprochen, ist alt wie die Welt. Der Mann beklagte, was Henri Béraldi in seinem Werk *Hundert Jahre in den Pyrenäen* »La vulgarisation« nennt – und dies Lamento reißt nicht ab. Seit den Eisenbahnen... Seit der Erfindung des Autos... jede Generation glaubt, nun sei es mit der Gemütlichkeit und mit der Naturbewunderung ein für allemal vorbei.

Das macht, sie fühlen den endlosen Wechsel, in dem die jungen Leute die Natur anders sehen als ihre Väter, und die tun nun so, als verständen die Jungen von der Welt überhaupt nichts mehr. »Da bin ich seinerzeit gewesen, als es noch keine Zahnradbahn gab...« Na und –? Dann hast du eben einen andern Eindruck gehabt als wir – keinen bessern.

Man kann wohl nicht aus seiner Zeit heraushüpfen, und so sind denn die Menschen meisthin felsenfest davon überzeugt, dass man die Natur immer so angesehen habe, wie sie es tun, dass man sie auch gar nicht anders ansehen könne und dass der ein verstockter Tropf oder Modegeck sei, der es auf eine andre Art versuche. Die Erde hält gutwillig still, wenn die Reisenden über sie dahinklettern, und es ist ihr gleichgültig, wie man sie anschaut. Schilderungen sind auch für den Schilderer charakteristisch.

Wie lange ist es her, dass den Menschen die Augen für die Schönheit des Meeres aufgegangen sind –? Wie lange werden sie das Meer noch so ansingen –?

Die Liebe zu den Bergen ist jedenfalls noch gar nicht alt.

Die Griechen waren Leute, die die Ebene brauchten und das Gebirge mieden – eine ästhetische Wertschätzung der Berge findet sich bei ihnen nicht. Die Lateiner liebten das Gebirge kaum – aber sie besiegten es, weil sie es besiegen mussten. Das junge Christentum hat seine Einsiedler in die Berge geschickt, und die Berge, das war: Einsamkeit, Stille, etwas Negatives. Schüchtern näherte sich der Pilger der wundertätigen Quelle im Gebirge – die Berge ringsherum waren ihm nicht freundlich gesinnt, sie drohten. Er betete gegen sie.

In der Renaissance wurde das Gebirge entdeckt: Die Schweizer, berggewohnt, im Gebirge geboren, erzogen, gealtert, begannen die seltsame Mär in die Welt zu setzen, dass Berge schön seien. Conrad Gesner (nicht Salomon, der Idylliker) stand erst ganz allein auf den Bergkuppen und rief die andern herbei, die wohl oft ein Gebirge durchquert, es aber niemals so angesehen hatten, wie man eine Statue ansieht. Das sechzehnte Jahrhundert rühmte die hohen Berge, und liebte sie, zum mindesten platonisch. Das siebzehnte durchaus nicht. Der sauber gezirkelte Naturgeschmack, der die Natur rational zu überwinden trachtete, der die Bäume in Formen presste und den Erdboden in ein künstliches System, jener Geschmack, der dem Wilden abhold war, verachtete das Gebirge. »Das ist etwas für Bergbewohner!«: äußerste Kritik. Die Berge störten das geregelte Landschaftsbild der Ebene, die man so schön aufteilen konnte – über die Höhen und Felsen fiel die Literatur fast einstimmig her. Die reichen Leute ließen sich ihre Schlösser da anlegen, wo die Mode die schönsten Plätze fixierte: also in der Ebene, im langweiligsten Plattland, nur nicht im Hochland. Aus dem Garten konnte man »etwas machen«, die Berge ließen sich das nicht gefallen. Und es war doch der Mensch, der die Natur zu beherrschen hatte! *Von der gesunden Luft zu Rostock* heißt eine Dissertation, die noch aus diesen Anschauungen heraus im Jahre 1705 gedruckt worden ist, und es war durchaus kein Konkurrenzneid, wenn es dort von der Gebirgsluft in der Schweiz und in Tirol hieß, sie mache die Menschen schwachsinnig. Die Berge ... das war eine grobe Sache, pfui. Sie fügten sich in kein ästhetisches System ein, unübersichtlich und frech lagen sie da, roh, unbehauen – da war keine Klarheit und keine Vernunft. Das achtzehnte machte alles wieder gut.

Seitdem sind viele Theorien des Schönen über das Gebirge gegangen; hier sind schon so viele Melodien gesungen worden, aber Bewunderung war doch immer der Unterton. Das Romantische, das Malerische, das Sentimentale, das Heroische, das Idyllische – so viel Bilder, so viel Hymnen, so viel Beschreibungen, so viel Verzückte.

Und nun stellt sich vor diese Dekoration, deren Soffitten man so oft ausgewechselt hat, ein Kerl mit einem kräftigen Stock, mit benagelten Stiefeln, mit wolligem Sweater und treibt Sport! Und das ist etwas ganz Neues. Mühen um ihrer selbst willen zu unternehmen; heraufzuklettern, nicht, um oben ein Liedchen zu singen, sondern nur und lediglich, um zu klettern; Kampf, Niederlage, Wiederanstrengung und Sieg –: das ist das neunzehnte Jahrhundert. Die Zeit der Ideen scheint für die Wandrer bis auf weiteres vorüber – es ist die Zeit der Tat.

Weil aber trotzdem der Wandervogel gern im Rucksack den gesamten Kosmos mit sich trägt, ist es vielleicht nicht unbescheiden, daran zu erinnern, dass auch der Wandrer nicht verpflichtet ist, so und nicht anders zu fühlen, wenn er eine sanfte, von der Sonne beschienene Böschung sieht. Da ist vor allem jener fatale Gegensatz von Automann und Fußwandrer. Einer lacht den andern aus, und sie sagen sich gegenseitig nach, dass man »so« natürlich nichts von einem Lande habe. Ich glaube: beide haben unrecht. Es ist da etwas wie eine Breite der Bewegung in die Reisen gekommen, und das geht auf Kosten der alten Intensität – schafft aber ein völlig neues Lebensgefühl. Ich habe das einmal vor Bourg-Madame, an der spanischen Grenze, zu spüren bekommen: das eine Mal polterte ein Überlandauto mit mir die große Straße herunter, und das zweite Mal bin ich gegangen. Es waren zwei Alleen.

Die grünen Blätter, die einem entgegengeweht kommen, streifende Zweige, das unermüdliche Brummen des Wagens, der Takt des Motors, der Blick, der schon aus Langerweile weit in die Landschaft hineinsieht, den Horizont absucht, und die Felder, die sich fächerartig vorbeidrehen, – keine Einzelheiten! Viel, wenn möglich alles –: Das ist das eine. Und die Erde unter den Füßen fühlen, ein Steinchen mit der Fußspitze beiseiteschleudern, ein Blatt im Gehen abreißen, stehenbleiben und sehen, was denn da im Bach herumkreiselt, aus dem Bach trinken, an die Häuser herangehen und sie mit den Händen befassen: Kennst du diesen Stein? – Nicht so sehr die Weite kontrollieren als genau die kleine Umwelt –: Das ist das andere. Müsst ihr immer Vereine bilden –?

Natürlich sieht der Fußwandrer quantitativ weniger. »Die Landschaft im Auto – das ist das, was man sieht, wenn man den Wagen aus dringlichen Gründen halten lässt.« Nun, dies Wort wäre auch sehr hübsch, wenn's wahr wäre. (Da haben sie einmal einen Berliner Generaldirektor vom Film fotografiert, durch zwei Büsche hindurch, grade, als er das Auto aus diesen Gründen hatte halten lassen. Ich habe das Bildchen gesehen, und es ist eines der schönsten menschlichen Dokumente, das sich denken lässt. Endlich, endlich einmal die Fotografie eines, der mit sich allein ist! Die Ansicht ist durchaus dezent – das war Zufall –, der Generaldirektor saß im Grünen wie ein Osterhase und machte so ein Gesicht … »Ich freue mich, dass ich hier sitze, und übrigens ist es ein gedeihliches Werk.«) Aber ich denke: man sieht doch vom Auto mehr als nur dies.

Die Poesie des Wanderns …! Vielleicht kommt es eines Tages dazu, dass die nachtdunkeln Felder, Wälder, Berge und Täler von Zentralflammen beleuchtet sind, dass man in ihnen sich bewegt wie auf dem Broadway und dass kein Mensch mehr auf den Gedanken verfällt, darin zu wandern – so wie man ja auch in einer großen Stadt und auf den Chausseen nicht gern marschiert. Wozu auch? Die Fahrt ist nicht nur bequemer, sondern gibt erst den wahren Reiz der künstlichen Landschaft.

Was nun die schwellenden Schilderungen der Sonnenuntergänge betrifft, der Wassersturzbäche und des Felsengerölls, so habe ich immer das Empfinden, als langweilte man sich dabei rechtens zu Tode. Ich wenigstens überschlage solche Absätze in einem Buch stets, und es muss wohl schon ein sehr großer Stilist sein – wie etwa Stifter –, der eine Landschaft nicht abmalt, sondern neu schafft. Heute, aus unsrer Autozeit heraus … Drei Viertel aller Naturbeschreibungen sind auf Vergleichen aufgebaut, und ich habe es wirklich satt, zu hören, dass die Mondscheibe wie eine … und der feine Sprühregen wie ein … anzusehen war. Vergleiche sind meistens Ausflüchte, und für den, der nicht dabei war, sagt das Ganze sowieso nicht viel. Dazu kommt noch ein andres.

Welcher Reisende hat denn den Mut zu sagen, was ja so oft die Wahrheit ist:

dass die Landschaft *leer* war, leer wie eine aufgemalte einfarbige Fläche –!

Man sagte ihm Empfindungslosigkeit nach, befürchtet er, Stumpfheit, Mangel an Poesie, an Gefühl, an Frömmigkeit, was weiß ich. Aber es war doch so.

Sieht man von Spezialanschauungen ab: von dem geübten Blick eines Skifahrers, der keine Natur, sondern Gelände sieht, vom harten Auge des Bauern, der keine Natur, sondern Nutzland sieht, vom MG-Schützen, der keine Natur, sondern Schussfeld sieht – es ist ja in den allermeisten Fällen nicht wahr, dass der Reisende, frisch aus der Eisenbahn, mehr zustande bringt als eine Dreiminutenverzückung, die etwa auf demselben Niveau liegt wie die bunten Glasscheiben, die man auf altmodischen Aussichtstürmen antrifft und die dem Abgestumpften die Natur wenigstens einigermaßen erträglich machen sollen. »Die Natur ist niemals leer.« Sie haben noch eine Linse im Bart, Herr. Wer dreißig Jahre Asphalt tritt, wer in Steinmauern aufwächst und fast das ganze Jahr nichts andres sieht, für wen es keine Dämmerung gibt, sondern nur dunkel wird, wer nicht angeben kann, was am vorigen Montag für Wetter war – für den ist die Natur nicht leicht zu erobern. Wenn er sich nichts vormacht, bedeutet sie: gute Luft, Ruhe, Ausspannung – keine Großstadt. Lade das große Publikum, und besonders seine Beauftragten, die Literatur-Lieferanten, um zwei Uhr aus dem Auto –: und um drei Viertel drei hast du einen Hymnus am Busen der Natur, dass dir angst und bange wird. Wir wollen ehrlich sein –: Wir haben uns schon oft im Freien gelangweilt.

Und daher kann ich auch nicht solche Beschreibungen von den Pyrenäen geben, in denen es nur so braust von ungewöhnlichen Adjektiven – denn ich habe das nicht empfunden. Die Höhepunkte lagen auf dieser Reise, wie bei allen Menschen, die unter denselben Lebensbedingungen aufgewachsen sind wie ich, sehr oft in kleinen Nebenumständen, im Wohlbefinden an einem sonnenbeglänzten Nachmittag, in dem Geschrei von Gänsen, das sich anhörte, wie wenn sie sich selbst ironisch nachahmten, in dem Drum und Dran von ländlicher Arbeit, die ich nicht mitzutun gezwungen war, deren Anblick mir also für die erste Zeit Vergnügen bereitete, in der Freude, in den Bergen zu sein, wo keine Elektrischen fahren, keine Zeitungsausrufer brüllen, keine Schutzleute stehn. Und manchmal – drei-, vier-, fünfmal –: mehr.

Sind die Amerikaner nicht ehrlicher –? Ihre Stumpfheit, die mich genauso reizt wie jeden andern Europäer – – Aber sie heucheln wenigstens keine innre Anteilnahme. Sie stören ein bisschen, genau wie manche Engländerinnen, die wie ein albernes Reklameschild die Landschaft verschandeln. Vor hundert Jahren hat sich George Sand über sie gegiftet und gefragt: »Wozu reisen diese Leute eigentlich –?« Das ist ihre Sache.

Es gibt keine richtige Art, die Natur zu sehen. Es gibt hundert. Es gibt für einen Menschen nicht nur *eine* richtige Art zu reisen – es gibt einige, die ihm adäquater sind als andere. Das ist alles.

Wind, der ins Gesicht schlägt, Rausch der Schnelligkeit, die Hupe, die die Straße zerteilt, durch einen Wagenpark hindurchschießen – auch dies ist Reisen.

Auf einem Esel sitzen, Stufe für Stufe einen Berg heraufwackeln, das nasse Fell des Tiers mitleidsvoll von oben ansehn (aber nicht absteigen), Blumen am Wege betrachten und zwei Ohren, die sich ab und zu hochstellen und nach hinten legen, wenn etwas Außergewöhnliches herankommt, langsam die Gegend passieren, ohne sich anzustrengen –: auch dies ist Reisen.

Wandern, sich abmühen, klettern, rutschen, klimmen, herausholen, was in einem Körper drinsteckt –: auch dies ist Reisen.

»Jeder versteht nur seine eigene Poesie.« Jede Zeit versteht nur ihre eigene Naturauffassung. Der ist reich, der viele hat.

Nachweis

T. C. Boyle (* 2. Dezember 1948, Peekskill / New York)
Auf dem Dach der Welt. Aus dem Amerikanischen von Werner Richter. Aus: T. C. Boyle, *Fleischeslust.* Copyright © 1999 by Carl Hanser Verlag, München Wien

F. Scott Fitzgerald (24. September 1896, St. Paul / Minnesota – 21. Dezember 1940, Hollywood)
Atemberaubend (Titel vom Herausgeber). Aus dem Amerikanischen von Renate Orth-Guttmann. Auszug aus: F. Scott Fitzgerald, *Zärtlich ist die Nacht.* Copyright © 2006 by Diogenes Verlag, Zürich

Max Frisch (15. Mai 1911, Zürich – 4. April 1991, ebenda)
Über die Alpen. Aus: Max Frisch, *Journalistische Arbeiten 1931–1939,* in: *Prinzenstraße, Doppelheft 11,* Niedersächsisches Staatstheater, Hannover, 2001. Copyright © Max-Frisch-Stiftung, Zürich

Johann Wolfgang Goethe (28. August 1749, Frankfurt – 22. März 1832, Weimar)
Schweizer Berge. Aus: *Goethe erzählt.* Herausgegeben von Peter von Matt. Carl Hanser Verlag, München

Heinrich Heine (13. Dezember 1797, Düsseldorf – 17. Februar 1856, Paris)
Der Brocken (Titel vom Herausgeber). Auszug aus: *Die Harzreise.* Aus: Heinrich Heine, *Reisebilder.* Diogenes Verlag, Zürich, 1993

Ernest Hemingway (21. Juli 1899, Oak Park / Illinois – 2. Juli 1961, Ketchum/Idaho)

Schnee überm Land (Titel vom Herausgeber). Aus dem Amerikanischen von Annemarie Horschitz-Horst. Auszug aus: Ernest Hemingway, *Schnee auf dem Kilimandscharo.* Aus: Ernest Hemingway, *Die Stories. Gesammelte Erzählungen.* Copyright © 1966, 1977 by Rowohlt Verlag, Reinbek bei Hamburg

Hermann Hesse (2. Juli 1877, Calw – 9. August 1962, Montagnola)
Wintertage in Graubünden. Aus: *Mit Hermann Hesse reisen.* Herausgegeben von Volker Michels. Copyright © 1990 by Suhrkamp Verlag, Frankfurt

Patricia Highsmith (19. Januar 1921, Fort Worth / Texas – 4. Februar 1995, Locarno)
Nichts Auffallendes. Aus dem Amerikanischen von Christa E. Seibicke. Aus: Patricia Highsmith, *Die Augen der Mrs. Blynn.* Copyright © 2002 by Diogenes Verlag, Zürich

Ödön von Horváth (9. Dezember 1901, Rijeka – 1. Juni 1938, Paris)
Der große und der kleine Berg. Aus: Ödön von Horváth, *Ein Lesebuch.* Herausgegeben von Traugott Krischke. Suhrkamp Verlag, Frankfurt, 1976

Otto Jägersberg (* 19. Mai 1942, Hiltrup)
Die Alpenschieber. Aus: Otto Jägersberg, *Vom Handel mit Ideen.* Copyright © 1984 by Diogenes Verlag, Zürich

Erich Kästner (23. Februar 1899, Dresden – 29. Juli 1974, München)
In Halbschuhen auf die Jungfrau. Aus: *Kästner im Schnee.* Herausgegeben von Sylvia List. Copyright © 2009 by Atrium Verlag, Zürich, und by Thomas Kästner

Jack Kerouac (12. März 1922, Lowell, Massachusetts – 21. Oktober 1969, Saint Petersburg)
Allein auf einem Berggipfel. Aus dem Amerikanischen von Hans Hermann. Aus: Jack Kerouac, *Lonesome Traveller.* Copyright © 1981 by Rowohlt Taschenbuch Verlag, Reinbek

Tim Krohn (* 9. Februar 1965, Wiedenbrück)
Der Geist am Berg. Auszug aus: Tim Krohn, *Der Geist am*

Berg. Zuerst erschienen im Verlag Galiani Berlin 2010. Copyright © 2010 by Verlag Kiepenheuer & Witsch, Köln

Thomas Mann (6. Juni 1875, Lübeck – 12. August 1955, Zürich)
Höhenluft (Titel vom Herausgeber). Auszug aus: Thomas Mann, *Der Zauberberg*. Copyright © 1960, 1974 by S. Fischer Verlag, Frankfurt

Sławomir Mrożek (* 26. Juni 1930, Borzęcin bei Krakau)
Die schönste Aussicht der Welt. Aus dem Polnischen von Christa Vogel. Aus: Sławomir Mrożek, *Die Geheimnisse des Jenseits*. Copyright © 1993 by Diogenes Verlag, Zürich

Friedrich Nietzsche (15. Oktober 1844, Röcken – 25. August 1900, Weimar)
Wanderer und Bergsteiger. Aus: Friedrich Nietzsche, *Also sprach Zarathustra*. Philipp Reclam jun. GmbH & Co. KG, Stuttgart, 1986

Ingrid Noll (* 29. September 1935, Shanghai)
Der Schnappschuss. Aus: Ingrid Noll, *Falsche Zungen*. Copyright © 2004 by Diogenes Verlag, Zürich

Francesco Petrarca (20. Juli 1304, Arezzo – 18. Juli 1374, Arqua Petrarca)
Die Besteigung des Mont Ventoux. Aus dem Italienischen von Hans Nachod und Paul Stern. Berlin, 1931.

Marcel Proust (10. Juli 1871, Auteuil – 18. November 1922, Paris)
Leibhaftige Gegenwart (Titel vom Herausgeber). Aus dem Französischen von Claus Sprick. Aus: Marcel Proust, *Les plaisirs et les jours*. Éditions Gallimard, Paris 1924. Copyright für die deutsche Übersetzung © 2011 by Diogenes Verlag, Zürich

James Salter (* 10. Juni 1925, New Jersey)
In der Wand. Aus dem Amerikanischen von Beatrice Howeg. Auszug aus: James Salter, *In der Wand*. Copyright © 1999 by Berlin Verlag, Berlin

Hansjörg Schneider (* 27. März 1938, Aarau)
La Bianca. Aus: Hansjörg Schneider, *Ein anderes Land*. Ammann Verlag, Zürich, 1982. Copyright © 1982 by Hansjörg

Schneider. Abdruck mit freundlicher Genehmigung des Autors

Ludwig Steub (20. Februar 1812, Aichach – 16. März 1888, München)

Auf dem Berg. Aus: Ludwig Steub, *Alpenreisen.* Heimeran Verlag, München, 1978

Kurt Tucholsky (9. Januar 1890, Berlin – 21. Dezember 1935, Göteborg)

Die Liebe zu den Bergen (Titel vom Herausgeber). Aus: Kurt Tucholsky, *Gesammelte Werke Band 5.* Rowohlt Verlag, Reinbek bei Hamburg, 1967

Mark Twain (30. November 1835, Florida/Missouri – 21. April 1910, Redding / Connecticut)

Eine Rigi-Besteigung. Aus dem Amerikanischen von Marie-Louise Bischof und Ruth Binde. Aus: Mark Twain, *Meistererzählungen.* Copyright © 1966 by Diogenes Verlag, Zürich

Robert Walser (15. April 1878, Biel – 25. Dezember 1956, nahe Herisau)

Das Gebirge. Aus: Robert Walser, *Sämtliche Werke in Einzelausgaben. Vierter Band, Kleine Dichtungen.* Herausgegeben von Jochen Greven. Copyright © 1978, 1985 by Suhrkamp Verlag, Zürich

Carl Zuckmayer (27. Dezember 1896, Nackenheim – 18. Januar 1977, Visp)

Die Hohe Stiege. Aus: Carl Zuckmayer, *Als wär's ein Stück von mir.* Copyright © 1997 by S. Fischer Verlag, Frankfurt am Main

Bitte beachten Sie
auch die folgenden Seiten

Ferienanthologien im Diogenes Verlag

Strandlesebuch

Sonnige und coole Geschichten

Man sollte sich nicht darauf verlassen, am Strand eine Flaschenpost zu finden, um etwas Spannendes zum Lesen zu haben – schließlich verlieren sogar die Brandung oder der schönste Sonnenuntergang irgendwann ihren Reiz. Ein gutes Buch hingegen ist auch bei schlechter Witterung eine Garantie für gelungene Ferien, besonders mit folgenden Reisebegleitern: Doris Dörrie, Bernhard Schlink, Ingrid Noll, John Irving, Philippe Djian, Patrick Süskind oder Haruki Murakami.

Balkonlesebuch

Spannende und entspannende Geschichten

»Man sollte lieber nicht auf Reisen gehen, sondern auf dem Balkon sitzen bleiben«, riet Erich Kästner. Recht hat er. Und deshalb gibt es für alle, die zu Hause bleiben, ob sie es sich nun auf dem Balkon bequem machen oder nicht, ein Sommerbuch mit spannenden und entspannenden Geschichten von weltbekannten Erzählern wie Patricia Highsmith, Bernhard Schlink oder Ingrid Noll. Und als Zugabe: Geschichten von Almudena Grandes, Hermann Hesse und Axel Hacke, in denen der Balkon zum spannenden Schauplatz wird.

Landleben

Ein Sehnsuchts-Lesebuch

Von den Lebensgewohnheiten auf dem Lande anno dazumal und von den Freuden eines einfachen Lebens im Einklang mit der Natur erzählen Klassiker wie

Adalbert Stifter, H.D. Thoreau oder Anton Čechov. Zeitgenössische Autoren wie Tomi Ungerer, Judith Hermann und Andrea De Carlo schreiben außerdem über die Sehnsucht nach einem Refugium im Grünen und nicht zuletzt über die naiven Vorstellungen der Städter und die doch ganz andere Wirklichkeit des Landlebens.

Sommerliebe

Liebesgeschichten

Nicht jede Sommerliebe endet mit einem Happyend: Bei D.H. Lawrence sind die Standesunterschiede zwischen einer Amerikanerin aus gutem Haus und einem italienischen Bauern einfach zu groß, Urs Widmer erzählt von einem sonnensehnsüchtigen Touristen, der auf der griechischen Insel Naxos in ein verwirrendes Gefühlslabyrinth verstrickt wird. John Irvings junger Held Edward hat auf Long Island eine Affäre mit seiner Traumfrau, die nur einen Fehler hat: Sie ist mit seinem Arbeitgeber verheiratet.
Egal, ob die Sommerliebe auch über den Herbst hinaus hält, die Geschichten in diesem Buch zeigen: Mag der Frühling die Jahreszeit der Leidenschaft sein, der Sommer ist die Zeit der Liebe.

Nicht schon wieder Stau!

Hinterhältige Reisegeschichten

»Reisen ist eine arge Beschäftigung. Das moderne Unterwegs ist womöglich noch schlimmer als das vergangene. Früher wurde man von unkonzessionierten Räubern überfallen und ausgezogen, und man hatte immerhin das Gefühl, dass einem Unrecht geschähe. Das hat sich geändert«, so Erich Kästner. Statt Raubüberfällen gibt es heute Flugverspätungen, verlorene Gepäckstücke und verstopfte Straßen.

Da kann man froh sein, wenn man überhaupt an das Ziel der Reise kommt. *Nicht schon wieder Stau!* versammelt wunderschön hinterhältige Reisegeschichten von John Irving, Martin Suter und Doris Dörrie. Und Anna Gavalda schreibt über einen Mann und eine Frau in einem Auto – natürlich im Stau.

Nicht schon wieder Wellen!

Hinterhältige Geschichten vom Meer

Alle träumen vom Meer, doch diese endlosen Wellen können auch nerven. Und auch ohne Schiffbruch kann so einiges ins Wasser fallen – wenn man keinen festen Boden unter sich hat oder die Füße im Sand: Flaute und stürmische Überfahrten, zu steile Sprünge und zu hohe Wellen, Magenprobleme im Inselparadies, Langeweile oder zu viele nackte Busen am Strand, Meeresungeheuer und Haie, Seekrankheiten oder Landgänge (die noch gesundheitsschädlicher sind), Geisterschiffe oder noch schlimmer: überfüllte Kreuzfahrtschiffe... Ob in Honolulu, der Karibik, an der Côte d'Azur, im Mittelmeer oder in der Weite der Ozeane: *Nicht schon wieder Wellen!* versammelt die schönsten hinterhältigen Geschichten vom Meer.

Endlich Ferien!

Geschichten für die schönste Zeit des Jahres

Sommerzeit – Lesezeit. Aber weder Mücken noch meteorologische Widrigkeiten sind die schlimmsten Störenfriede beim sommerlichen Lesevergnügen. Vielmehr sind es nervige Nichtleser, die stören. Deshalb enthält *Endlich Ferien!* neben spannenden Erzählungen von Martin Suter, Doris Dörrie, John Updike, Bernhard Schlink oder Graham Greene ein praktisches Türschild: »Bitte nicht stören. Ich lese.«

Strandkorb-Lesebuch

Gegen Sonnenbrand hilft die Salbe, gegen Langeweile in den Ferien das *Strandkorb-Lesebuch*. Natürlich kann man die spannenden Geschichten von John Irving, Jakob Arjouni, Martin Suter, Anthony McCarten, Anna Gavalda und vielen anderen auch außerhalb eines Strandkorbs lesen – im Sand, auf der Reise, auf dem Balkon, auf dem Sofa oder sogar ganz ohne Ferien –, denn für das richtige Strandkorb-Feeling sorgen schon einige Geschichten, die tatsächlich im Strandkorb spielen.

Kreuzfahrt-Lesebuch

Majestätische Luxusliner, fremde Länder, elegante Kapitäns-Dinners, spannende Bordbekanntschaften oder Landausflüge: Wer eine Kreuzfahrt macht, der kann was erleben – und erzählen. Wie es weitgereiste Schriftsteller in diesem Buch tun, von W. Somerset Maugham, F. Scott Fitzgerald, John Updike und David Foster Wallace bis Jonathan Franzen. Hohe Literatur auf hoher See: die ideale Lektüre für angenehme Stunden in der Schiffsbibliothek oder im Liegestuhl auf dem Oberdeck, als Einstimmung vor der Einschiffung, aber auch für alle, die nicht seefest sind und lieber nur im Kopf reisen. Mit einer neuen Erzählung von Ingrid Noll.

Robert Walser im Diogenes Verlag

Der Spaziergang

Ausgewählte Geschichten. Herausgegeben von Daniel Keel. Mit einem Nachwort von Urs Widmer

»Robert Walser erfüllte bewußt die Erwartungen nicht, die man schon zu seiner Zeit an einen Schriftsteller stellte. Walser wollte nicht analog der Konsumartikelindustrie jährlich irgendwelche neue Hundertprozentigkeit ans Tageslicht gelangen lassen. Eine seiner Qualitäten ist gerade, daß er das nicht wollte.«
Urs Widmer

»Ganz ungewöhnlich zart sind diese Geschichten, das begreift jeder. Nicht jeder sieht, daß nicht die Nervenspannung des dekadenten, sondern die reine und rege Stimmung des genesenden Lebens in ihnen liegt.«
Walter Benjamin

»Daß das keine Spielerei sei, möchte ich eigentlich gar nicht behaupten, aber es ist jedenfalls – trotz der ungemeinen Wortbeherrschung, in die man sich vernarren könnte – keine schriftstellerische Spielerei, sondern eine menschliche, mit viel Weichheit, Träumerei, Freiheit und dem moralischen Reichtum eines jener scheinbar unnützen, trägen Tage, wo sich unsere festesten Überzeugungen in eine angenehme Gleichgültigkeit lockern.« *Robert Musil*

Maler, Poet und Dame

Aufsätze über Kunst und Künstler
Herausgegeben von Daniel Keel

Dieser Band vereinigt Walsers Aufsätze über Kunst und Künstler, seine Gedanken über Talente, Könner und Dilettanten und nicht zuletzt seine Studien über Balzac, Baudelaire, Beardsley, Brentano, Büchner,

Čechov, Cervantes, Cézanne, Dickens, Dostojewskij, Dumas, Eichendorff, Goethe, Gotthelf, Hauff, Hebel, Hölderlin, Jacobsen, Jean Paul, Keller, Kleist, Körner, Kotzebue, Lenau, Lenz, Thomas Mann, Maupassant, Meyer, Molière, Mozart, Poe, Raabe, Rimbaud, Rousseau, Scheffel, Schiller, Shakespeare, Stendhal, Stifter, Van Gogh, Verlaine, Watteau und viele andere mehr.

»Lesen ist ebenso nützlich wie reizend. Wenn ich lese, bin ich ein harmloser, stiller, netter Mensch und begehe keine Torheiten. Eifrige Leser sind sozusagen ein stillvergnügtes Völkchen. Wer liest, der ist weit davon entfernt, böse Pläne zu schmieden.« *Robert Walser*

»Wenn solche Dichter wie der Walser zu den ›führenden Geistern‹ gehören würden, so gäbe es keinen Krieg. Wenn er hunderttausend Leser hätte, wäre die Welt besser. Sie ist, sei sie, wie sie wolle, gerechtfertigt dadurch, daß es Leute wie den Walser gibt.«
Hermann Hesse

»Seine Bücher werden ein eigentümlicher und wundervoller Spiegel des Lebens werden.«
Christian Morgenstern

»Man kann ihn nicht ernst genug nehmen.«
Neue Zürcher Zeitung

Außerdem erschienen:

Im Bureau

Kleine Prosa
Gelesen von Stefan Suske
1 CD, Spieldauer 72 Min.

Tim Krohn
im Diogenes Verlag

Irinas Buch der leichtfertigen Liebe

Roman

Eigentlich will die in Paris lebende Russin Dunja ihrem Mann ein Fax nach Moskau schicken – dass es bei seiner Ex-Geliebten Ewa in Schweden landen wird, kann sie nicht wissen. Das fehlgeleitete Fax bringt Turbulenz ins Leben und die Phantasie der jetzigen und einstigen Liebenden. Als Ewa sich entschließt, nach Paris zu fliegen, löst dies einen Wirbel von Missverständnissen aus. Und je mehr die Beteiligten die Verhältnisse in den Griff zu bekommen versuchen, desto größer wird die Verwirrung.
Wieder einmal zeigt sich, dass die Welt mehr Vorstellung als Wille ist, dass Erotik vor allem im Kopf entsteht – und dass die Liebe ein zauberhaftes, kompliziertes Ding ist.

»Irina Jurijewna ist Tim Krohns bester Trick oder vielleicht tatsächlich sein Glück. Denn wie auch immer: Sie, die Exilrussin, rehabilitiert das inflationäre Wortgebinde vom Fräuleinwunder. *Irinas Buch* ist eine Charme-Bombe.« *Literaturen, Berlin*

Quatemberkinder

und wie das Vreneli die Gletscher brünnen machte

Roman

Quatemberkinder sind nicht wie andere Kinder – sie leben nicht nur unter Menschen, sondern gleichzeitig in der wundersamen Welt der Sagen und Mythen. Ein solches Quatemberkind ist der Waisenknabe Melchior, genannt der Melk. Er verbringt die Jugend auf der Alp, zwischen rauhen Sennen und wilden Berggeistern, und trifft auf das unbändige Mädchen Vreneli. Bald sind die beiden unzertrennlich. Als aber das Vreneli nach dramatischen Ereignissen verschwindet, treibt es den Melk zu einer rastlosen Reise…

»Ein hintersinniger Heimatroman, ein abenteuerlicher Teufelspakt und eine berührende Liebesgeschichte. Tim Krohn ist ein glänzender Erzähler.«
Süddeutsche Zeitung, München

Vrenelis Gärtli

Roman

Das Vreneli ist nicht wie andere Kinder. Schon über seine Eltern kursieren im Tal die seltsamsten Gerüchte, und als die Mutter früh stirbt, heißt es, der Vater habe mit bösen Mächten paktiert. Das Vreneli soll fort von ihm und auf die Schule, doch lernt es lieber das zwielichtige Handwerk des Zauberns und streicht in Gestalt eines roten Füchsleins über die zerklüfteten Berge und Gletscher. Nachdem es die Tochter eines reichen Fabrikanten aus der Gefangenschaft eines Hexers gerettet hat, verfolgt der es mit Wut und Ausdauer. Bald darauf trifft das Vreneli den Waisenknaben Melk, einen jungen Sennen, ein Quatemberkind wie sie – und spürt ein Sehnen, das sie bis dahin nicht gekannt hat.
Doch bringt der Fluch des Hexers auch den Melk in Gefahr…

»In einer faszinierenden schwiizerdüütsch-hochdeutschen Kunstsprache erzählt Tim Krohn seine wilden, anrührenden und ›meineidig schönen‹ Geschichten.«
BücherPick, Zürich

»Ein von Erzählkunst und Sprachwitz sprühender Roman.« *Roman Bucheli/Neue Zürcher Zeitung*

Ans Meer

Roman

Anna und Josefa waren als Mädchen unzertrennlich. In Lütjenburg an der Ostsee, wo sie aufgewachsen sind, sah man kaum je die eine ohne die andere. Nun lebt Anna in Kiel, Josefa in Zürich, und sie haben seit zwölf Jahren nicht mehr miteinander gesprochen. Anna, die sich nichts sehnlicher wünscht als eine Familie, hat sich gerade von ihrem Freund getrennt. Und Josefa, die impulsive Kindfrau, ist die Mutter des elfjährigen Jens. Zu ihrer Vergangenheit hat sie jede Verbindung gekappt. Aber Jens träumt vom Meer … Als die Freundinnen wieder aufeinandertreffen, stehen sie nach wie vor im Bann der dramatischen Ereignisse von vor zwölf Jahren. Ein Roman über die Sehnsucht nach einem Zuhause und die schwierige Kunst des Verzeihens.

»Eines dieser Bücher, die einen nicht mehr loslassen, bis man auf der letzten Seite angelangt ist.«
Christine Lötscher / Tages-Anzeiger, Zürich